FELIX CUCEANU

JURNAL DE MERCENAR

Timișoara, 2018

Descrierea CIP a Bibliotecii Naționale a României
CUCEANU, FELIX
　Jurnal de mercenar / Felix Cuceanu. - Timișoara : Stylished, 2018
　ISBN 978-606-94577-2-6
821.135.1

Editura STYLISHED
Timișoara, Județul Timiș
Calea Martirilor 1989, nr. 51/27
Tel.: (+40)727.07.49.48
www.stylishedbooks.ro

FELIX CUCEANU

JURNAL DE MERCENAR

Prolog

Până să împlinesc șaisprezece ani, am învățat opt metode de-a ucide cu mâinile goale. La nouă ani părinții mi-au murit într-un accident de mașină. Un tir pe contrasens... detalii. De când au murit ei, mă are în grijă – vorba vine, că nu prea o interesează de mine – Vera, una dintre surorile mamei. Încă nu renunțasem la școală. Tot de la nouă ani fumez și fac arte marțiale. Ninjutsu. La șaptesprezece ani au venit la școală jandarmii și cei de la ISU, să ne învețe cum să ne comportăm în caz de incendiu și cum să ne apărăm. Știam deja. Mă cheamă Felix Munteanu. Am un frate mai mare cu opt ani. Robert. Deja realizat, la casa lui. Mereu l-am invidiat. Ce combinație cretină de nume mi-au pus! Îmi bag picioarele, nu pot s-o mai schimb acum. Jandarmii – mascații – ne-au arătat și armele lor. Unul m-a tras într-un colț și mi-a dat un Makarov. L-am armat, am tras piedica și i l-am îndreptat spre cap.

-Nu e încărcat, mi-a zâmbit cu un aer superior.
-Știu, după greutate, mă crezi prost?

I l-am aruncat pe jos, nu înainte să-i scot încărcătorul. Apoi am ieșit în curte să fumez. A trebuit să mă duc în spatele școlii, unde nu vedeau profii, dar ăsta a venit după mine.

-Vrei să ai și tu unul? m-a întreabat de parcă ar fi vorbit despre ciocolată.
-Nu, prefer un Glock.

Văzusem destule filme ca să știu ce era mai bun.

-Bine, te aștept în parc după ore, mi-a răspuns și-a dispărut, lăsându-mă cu impresia că nici nu fusese acolo și că, într-un fel, viața mea avea să se schimbe.

Și chiar s-a schimbat, atunci, la șaptesprezece ani. Am renunțat la școală și am fugit de acasă cu tipul ăsta infiltrat în jandarmerie. După ore m-am dus în parcul de unde am fost luat cu o mașină despre care nu mai auzisem până atunci, un monstru GMC care m-a dus undeva mai sus de Câmpina, la Valea Doftanei. Acolo e și lacul de acumulare în care am învățat să înot, mai mult din instinct de supraviețuire, nu pentru că m-ar fi pus cineva. Prin zona aia mi s-au desfășurat toate antrenamentele fizice. Zilnic alergare cinci kilometri, flotări, ridicări de greutăți. Am continuat cu artele marțiale, doar că mai violent și nu cu același sensei. Am mâncat la ore fixe și n-am avut voie să ies din cameră fără aprobare. La final, am devenit DSC. Dynamic Systems Corporation. Mercenari. Mi-au creat până și diplome false de absolvire, în caz că-mi va trebui pe undeva. Ceilalți, Direcția de Informații, n-am știut niciodată a cui, doar că era românească, m-au recrutat mai târziu. Numai că nu suficient de târziu. Jucam la dublu. Cel puțin la început. Și cumva îmi convenea chestia asta.

La nouăsprezece ani am fost împușcat în cap „din greșeală". Eram înscris la Academia Forțelor Terestre din Sibiu. La o aplicație, un glonț rătăcit nu s-a înfipt în mine, dar m-a „șters" suficient încât să mă bage în comă douăsprezece zile. DSC e încă cu ochii pe mine. M-au și vizitat. A trebuit să reînvăț să merg, îmi pierdusem complet simțul echilibrului; am fost un bebeluș de nouăsprezece ani. Bine, măcar, că nu făceam pe mine. A fost nevoie de nouă operații pe creier și de una de reconstrucție facială ca să mă pun complet pe picioare. Ah, și vizitele la psiholog. Și fizioterapie.

În spital – ce clișeu – m-am îndrăgostit de o asistentă. Și ea de mine. Larisa. A avut grijă de mine mai mult decât toți ceilalți la un loc. Am rămas împreună și după ce am ieșit din spital. Șase luni. De academie m-am lăsat. Am început să lucrez într-un internet café – pe vremea aia încă mai existau – ca operator. Prost plătit. Îmi scoteam banii de țigări și de câte o bere uneori. Pe de altă parte, aveam acces la diverse baze de date și-am învățat singur criptarea. Cu Avramescu mă întâlneam sporadic, întodeauna el era cel care mă căuta și mergeam la poligonul militar de lângă Pitești, să învăț să trag cu diverse arme.

Despre Avramescu am aflat, mult mai târziu, că a fost recrutat direct din Școala de Agenți de Poliție „Vasile Lascăr" Câmpina. Pe vremea lui, nu exista cea de la București, separată, de jandarmi. A fost pus să aleagă între a lucra pentru DSC și viața familiei lui. Tipul ăsta a fost antrenat mult mai mult și mai intens decât mine, dar asta nu l-a ajutat prea tare până la urmă. Adică până acum. La puțin timp după ce m-a *furnizat* pe mine, a fost ucis chiar de ai lui. Sau de ai mei. Totuna. Într-o misiune.

Dar să revin. Sunt destul de înalt sau mai mult decât destul. Am un metru nouăzeci şi şase, cam pe acolo, şi vreo optzeci şi cinci de kilograme. Aşa am rămas de prin timpul liceului, ăla pe care nu l-am mai terminat. Genul slim-fit. Oricum, văd lumea de sus. La propriu. Am ochi căprui şi mi s-a spus că cică ar fi adânci şi foarte expresivi, ce-o mai însemna şi asta. Cert e că văd în ei, câteodată, atunci când mă uit în oglindă, un viitor alternativ pe care nu cred că-l mai pot avea de acum. Inflexiunile albăstrui din părul negru atrag atenţia. Deh, lumea crede că-s vopsit. Asta ar mai lipsi.

Cu Valeria, psihologul spitalului unde fusesem internat „în urma unui accident", mă vedeam o dată la două săptămâni; mai târziu, urma să aflu că şi ea făcea parte din DSC. Cumva, mă îndrăgostisem de ea; pe atunci eram, cred, instabil emoţional. Nu puteam şti că voi ajunge să privesc oamenii ca pe ţinte, fără emoţii, fără a mă întreba dacă au un trecut şi care.

La douăzeci şi unu de ani m-am căsătorit şi am început să lucrez în presă. Pe ici, pe colo, numai cu contracte de colaborare. Nimic oficial, deşi semnam cu numele real. La douăzeci şi trei ne-am separat şi câţiva ani mai târziu am divorţat. Ciudat, n-am simţit nimic. Deşi aveam deja doi copii. De fapt, noi aveam unul şi ea avea un altul cu nu-se-ştie-cine.

Apoi am lucrat în administraţie. Lipseam des şi atunci, şi înainte. Misiuni. De „intensitate medie".

Am avut şi o a doua soţie. Irina. Totul a mers bine

până s-a dovedit a fi egoistă și crudă. Prima, singura și ultima noastră ceartă a avut loc după un „și eu ce fac, te aștept ca proasta?", când i-am spus că aș vrea să plec un timp în Irak, corespondent de război. Deși Irakul nu mai era chiar zonă de conflict pe atunci. Divorțul a fost rapid, scurt și fără pretenții de nicio parte. Apoi am mers mai departe, cum am reușit să fac mereu, deși numai Dumnezeu știe cât a durut. Mai târziu am aflat că ai mei, culmea, deși nu pot spune „ai mei", căci eu sunt al lor, au ucis-o ca să mă „spele de trecut". Știu și cine a făcut-o, Matthew, dar el e un fel de pion de neatins, prea util chiar și pentru mine ca să-i fac ceva. Deși l-aș decapita oricând.

Prima misiune n-am uitat-o nici acum. Nu poți uita ceva ce te-a marcat pentru totdeauna. Pentru că atunci, în prima misiune, am ucis pentru prima dată. DSC m-a trimis la Taipei – what the fuck, nu pui un începător să facă ceva de mare risc – să recuperez ceva și să obțin niște date. Pe scurt, un stick de memorie-cheie și un hard-disk al unui laptop. Nu mai țin minte mare lucru, dar știu că atunci mi-am pierdut prima bucată de suflet, pentru că atunci am ucis pentru prima dată.

-Nu e mare lucru să omori pe cineva, doar apeși pe trăgaci, îmi spusese Avramescu. Mai greu e să trăiești cu sentimentul că ai făcut asta, continuase, după ce-mi pusese în mână un Glock 43, pe drumul către munte.

Prima misiune, well, eram în Taipei World Trade Center, într-un birou în care nu trebuia să mai intre nimeni de la ora aia. Am obținut ce-mi trebuia, după ce copiasem hardul prin wi-fi din mașina închiriată de la aeroport. Și atunci a intrat el. Nu trebuia să se afle acolo. Nimeni nu trebuia să moară. A intrat și m-a somat. Am aruncat, din răsucire, pumnalul Solingen Skean direct undeva sub clavicula lui stângă și-a căzut ca secerat. Iar eu m-am prelins pe perete, încercând să mă sprijin de biroul lângă care eram. N-am reușit, așa că aproape am căzut. S-a mai zbătut puțin și a murit, lângă mine, în fața ochilor mei obișnuiți cu întunericul. Mi se blocaseră toți mușchii, am început să tremur și n-am mai putut să mă mișc de acolo. Am rămas lângă prima mea victimă aproape patruzeci și cinci de minute. Până la urmă, i-am scos pumnalul din aortă și sângele a țâșnit ca dintr-o fântână arteziană. Nu m-am murdărit prea tare și asta numai pentru că stăteam cumva căzut într-o rână, neputând să cred că am fost capabil să fac așa ceva. Sigur, fusesem antrenat fix pentru asta, dar nu eram pregătit s-o fac în realitate. Cel puțin, nu încă.

Nimeni nu trebuia să moară, îmi tot repetam în minte. După care am izbucnit într-un plâns sacadat pe care am tot încercat să-l mențin cât mai jos ca volum, să nu fiu auzit de afară. *Fuuugi,* îmi șoptea cealaltă voce din mine, însă în acele minute nu m-am putut mișca. Mă uitam la el și parcă murea ceva în mine de fiecare dată. Omul ăla n-ar fi trebuit să intre acolo. Dar a făcut-o și așa a devenit prima mea victimă.

Am fugit, mai târziu, pe strada Kee Lung, până la mașina închiriată, parcată departe, tocmai lângă parcul Zong Shan. Nu puteam să-mi șterg imaginea lui din minte... sângele țâșnind, acoperind totul ca o vopsea cleioasă, fără diluant în ea. Și țin bine minte frica. Nu neapărat de a fi prins, ci de întrebările ce mă tot bântuiau. Oare cum se simțise el atunci când i se înfipsese lama în trup? Ce gândise în momentul în care realizase că avea să moară? Și-mi aduc aminte de sentimentul de vinovăție. Prima și singura dată când m-am simțit cu adevărat vinovat; în rest, am mai simțit strângeri de inimă. Câteodată chiar mi-am pus problema moralității faptelor mele, dar n-am mai simțit vina aceea combinată cu frică. Momentul ăla unic m-a marcat pe viață. Mi-a pătruns în minte și în inimă și nu m-a mai părăsit niciodată. Probabil că țin minte acea primă misiune pentru că am eșuat. Da, obținusem tot ce mi se ceruse, dar am pus hard-diskul în portiera mașinii, lângă boxe, și-am dat muzica la maximum să-mi acopere urletele din minte. S-a dus dracului hard-ul. S-a demagnetizat și-a devenit inutilizabil. După asta, m-au trecut o vreme pe bară. M-au trecut iar la instruiri și antrenamente. Până s-au convins că sunt cu adevărat pregătit să fiu trimis pe teren.

Și așa a fost. Așa e și acum. Nu am putut uita complet senzațiile trăite când am ucis pentru prima oară, deși de atunci am mai făcut-o de multe ori. Sigur, de cele mai multe ori de la distanță; e altfel, ești mai detașat de țintă. E mai ușor. E ca și cum nu tu ai fi cel care trage, care ia o viață. Acea primă întâmplare mă face și acum să plâng uneori pe ascuns.

După care am întâlnit-o pe Andreea – mai târziu urma să aflu că era din Mudiriyat Al-Amn Al-Amma, unul dintre serviciile secrete irakiene. A fost cea mai frumoasă, dar și cea mai controversată relație dintr-o pleiadă de femei ce mi-au trecut prin minte, inimă și pat. Doi ani după finalul relației nu am fost în stare să vreau să mai fiu cu cineva, dar devenisem din ce în ce mai eficient. Apoi am cunoscut-o – online – pe Lea, cea care urma să-mi fie uneori parteneră și, printre altele, o iubire niciodată împlinită. Ea era legătura mea cu țara și cu Ceilalți, ai noștri, internii, cum le spuneam uneori. Când am cunoscut-o, era doar o copilă. Șaptesprezece ani. S-a dus la facultate, eu o terminasem. Psihologia. Nu mi-a folosit niciodată. Am activat, oficial, numai în presă. O acoperire perfectă, de altfel.

Acum sunt retras în El Aaiún, la hotelul unui prieten. Cu Ania. Hotelul Najir mi-a devenit și casă. Dar să nu anticipez. Cel mai bine ar fi să o iau cu începutul...

Capitolul 1

Avionul ăsta se zdruncină cam tare. Nu mi se pare deloc că zboară lin. Sunt, de fapt, suntem vreo douăzeci în total, într-un Hercules C-130, plecat de pe aeroportul militar Craiova. Destinația mea este Ada, în Serbia, a celorlalți, din câte știu, Tirana, cel puțin ca escală. Diferența dintre mine și ei este că eu sunt singurul îmbrăcat în civil – dar cu parașuta în spate – pe când ei sunt în echipament de camuflaj și înarmați până-n dinți. N-am întrebat, dar îmi pot da seama că ei fac parte din batalionul 495 Ștefan Soverth. Beretele vișinii, operațiuni speciale. Eu am de făcut un simplu schimb de informații, bani contra date pe un stick, pe când ei, habar n-am, sunt cu treaba lor. Avionul o ia, după unghiul în care se înclină, pe deasupra Bulgariei, nu zboară direct spre Ada și Tirana. Nu în linie dreaptă. Și zboară cam jos, așa mi se pare. Sincer, sper că doar mi se pare! Ar fi culmea. Un monstru de transport ca ăsta ar face un zgomot infernal la altitudinea pe care o bănuiesc, din moment ce n-am simțit urcarea.

Mă uit la ceasul meu cu GPS și altimetru: 5600m. Bun, parcă mă mai liniștesc, deși nu m-aș aștepta la un atac aerian sau ceva asemănător. În jurul meu, ceilalți au treabă. E ca un fel de ritual. Unii își verifică armele, alții parașutele, vorbesc între ei în căști, pe o frecvență la care eu nu sunt conectat. Drumul până deasupra localității Ada durează ceva mai mult de o oră, ceea ce îmi reconfirmă bănuiala. Pilotul a ales o rută mult prin sud.

Când ni se comunică în căști, ne aliniem, aproape de trapa avionului și ne agățăm inelele de deschidere a parașutelor de o coardă metalică. Ni s-a spus, și asta mă miră cel mai tare, că vom cădea de la aproximativ o mie de metri. Mă gândesc iarăși la zgomotul făcut de un asemenea monstru zburător, însă aici n-ar trebui să fie o mare problemă. Atât Ada, cât și Paidej sunt abia locuite. Prea mici ca așa ceva să treacă neobservat. Mă rog, e noapte încă, nu știu cum va fi de fapt.

„La un semn deschisă-i calea", de fapt trapa, și ne aruncăm aproape în același timp din avion. Pentru ei este mai ușor, sunt obișnuiți, au experiență, am auzit cândva că la un exercițiu militar din Spania au uimit pe toată lumea aruncându-se câte șaisprezece din avion în același timp, lucru aproape imposibil în mod normal. Parașutele ni se deschid automat datorită inelului prins de coardă. Deși suntem parcă prea jos, pe la opt sute de metri, fiecare își regăsește controlul. Aterizăm aproape în același timp, foarte aproape unul de altul, pe un câmp între Tisa și șoseaua care leagă Paidej de Ada. Băieții își strâng parașutele într-un morman în care au adăugat ceva lemne și coceni de porumb, după care le dau foc. Vâlvătaia se înalță destul de mult la început, însă materialul parașutelor arde destul de repede. Când ajung la vreun kilometru de ei, mai zăresc doar o văpaie palidă înghițită rapid de lumina roșiatică a răsăritului. Până la Ada sunt numai cinci kilometri. Îi fac pe jos, oricum n-aș risca să opresc vreo mașină chiar dacă ar trece vreuna. Nu de alta, dar pe de o parte ar fi riscant. Pe de alta, n-o rup deloc pe sârbește. Îi văd pe ceilalți cum o iau în direcția opusă. Gura de foc a balaurului de mai devreme s-a transformat într-un șir indian fără lumini care merge prin dreapta șoselei către nu știu unde și habar n-am pentru ce.

Ajung în Ada odată cu soarele ce se ridică din spatele meu și scoate din noapte întreaga localitate. Merg relaxat și încerc să găsesc strada Kovačević, cu restaurantul Laguna, unde mă voi întâlni cu cine trebuie. Sper. Pe aici încă nu s-au încheiat complet luptele pentru putere ale clanurilor rămase după conflictul din fosta Iugoslavie, așa că e mai bine să mă descurc fără să întreb nimic, mai ales în limba engleză. Până la urmă le găsesc, întâi strada apoi restaurantul și intru parcă într-o altă lume, văd prin fumul deja gros la această oră a dimineții oameni care vorbesc și beau, unii cu pistoale pe mese. Așa, ostentativ. Și asta nu pare să deranjeze pe nimeni. Găsesc un colț liber și mă așez în așteptarea omului meu de legătură. Boian. Un tip cam cât mine de înalt, însă mult mai masiv, brunet și foarte agil. Atât mai știu despre el, numele și felul în care arată. Cândva ne-am întâlnit în condiții mai bune. Cine știe cum o fi evoluat?

În câteva minute, o umbră masivă, care nu poate fi decât a lui, se proiectează pe masă. Îmi ridic privirea și constat că e chiar el, puțin mai grizonat decât mi-l aminteam. Se lasă greoi pe scaunul din fața mea și, fără nicio jenă, își scoate pistolul Luger, nu-mi dau seama ce model, și îl pune pe masă. Nonșalant, ca și cum ar fi fost cel mai normal lucru din lume. Pe de altă parte, și eu am un Colt Delta Elite îndreptat spre el pe sub masă. Atmosfera este, totuși, una destinsă. Mă salută amical și-mi întinde mâna, pe care i-o strâng scurt.

-Așadar, ai venit. Pe tine te-au trimis, spune cu un zâmbet puțin ironic.
-Mda, pe mine, îi răspund puțin morocănos, cu privirea la degetele lui groase care bat darabana pe arma de pe masă.
-Scuze pentru asta. Eh, știu că ai și tu unul pregătit, doar nu ești prost. Pe aici așa merg lucrurile, mai ales după conflict. E care pe care, adaugă, sorbind o primă gură din băutura adusă la masă.
-În cazul ăsta, știi și pentru ce-am venit.

Îmi vâr încetișor pistolul înapoi în toc și iau o gură de șliboviță, un fel de țuică sârbească. Best ever. Măcar nu-ți dă dureri de cap dacă te îmbeți.

-Da, Felix, știu. Și o să ți-l dau imediat ce-mi spui că banii sunt în cont. Presupun că nu i-ai cărat după tine. Apropo, faza cu avionul vostru atât de jos n-a fost tocmai inspirată.

Clatin din cap cu o grimasă. Bănuiam eu.

-Mie-mi spui? Banii vor fi în cont după ce anunț că am trecut granița în siguranță. Nu e loc de care pe care. Până la urmă, nu noi facem regulile.

Îl văd cum se crispează puțin. Degetele îi rămân nemișcate pe pistol, cu arătătorul pe trăgaci. Încă relaxat, dar periculos la o adică.

-Futu-i, înjură în surdină. Ai și tu dreptate... noroc că m-am gândit și la varianta asta. Ți-l dau, spune scoțând din buzunarul vestei un stick USB argintiu, dar parola ca să-l accesați ți-o trimit după ce livrezi banii în cont. Știi, noi, ăștia din Rezistență, încă mai existăm și chiar avem nevoie de asemenea sume. Ah, și un mic sfat pe gratis, continuă în timp ce împinge către mine stick-ul. Știu cum operezi, așa că-ți recomand să nu iei decât o mașină de ocazie cu numere românești ca să ieși din țară. Mi-a făcut plăcere.

Se ridică de la masă și-mi întinde mâna, după care e dus. Eu rămân să-mi termin băutura, deși sunt în timpul serviciului, cum s-ar zice. După un timp, mă ridic și ies în fața restaurantului. Ceva parcă e schimbat. Nu, doar mi se pare. Soarele aruncă umbre prelungi peste clădiri și peste cei câțiva oameni care se perindă pe aici. Încep să merg pe drumul de întoarcere și, dintr-un motiv sau altul, îmi ia mai mult până ies din Ada și ajung la șoseaua care leagă orășelul de Padej. Am doar cincisprezece kilometri de parcurs și merg cât mai pe margine. N-ar trebui să-mi ia mai mult de patruzeci de minute. Când trec pe lângă locul unde băieții din operațiuni speciale au ars parașutele, mă întreb în treacăt ce-or căuta ei prin locurile astea.

Gândul îmi dispare imediat când aud din spate un claxon insistent. Mă trag mai spre dreapta, fără să mă opresc din mers, în ideea că e destul loc pe șoseaua asta abia circulată. Claxonul nu se oprește și nu pricep ce vrea șoferul decât în momentul în care mașina ajunge în dreptul meu. Numere de România. Interesant, dar trebuie să fiu precaut. Mașina oprește în dreptul meu și văd că are doar doi pasageri. Cel din dreapta îmi aruncă o întrebare la care chiar nu mă aștept.

-Ești român? Mergi spre țară?
Ce naiba, se vede pe mine că sunt român? Scrie undeva? mă întreb iritat.
-Dacă vrei, hai cu noi. Mergem pe la Jimbolia, până la Timișoara.
De ce nu? îmi spun în sinea mea. Urc pe bancheta din spate și mă așez confortabil, cu un oftat mulțumit.
-Mulțam! Sunt obosit ca dracu'. Dacă nu vă e cu supărare, aș vrea să dorm puțin, zona asta e chiar deprimantă, spun în timp ce închid ochii.

Dorm, așa, pe fragmente. Ațipesc, apoi mă trezesc, și tot așa până la Jimbolia, unde trebuie să prezint pașaportul. Deh, vin din țară non-UE. Fițe și clăbuci. Merg cu cei doi români, pe care habar n-am cum îi cheamă și nici nu mă obosesc să aflu, până la Timișoara, unde aștept primul tren către București. 22:50. Nici nu mai e mult până atunci, îmi iau bilet și aștept în gară, chiar pe peron.

Drumul până la București va dura cam douăsprezece ore. Îmi propun să le dorm. În vagonul necompartimentat e cald și asta mă îmbie și mai mult la somn. Înainte, însă, sun la Direcția de Informații și le spun că sunt în drum spre casă. Pot da drumul transferului bancar. În alte trei minute primesc un SMS cu parola stick-ului. Boian s-a ținut de cuvânt.

Somnul până aproape de București îmi priește, chiar așa, cu întreruperi.

Ajuns în Gara de Nord, las flash drive-ul într-un safe deposit box și o iau către aeroportul Otopeni. Operațiunea a fost un succes, așa că beneficiez de câteva săptămâni libere. Mi-am rezervat deja un zbor spre SUA. Am de gând să mă plimb puțin și apoi să organizez ceva pentru a o vedea pe Lea. Nu știu cum a ajuns Lea Nicolescu, o puștoaică la care mă dădeam acum câțiva ani, din nimic, pasiunea vieții mele. Ca să nu spun dragostea mea. Cred că din vorbă în vorbă, nimic mai mult. Cert e că vreau să stăm de vorbă. De data asta, face to face.

Capitolul 2

Chiar dacă plec de pe Otopeni, ajung acolo suficient de obosit și mai merg vreo cinci minute către pista secundară, unde așteaptă un avion Avanti II. Este avionul pus la dispoziție în majoritatea cazurilor de către DSC, cu un pilot extravagant și puțin ciudățel. Ayan. În fine, toată lumea îi spune Ayan, deși îl cheamă Muhammad al Bari. Un individ musculos, aproape cât mine de înalt, mai degrabă potrivit pentru genul meu de job, dacă ar fi să mă întrebe cineva. Dar nu mă întreabă nimeni, așa că-mi văd de treabă. I se spune Ayan după orașul în care s-a născut, Ayanot, din Israel, de fapt o localitate căreia nici nu-i poți spune oraș. Întotdeauna m-am întrebat cum un arab creștin a ajuns să lucreze pentru noi. N-am primit niciodată un răspuns.

Mereu, în afara situațiilor de urgență, îmi deschide trapa ca unui invitat, chiar dacă nu vorbim prea mult. Îi comunic destinația și se duce în cabina de pilotaj, lăsându-mă singur cu ale mele. Vreau să ajung la Washington DC și de acolo să fac oarece planuri pentru săptămânile libere. Pe care mi le-am luat cu de la mine putere. Mi-am închis telefonul prin satelit pe care sunt contactat de obicei. În timpul orelor de zbor, căci va fi un drum lung, voi dormi sau face planuri, ori ambele. De obicei îmi merge mintea și când dorm, așa că una n-o exclude pe cealaltă. Nici nu știu de ce am ales SUA, probabil ca să fiu măcar câteva zile departe de tot. Și, cumva, tipul ăsta, pilotul, reușește să facă drumurile mai scurte ca timp. Așa că până la Washington fac nu mai mult de zece ore. În DC nu am de gând să stau mai mult de câteva zile, la casa de vacanță a unui prieten. Întâmplător, am și așa ceva.

Odată ajuns și înainte de-a o porni la drum cu mașina amicului meu, îmi cumpăr trei telefoane cu cartelă, burner phone cum le spun ei, ca să dau de anumiți oameni. După o masă care mă dă pe spate, la propriu, dorm vreo trei ore, mă apuc de dat telefoane. Prima pe care o sun, și singura pe ziua de azi, este Oana. Doar Oana, atât știu despre ea și, culmea, deși este coordonatorul nostru din Direcția de Informații, n-am văzut-o niciodată face to face. So, to speak:

-Hei, doamnă, îi arunc așa, ca și cum convorbirile noastre ar fi la ordinea zilei.
-Salutări, puștiule, aud replica de la celălalt capăt și mă mir la fel ca întotdeauna. Îmi spune mai mereu *puștiule* și, culmea, nu e mai mare decât mine. Ia spune.
-Oana, am o problemă și aș vrea să... Nu apuc să continui, că îi și aud vocea alarmată.
-În ce te-ai mai băgat de data asta?
-Ah, nu e chiar problemă, chill, încerc să o dreg, e mai mult ceva ce-mi doresc. Am ceva timp liber și aș vrea să o trimiți pe Lea într-o misiune... falsă, vocea îmi scade în intensitate, așteptând automat un răspuns negativ.
-Băi, tu n-ai ce face? mă întreabă Oana pe un ton ironic. Cred că mori s-o vezi, de-mi ceri așa ceva. Unde vrei să ți-o trimit? O vrei liberă sau la pachet?
-Tenerife, peste cinci zile. Faci asta pentru mine?

-Draci! N-am nevoie de ea activă acum. Ți-o dau... ca să zic așa. Cinci zile, spui? Atunci cinci zile să fie. Nu mi-o ții mult, că te scalpez. O aud cum chicotește ușor. Presupun că nu pot da de tine pe numărul ăsta, hai că știu că ești băiat deștept. Da' mai vorbește și tu cu ăștia de prin echipa tehnică, ok? Țin neapărat să aveți protecție, nu că voi n-ați fi în stare să vă purtați de grijă, dar e mai sigur așa.

Click, și-mi închide.

Ok then, îmi spun, *peste cinci zile mă văd cu Lea*. În sfârșit. Zilele petrecute aici încep să mi se pară din ce în ce mai lungi. Vreau acolo, vreau cu ea. O să o trimită cu un card de date. Planurile clădirilor importante și, indirect, sugestii pentru viitoarele misiuni. Îi știu stilul Oanei. Bun. Chiar aș vrea ca Lea să creadă că e pe bune.

A doua zi, prietenul meu, John, mă duce la monumentul Washington și la o clădire care găzduiește galerii de artă. Cică să nu stau închis în casă, dacă tot am venit. Numai de turism nu-mi arde mie... dar accept, să nu-l jignesc. În aceeași zi îl sun pe Alex, de pe alt telefon dintre cele trei, și-l rog să-mi dea o echipă liberă peste câteva zile. Acceptă fără să întrebe măcar de ce, doar unde și când. Legătura mea cu Alex a avut suișuri și coborâșuri, inițial nu prea ne suportam, el fiind gradat, eu liber. Vorba vine liber, o fantomă cu libertate de acțiune în anumite limite, ce-i drept, largi. Cam prea largi pentru Alex, care aparține de ministerul Apărării. Aflu că voi avea susținerea a opt oameni, printre care și un lunetist.

Pentru orice eventualitate.

A treia zi mai dau o raită prin câteva parcuri și deja nu mai pot aștepta să plec. Să o văd. Eventual să o simt, să mai am iar fluturi în stomac așa cum aveam pe vremuri, în urmă cu vreo câțiva ani. N-am nimic de făcut, nici de pierdut, așa că seara aproape mă îmbăt cu amicul meu, John, după care dorm dus. Când mă trezesc, îmi dau seama că nu-mi amintesc visul din noaptea precedentă și asta e ciudat. De obicei, îmi amintesc visele. Dar știu că a fost despre și cu Lea. Nici nu se putea altfel, îmi spun, la cât de mult îmi doresc să o văd.

Apoi îi spun lui John să mă ducă la aeroport, unde aștept destul, pentru că am decis să iau o cursă comercială. John conduce mașina, un Ferrari, ca un apucat, chiar și pe străzile aglomerate. Nici nu așteaptă să trec prin vamă, pleacă rapid, cică are treabă. Eu știu că de la o vreme lucrează pentru NSA, el nu știe că știu. Așa că aștept ora de îmbarcare de unul singur, observând lumea. Întotdeauna aeroporturile și gările mi s-au părut locurile ideale pentru a observa comportamentul uman la scară generală. Într-un final, până la care mi se pare că trece o eternitate, mă îmbarc în avion, mă așez pe scaun și încep să citesc Washington Post. Monstrulețul 747 începe să ruleze pe pistă și încep să mă simt din ce în ce mai aproape de ea. De EA. Deși nu știu ce se va întâmpla până la urmă și nici măcar cam ce-aș vrea să se întâmple.

Capitolul 3

Avionul companiei KLM aterizează la 16:55 în Tenerifie. De la Washington Dulles până aici, șaptesprezece ore și patruzeci și cinci de minute de zbor, via Amsterdam și Madrid. Bleah. Ore în care nu am dormit.

De obicei, când călătoresc nu pot să dorm. Nici după atâția ani. Trei ore și ceva pauză de zbor în Amsterdam și una și puțin în Madrid. Orașe în care nu-mi vine să stau ori să ies, așa că am rămas în aeroport de fiecare dată. Acum îmi vine să dorm și atât. Nu pot, nu merge, nu ține, trebuie să dau de contactul meu la Hovima Jardin Caleta. Încă douăzeci și cinci de kilometri. Mergem. Nu m-am simțit niciodată confortabil lângă prea multă apă, iar Hovima e la douăzeci de metri de mare. Măcar nu stau pe acolo prea mult. Contact realizat și pa. Bun...

Terasa hotelului e ca în unele baruri din centrul Bucureștiului, cu scaune împletite din paie, mese pătrate albe și foișoare de culoarea mahonului. Cam deschis, spațiul, pentru gusturile mele, așa că merg la barul de lângă piscină. În douăzeci și cinci de minute ar trebui să apară contactul meu. Barul, după mine, e la fel de expus. Aș fi preferat să fiu la Conquistador. Mă așez și comand. În engleză. La câți turiști sunt, doar e vorba de Tenerife, sper să trec semi-observat. Nerăbdarea mă face să mă gândesc la trecut, amintirile nu mă ajută deloc să mă concentrez la ce am de făcut...

Îmi aduc aminte de Lea și trec în revistă parcursul ei. Recrutată de Direcția de Informații direct din facultate, a ajuns să lucreze și pentru DSC, nu se știe cum. Sau, cel puțin, eu nu știu cum. Ea, spre deosebire de mine, nu abandonase școala și antrenamentele le-a făcut mai mult pe teren, undeva în Munții Apuseni. Cumva, cred că pe teren e mai bună decât mine, care am fost antrenat în zona Valea Doftanei. Apusenii sunt plini de peșteri și râuri, ea e, clar, mai bună pe teren. Eu sunt, clar, mai bun în infiltrări și în schimbarea identităților.

La început, dacă aș putea spune că există un început, era încă la liceu când comunicam online. Pe atunci nu ne-am văzut mai mult de trei ori, iar ea avea pretenții de scriitoare. Chiar publicase ceva... bunicel și nu prea. O dădusem, îmi amintesc, în dragoste online. Ne scriam frumos și vorbeam frumos via un client de mesagerie instant. Mai târziu, după ce-a plecat la facultate, a lăsat în urmă aproape tot ce avea legătură cu trecutul, de fapt cu perioada de până atunci, iar comunicarea noastră a devenit sporadică și rece. Până s-a întrerupt brusc, probabil după ce fusese recrutată, iar de atunci n-am mai știut nimic de ea până într-o zi când am ne-am întâlnit întâmplător pe holurile Ministerului Apărării. Chiar și atunci, doar m-a salutat scurt, mie mi-a rămas însemnat în creier faptul că tocmai ieșise dintr-un birou aparținând DI-ului.

Mai târziu mi-a devenit partener, un fel de-a spune, căci nu eram o echipă la propriu. Inițial făcea muncă de birou și analiza presa pentru a „ghici" eventualele locuri în care va trebui să mă aflu. Eram de părere că nu are ce căuta în munca aia, nu se încadra în tiparele cunoscute de mine. În ultimii ani, mesajele ei erau clipele de relaxare între zborurile de la Kabul la Manilla şi către Bogota — toate în conflict armat sau război civil — şi întâlnirile cu membrii niciodată-hotărâtului guvern libian. Fără mesaje personale... Ba da, şi-a cerut scuze o dată că nu-mi făcuse revista presei din Asia Centrală pentru că era bolnavă. I-am răspuns sec şi expeditiv. „Am televizor şi în avion.". Fără urări de însănătoşire. Nu-mi păsa sau începuse să, şi asta mă enerva. Gândurile mele erau prea mult la ea şi din cauza asta deveneam tot mai ineficient. Lipsa de eficienţă era deranjantă în ultima vreme; mă forţa să mă întreb ce mai făcea, cu cine, cum se mai expunea sau nu.

Îmi aduc aminte de prima noastră aventură. Mă rog, n-a fost chiar aventură, dar suficient de aproape. Ştiu că e o nebunie, sinucidere curată, dar nu mă mai pot abţine să nu-mi amintesc...

Avionul aterizează pe aeroportul Transilvania şi cumva un fragment de răsărit se vede în dreapta mea. Nu ştiu de ce am ales Târgu Mureş de data asta, dar nici nu trebuie să ştiu. Cel mai sigur e să aleg alte puncte de tranzit de fiecare dată. Acum, însă, sunt la limita puterilor. Vreau doar odihnă şi mă hotărăsc să merg la Sighişoara. Nu fac rezervare, plătesc doar cash. O să găsesc, sper, ceva pe acolo.

Lea mă enervează rău. Telefonul închis. Nici măcar o scuză, nimic. Uneori mai fuge aiurea, niciodată când trebuie să fie activă, dar totuși. Oare e cazul să o înlocuiesc?

Găsesc o mașină spre Sighișoara, nu știu când ajung, mă trezește șoferul. Am luat o ocazie... ce imprudență, să adorm într-o mașină străină. Cândva nu o să mă mai trezesc dacă o țin așa.

Cobor și apelez un număr din agendă, să găsesc poate o cazare mai retrasă. Mă lămuresc. O să merg la Casa Wagner. Eszter mi-a zis că acolo ar fi cel mai bine, tocmai s-a încheiat un team-building (știu eu ce se clădește în sesiunile astea) și că e liber, să iau cheia de la biroul ei, a lăsat-o la portar.

Găsesc clădirea și mă opresc. Admir. Două clădiri, de fapt, din secolul al XVIII-lea. Aici mi-aș aduce iubita dacă am putea să fim singuri, să fie gol ca acum. Dacă aș avea o iubită. Dacă mi-aș permite să am. Intru – beznă, dar sunt obișnuit. Instinctul de conservare îmi spune să nu aprind lumina, ar da de bănuit dacă mai știe cineva că clădirea e goală. Eszter știe, poate mai știe și altcineva. Încep să urc. Cheia e pentru o cameră de la etajul al doilea, am mai fost aici. Rememorez: pat dublu, central, noptiere cu lămpi, măsuță cu oglindă, comodă, o masă lângă un perete, două ferestre înalte cât camera. Cam prea expus, dar o să fie o noapte de odihnă și atât. E ok.

Cheia în broască și... e descuiat. Dar Eszter mi-a zis că... Duc mâna la tocul revolverului și împing ușa lin, e bine că nu face zgomot. Dinăuntru se strecoară o lumină care curge. Da. Curge, nu izbește, e anormal...

Lumânări? Şi totuşi, întunericul nu e străpuns suficient de bine, abia desluşesc formele mobilei. Privirea mea obişnuită cu întunericul nu descoperă niciun pericol, aşa că intru şi închid uşa în urma mea. Ce naiba se întâmplă cu mine? mă gândesc atunci când realizez că, închizând uşa, m-am întors cu spatele la cameră. Ar fi trebuit să mai... Îngheţ când simt o mână pe umăr.

-Vin roşu sau alb? spune o voce ca de copil, moment în care mă întorc cu faţa la ea şi înghit în sec a uşurare. Ai avut curaj să vii tocmai la uşa asta, îmi spune, luându-mi mâna şi punând-o pe pieptul ei, lângă inimă.
-Dulce să fie, răspund, încă neputând să-mi revin din uimire.

Lea. Ea, aici.

-De fapt, aş vrea un rosé...
-Mie-mi place cel roşu. Hai, aşază-te! mă îndeamnă, încă ţinându-mi mâna între ale ei.

A aşezat masa altfel, aşa că stăm faţă în faţă şi o pot vedea şi în oglindă. Dublu-ea. Până acum nu-mi doream niciun-ea. Punct marcat, bravo – o felicit în gând – dar tu cum ai ajuns aici...? Nu rostesc întrebarea. Cumva, sper că încă sunt în maşină spre Sighişoara, dormind, şi că visez. Dacă şi ea a fost în stare să mă găsească, ba chiar să fie înaintea mea undeva unde urma să ajung, chiar e grav. Uf, e de rău – îmi spun şi-mi dau o palmă peste ceafă, în gând.

Licoarea curge în pahare. Se opreşte din turnat

chiar atunci când trebuie, dar fără să își mute privirea de la mine. Concha Y Torro Terrunyo Carmenere. Chile, regiunea Peumo. De ce o fi ales tocmai vinul ăsta? Și mai ales, cum? Are gusturi bune, poate o să mai lucrez cu ea.

Îmi întinde paharul, vreau să-l iau, nu pot, mâna ei își continuă mișcarea și mi-l pune la buze. Fața ei e atât de aproape. Sorb, uimit încă, și mai uimit de purtarea ei. Și mai mirat sunt că, în loc de vin, mirosul pe care îl simt provine de la ea. Levănțică. Sunt copleșit de senzații, vinul și parfumul, ea acolo, ca și cum...

-Uite, îmi spune retrăgându-se, nu vreau să-mi vorbești, nu e bine să știm prea multe unul despre altul. Am vrut doar să te întâlnesc. Atât. Mâine o să fie ca și cum clipele astea n-ar fi existat și e bine așa.

Degetele ei se plimbă pe mâna mea așezată lejer pe masă, privirea îi este puțin în jos, dar zăresc un fel de lucire în ochii ei. Reflexie de la lumânări? Lacrimi? Nu ar avea motiv... Abia acum îi observ părul încă umed și brusc, o doresc. Îmi așez cealaltă mână peste a ei și...

-Cum spui tu, Lea, clipele astea vor exista doar acum și aici. De mâine nu mai există.

Își ridică privirea și oftează, parcă a ușurare, parcă a dor – nu poate să fie dor, ne-am văzut o singură dată, în treacăt. Timpul s-a dilatat, lumânările de pe masă sunt aproape pe sfârșite, nu îmi dau seama cât timp a trecut de când am intrat în cameră.

-Mulțumesc! Atât, nu trebuie să știi pentru ce. Mergi la nani – Nani?! Parcă vorbește cu un copil, ce tot are? – o să vin și eu, spune ieșind din cameră.

A doua zi mă trezește soarele. Caut, cu ochii încă închiși, trupul pe care l-am simțit lipit de mine noaptea trecută. Nu s-a întâmplat nimic, știu, doar mi-a dormit în brațe. N-am mai fost atât de odihnit și nu mi-a mai fost atât de bine de ani buni. Nu e acolo. Dau în schimb peste un bilet și cu ochii abia mijiți – parcă îmi revine și uimirea de noaptea trecută – citesc:

„Am fugit devreme, să-ți fac revista presei, bestie! O să ne mai găsim..."
Bestie? Eu? De când...?

Mă scutur din visare, forțându-mă să mă uit spre locul unde ar trebui să apară contactul meu. Ea. Va trebui să-mi semnalez prezența, căci știu ce urmează, ea nu. Habar n-are că urmează să se întâlnească cu mine.

Ceasul îmi arată că mai sunt cinci minute până la întâlnire și, dintr-o dată, Lea este acolo. Nu singură, cu un individ, și asta mă enervează. Da, mă enervează. Deși îl știu și mă știe, plus că e parte din plan. Însă ce simt nu se potrivește cu planul. Parcă aș fi, cumva, gelos? Mă enervează faptul că tipul se ceartă cu ea, chiar dacă eu am fost cel care a sugerat scenariul ăsta. Trei minute. Fir-ar! Mă uit în jur, aparent relaxat. Iar Lea și ăla fac... ca toate visele. Mda, par un cuplu care e pe cale să se despartă. Cumva, mă bucur. Pe de altă parte, știam că așa se vor desfășura lucrurile, așa că sunt calm. Mă rog, cât se poate de calm, având în vedere că e vorba despre EA. Nu am voie, nu sunt aici pentru asta. Sau poate da... Nu am voie pentru că nu fac parte din viața ei.

Mă îndrept agale către cei doi, privind în jur, fără să pară că-i țin sub observație. Cu coada ochiului zăresc niște ochi mari și verzi care e clar că mă recunosc.

-Excuse me, do you happen to have a map of the surrounding area? întreb pe un ton neutru. How about a walk in the moonlight, maybe later, to show me arround?

Zâmbesc frumos, așa cum am învățat eu la școală. Politicos, dar distant, un turist interesat de împrejurimi. Matthew e în picioare și mă privește de parcă ar vrea să înceapă un scandal și cu mine. Discret, las să se vadă o legitimație a Brigăzii Locale de Poliție Judiciară a Corpului Național de Poliție din Tenerife și o lasă moale.

-Fuck off, îmi aruncă peste umăr, dă cu un pahar de pământ și pleacă nervos.

Scenarii. Mai bine așa, decât să fac ceva aici. Știu unsprezece moduri de a ucide pe cineva, și asta doar cu o agrafă de păr. Aici am la dispoziție un întreg arsenal de sticle și pahare. Mi-ar fi fost mult prea ușor dacă ar fi fost cazul. Dar știam deja că nu e. Matthew e doar un fel de marionetă. Parte din plan.

Lea se uită la mine ca la o fantomă. Nu că eu m-aş uita altfel, dar chiar trebuie să plecăm de aici. Mâna i se încleştează pe pahar ca pe o armă. Îşi muşcă buza, abia perceptibil, după care se relaxează.

-I'd love to show you around and maybe take some pictures, îmi zâmbeşte lasciv.

Opaaa... nu, nu se poate! Lea nu e aşa... de fapt, mai ştiu cum e, de atât timp? Eu o ştiam doar la Centru. Şi doar cu Direcţia. Am şi salvat-o de câteva ori, fără să ştie.

-Ori eşti tu aceea, ori nu-s ăsta eu, mormăi intrigat de situaţie şi de un *nu-i corect* ce mă sâcâie de câteva secunde.
-A trecut ceva timp, nu? îmi răspunde, de parcă n-ar fi trecut decât două zile de când ne-am văzut ultima oară.

Numai că n-au trecut zile, ci ani. Mă enervează partea asta distantă a ei, mereu m-a enervat şi m-a dat peste cap.

-Nu vorbim aici despre misiune, continuă pe acelaşi ton. Ea crede că e vorba despre o misiune reală, nu de ceva regizat de mine.
-Hai, se ridică şi o ia înainte, brusc, poruncitor, ca şi cum eu aş fi omul de legătură şi ea agent. Mergem sus şi-ţi dau toate detaliile.

Păşesc în spatele ei ca în vis. Blonda cu părul cârlionţat natural, lung până aproape de talie, şi ochi verzi. E mai subțire decât mi-o amintesc. Griji sau grijă de ea? Îi privesc rochia aproape mulată – cu siguranță de la căldură, nu e genul ei să fie altfel decât decentă – și mă trezesc gândind *cum aș, dacă aș, ce-aș mai*. Chestie care nu mi-e specifică. Pășește în lift și-mi întinde o mână.

-Credeai că te mușc dacă nu ai mai vrut să știi de mine? îmi zâmbește îmbietor și distant în același timp – numai ei îi reușește așa ceva cu adevărat.

Îi întind și eu mâna, mai mult simbolic, ușile liflului glisează și mă trezesc împins în ele. Brutal. E lipită de mine și-mi mușcă buzele aproape până la sânge, îmi dirijează mâna către sânii ei – nu poartă nimic dedesubt? Chiar nu mai e așa cum o știam... Buzele ei îmi coboară pe gât și mă feresc, să nu-mi lase urme.

-Iubește-mă, îmi șoptește. Fă sex cu mine așa cum nu a mai făcut niciunul dintre noi până acum.

Ding! Ușile liftului se deschid și parcă mă trezesc, ca din vis. Fuge către cameră, zglobie, ca și cum nimic nu s-ar fi întâmplat, veselă și roșie în obraji precum tânăra pe care o cunoscusem în urmă cu mult timp și pe care nu credeam că o voi vedea vreodată femeie. Am mai întâlnit-o doar la Direcția de Informații sau în Ministerul de Interne. Atunci era de fiecare dată altfel.

O urmez pe holul îngust și lung, fără să-mi pot lua privirea de la ea, dar în minte calculez și analizez ieșirile de urgență.

Interiorul camerei de hotel nu-mi spune mare lucru, e la fel de comună ca toate camerele de hotel în care am tot fost. Încep să mă gândesc că poate ar fi mai înțelept să-mi transmită datele, tot de mine furnizate, și să plece fiecare pe drumul lui. Dacă nu... Doar nu mă pot îndrăgosti ca un adolescent. Numai că Lea, fir-ar să fie de treabă, se mișcă de parcă ar dansa de bucurie. În lift mi-a făcut-o. Capcane? Teste? Nici măcar nu mai știu prea multe despre fătuca asta – râd de gândurile mele. *Fătucă*. Într-o altă viață era un fel de far călăuzitor pentru mine.

Mă apropii de ea cu mâna întinsă, rămasă așa de la fuga din lift. Rochie albastră? Îmi vine să pufnesc în râs. Ăsta da camuflaj. Albastru pe fondul mării. Mai bine decât pe fundul mării. Parcă ar vrea să atragă atenția – nu neapărat mie, doar nu știa că mă va întâlni. Sau știa? Deși, la naiba, am încercat să fac tot posibilul pentru a o face să creadă că e o misiune reală, cu tot ce implică. N-ar trebui să știe, dar dacă știe... Asta e, îmi spun și o urmez ca în transă. Gândurile că ar putea juca și ea dublu nu mă lasă, prea a fost sigură pe ea de la prima vorbă, ca și cum m-ar fi așteptat. Încrezătoare, dominatoare prin vorbe. În lift și prin fapte, așa cum nu am mai văzut-o și, cu siguranță, nu mi-am imaginat-o.

O ușă se trântește la trei metri în spatele ei. Am deja mâna pe armă, dar nu o scot. Un lucru am învățat atunci, prima dată, în timpul primei mele misiuni: blocarea reacțiilor involuntare. Încă mă ajută asta. O oarecare părăsește o cameră, cu nervi, și atât. Jeez, pe aici toată lumea se ceartă? O fi de la căldură. Lea e pur și simplu veselă, dacă pur și simplu ar exista. Pentru mine totul are un motiv sau un scop.

-Haide, vino, nu te mănânc. Nu de tot. Ți-aduci aminte?

Cum naiba să nu-mi amintesc? Era pe vremea când încă mai comunicam, numai online. De ce-mi bagă texte de-astea? Ce urmărește? Condiționarea emoțională e *specializarea* mea... și mă simt atacat dacă se încearcă așa ceva cu mine.

-Mda, haide... M-ai stârnit destul. Ce vrei? Dă-mi info...
-La naiba, chiar nu pricepi? Acum, dintr-o dată, ești mare și prost?

N-am timp să-i răspund. Trece pe lângă mine când intrăm în cameră, aproape trântește ușa și mă sărută, conducându-mi mâna direct între picioarele ei. Își dă la o parte lenjeria și o simt direct umedă, poate din lift e așa. Parcă nu e ea... sau e o altă versiune a ei? Îmi propun să fac exact ce mi-a sugerat mai devreme. Mecanic. Până la urmă, detensionarea e bună. În scop terapeutic. Eu nu sunt așa. Sau poate că sunt, dar rareori. Unde mai pui că acum trebuie să evit implicarea. *Noi* ar fi trebuit să existăm demult sau deloc. Și totuși...

-Tot bestie ai rămas. Una perfecționată, îi spun cu ciudă.

Oare cum se simte în postura asta de folosită, de armă și mijloc de intimidare, de unealtă sexuală pentru stoarcerea de informații? Cu câți o fi fost până acum? *Nu, nu te gândi la asta, e riscant, pici și...*

O întorc cu spatele la mine, fața îi e aproape lipită de perete, nici eu nu mă recunosc. Își împinge fundul înapoi, invitându-mă, stârnindu-mă intenționat. O mână îi ajunge cumva pe ceafa mea și mă ține captiv într-un sărut aproape brutal, în timp ce-i desfac rochia și o las să alunece pe corpul pe care nu l-am văzut niciodată gol. Farurile unei mașini luminează camera și pentru puțin timp trec în alt regim, cel de alertă. Parcare în față, pe două rânduri. Motor pornit, nu oprit, deci pleacă – e bine. Îmi revin, dar cumva a ajuns cu fața la mine, goală. Se chinuie să-mi descheie nasturii cămășii. O scutesc de alte eforturi și mi-o smulg de pe mine. Nu de alta, dar să economisim timp. Ne scurgem în jos, lângă perete, aproape de pat.

Degetul meu i se plimbă pe buze și, neașteptat, gura i se deschide. Mă linge lent în timp ce mă privește fix. Nu mi-aș fi putut imagina așa ceva la ea pe vremea când își presa buzele a iritare doar când îi spuneam, în glumă, că-i mușc limba. Cu o mână mi-o îndrumă pe a mea, o simt udă și fierbinte, jos, sânii ei îmi împung pieptul, iar respirația sacadată mă cheamă, mă îndeamnă să sar peste preludiu, s-o pătrund și s-o posed sălbatic. Poate așa funcționează treaba cu sexul terapeutic. Poate de asta are nevoie acum. Nu mai contează de ce am eu nevoie.

Mâna mea i se înfige în păr, o întorc cu fața în

jos și obrazul i se înfige într-o pernă aruncată aiurea, pe marginea patului. Rămâne cumva blocată, expusă, țintuită acolo, goală și imobilizată cum probabil nu a fost niciodată în timpul antrenamentelor stupide de autoapărare. Palma mea îi atinge fundul rămas așa, în sus, într-un *jap* urmat de un geamăt care poate exprimă uimire și durere, dar mai degrabă sesizez nerostitul *folosește-mă*. Tocmai ea? Așa a ajuns? Să fie doar cu mine așa? Vanitatea își spune cuvântul în întrebări nelalocul lor ce mi se perindă prin minte. Ajung aproape peste ea, aplecat, o mână îi cuprinde gâtul și strâng.

-Nu asta ai vrut? îi șoptesc aproape cu ură.

După care o pătrund. Brusc, aproape violent. Geme prelung.

-Să nu te pună dracu' să te oprești acum, îmi spune printre dinți.

Cu la fel de multă ură-pasiune, se sprijină în mâini și își împinge bazinul către mine, se mișcă și uităm amândoi pentru ce-am venit oficial acolo. Sau poate uitaserăm din lift? Am mintea pe automat, ca de obicei. Gemetele ei nu mă distrag de la ambulanța care trece cu girofarul aprins pe Avenida Las Gaviotas, nici de la ușa închisă cu zgomot pe palier, ori cursa Iberia de 21:35 din Roma... Simt unghii înfipte în pielea spatelui și mă trezesc cu ea cu fața în sus, sub mine, trăgându-mă în ea frenetic, o idee mai puțin mecanic, însă tot dur, ca și cum ar vrea să o curăț de viață și de griji. Ca și cum ar vrea ca atunci și acolo să fiu imprimat în ea pentru eternitate, în povestea noastră niciodată scrisă. Nu-mi dau seama de cât timp ne iubim așa, înlănțuiți și nebuni, dar zăresc sclipirea lacrimilor în lumina slabă.

-Iubește-mă. Atât, doar acum, o dată în viața asta. Fii doar al meu.

Lacrimile încep să-i curgă în voie acum, se strâng în curbura claviculei. Plânge aproape sacadat și mă strânge în brațe, șoptindu-mi să nu mai dispar, să fiu real, nu fantoma care umblă fără a lăsa urme. Urme las. În suflete. Așa-mi condiționez uneori atât victimele – dramatic, mda – cât și colegele. Există vreo limită în branșa noastră? Mă mușcă de umăr ca să-și potolească plânsul, apoi își mută furia pe propriile-i buze, le mușcă dur, până la sânge, așa cum făceam și eu uneori când aproape adormeam de frig în misiunile de la început. Elveția poate fi minunată, dar nu în postura de lunetist.

-Nu, dragoste, nu-ți face rău, nu ai voie...

Brusc, realizez că și-a trăit toată viața sub un etern *nu ai voie* și sufletul mi se strânge. Exact, chiar și noi, *lupii singuratici*, avem suflet, la fel de imposibil de demonstrat ca restul. Știu că pare de necrezut, dar chiar e adevărat. Ce reacție e asta la mine? Dragoste? Nu pot, nu am voie. Ar fi putut fi odată. Undeva, cândva. Acum însă...

Îi cuprind fața între mâini și mă ridic aproape deasupra ei, îmi vine să merg mai departe cu sexul acela fără reguli, însă mă aplec şi-i sorb lacrimile, una câte una, pe măsură ce apar.

-Nu, pasiune, şhhhh, dă-mi mie durerea. Lasă-mă să te scap de ea. Te-am iubit, să ştii... n-a fost să fie.

Eu, cel care n-am crezut niciodată în „a fost să fie" sau nu, îi spun asta atât de convins şi natural, încât o cred şi eu. *Dacă am putea acum, Lea dragă, să...* Ce?

Se încordează. I-am atins coarda mentală dorită. Doar aşa pot s-o aduc în acel *trebuie* atât de urât de amândoi, dar atât de necesar.

-Nu se poate, doar ştii asta. Nu s-a putut atunci, acum cu atât mai puţin. De ce mă chinui?

Nu mai plânge. E revoltată, dar nu mai plânge, ceea ce e bine. Diversiune.

-O chestie de genul ăsta nu mi s-a mai întâmplat decât o singură dată în viaţă, înainte să ne cunoaştem, îi mărturisesc pe un ton serios.

Încerc s-o momesc cu un subiect despre care ştie deja, i-am povestit despre Andreea, agenta Mudiriyat al-Amn al-Amma, despre care n-am ştiut nimic până aproape am ajuns să ne căsătorim.

-Dragul meu, sunt poveşti apuse, tu chiar nu te vindeci niciodată?

Dragul meu, spus cu o privire înşelătoare, chiar dacă din ton i se ghiceşte că-i sunt cu adevărat drag. Păi? Reflexele verbale vechi nu se şterg... Îmi atinge obrazul cu dosul palmei, ştergându-mi parcă lacrimile interioare. E superbă. Nu, n-am grad de comparaţie pentru ea goală în lumina lunii de Tenerife. Iubind şi plină de dorinţă nu mi-am închipuit-o niciodată, chiar nu am de ce să mă prefac.

-Ai avea şi tu nevoie de cineva, aşa cum eşti tu pentru mine. Cum ai fost...

Îşi duce mâna la gură ca şi cum ar vrea să-şi înăbuşe un suspin, însă degetul meu îi atinge buzele şi ea pe ale mele, într-un sărut-promisiune niciodată avut. *Să nu promiţi, noi nu ne putem ţine de promisiuni...* Atingerea ei mă arde. O simt mai intens decât primul sărut din lift, decât atingerile şi gândurile nebuneşti de apoi. Alea nu mi-au atins sufletul, nu le-am dat voie. Dar mi-am dat voie să visez... Mă las pe spate, relaxat, şi urmăresc umbrele lăsate de ventilator pe tavan. Ritmic, exact. Nu-mi pot da voie să alunec în aleator şi mai ales trebuie să mă feresc de un *ce-ar putea fi* care-mi tot dă târcoale.

-Care-i faza? Ne-am tras-o şi eşti deja gelos? Imitaţia unei grimase de desconsiderare se lăbărţează pe faţa ei şi-şi retrage mâna. Te uitai la el de parcă-l urai.

Mă testează. Să vadă dacă sunt gelos. De ce-ar interesa-o? N-a ţinut ea neapărat să ne îndepărtăm? Nu ea m-a evitat şi mi-a pus în faţă stupidul *nu merge*, fără argumente? *Băga-mi-aș!* Și acum vrea să se joace de-a ofensata? Mă întorc pe partea stângă, cu spatele la ea.

-Pe Matthew? Hm. De ce l-aș urî pe unul care mi-a omorât partenera în Mozambic? Ai și tu dreptate. Chiar ai impresia că l-ai agățat la întâmplare, nu?

Parcă respiră cumva nervos, mai repede, parcă o și văd mușcându-și buzele. Mă întorc spre ea, încet, să văd dacă în minte i s-a ivit vreun gând de „Ce-am făcut?". Vreau să savurez. Vreau să-i strig, „Da, ce-ai făcut?! Nu mai ești copilul inocent de care mi-aș fi dorit să am grijă. De-acum, dacă greșești, plătești!". Cum am bănuit, reacția e pe aproape.

-Îl cunoști? Adică vrei să spui că... Nu aveam cum să știu, îmi pare...
-Îți pare pe dracu! Nu are cum să-ți pară, tocmai pentru că nu știi. Și pentru că nu știi, atunci înseamnă că nu e treaba ta să te scuzi. Măcar ți-a tras-o bine zilele astea? N-aș zice, la cum ai sărit pe mine.

Vreau să întind coarda, vreau să treacă dincolo de misiune și de oficial, vreau să știu de ce e așa, cu mine, aici și acum. Încep să-i mângâi obrazul, încet, parcă desenând.

-Mă iubești, așa e?

Înghite în sec. E singura reacție vizibilă, dar pulsul aproape i-a luat-o razna.

-Da, cred că mă iubești, dacă te-ai expus în felul

ăsta. Apropo, arma aia a e bună de expoziție la jucării.

Râd zeflemitor, doar puțin. Pe peretele din spatele capului ei văd un punct roșu. Se mișcă, chinuitor de încet, către umărul ei stâng, pe claviculă, mai jos... Mă ridic și mă arunc brusc peste ea, cu o figură de îndrăgostit care se joacă. Mă privește cu suspiciune, intrigată, în timp ce mă apropii de buzele ei. De afară se aude un zgomot de balon de gumă spart. Îi ating buzele.

-Gata, a trecut.

Mă privește recunoscătoare, certându-mă din ochi în același timp. A auzit și ea sunetul de amortizor, se pare.

-De ce-ai făcut asta? aparenta furie îi este însoțită de un tremurat abia perceptibil.
-N-ar fi prima dată. Îi pun un deget pe buze. Șhhh. Acum doi ani, în Zimbabwe, ai scăpat, nu-i așa? Ochii ei se măresc și mai mult. Da, știu. Nu numai că știu, dar eu l-am scos pe individ din joc.
-Adică, ai fost...
-La vreo două sute de metri de tine. Des. Tu mă vezi după mult timp, pe când eu...
-Mi s-a sugerat că aș avea un înger păzitor, dar am crezut că e cineva dintre ai mei.
-Dintre *ai tăi*, cum le zici tu, sunt și eu. Nu întreba. Ar trebui să dormim măcar două ore.
-Uf, bine... dar spune-mi măcar cum e cu lunetistul de adineauri. Dacă mai...
-Nu mai. Sau mai, deocamdată nu știu mai

multe, dar o să aflu. Am oameni afară, ei l-au scos din joc. Și probabil au și înregistrat tot ce s-a întâmplat în camera asta, dar e pe mâini sigure.

Zâmbesc, face iar acel botic amuzant, se întoarce cu spatele la mine.

-Acum, dormim.
-Da, dormim, vis... Nu mi-ai spus dacă mă iubești.
-Așa e, nu ți-am spus.

În cel mult treizeci de secunde o aud respirând ca și cum ar dormi adânc. Îmi trec un braț pe sub pernă, celălalt i-l pun pe mijloc, mă lipesc de ea și-o trec din realitate în vis. Acum, aici, e doar a mea și sunt doar al ei.

*

Am plecat de la hotel spre plajă, de mână. Nu s-a mai sinchisit să pună pe ea altceva în afara costumului de baie. Nici n-ar avea de ce. Nu aici. De mână, așa cum mi-am dorit mereu. Partida de sex de mai devreme – nici aia ca lumea, că a început să plângă – nu a fost atât de wow! ca acum, când mergem de mână, senini, fără griji. O iau de mijloc și o trag lângă mine, pașii noștri sunt în același ritm. Mâna mea dreaptă coboară de pe mijloc, mai jos, degetele intră puțin în bikini. Mă privește în felul „fă ce vrei, sunt a ta de acum". O trag de mână și ajungem într-o zonă a plajei care este, ca prin minune, aproape goală, deși, în rest, lumea roiește.

-Haide, stai aici. Mă așez pe nisip și o îndemn să

stea lângă mine. Vreau să te văd goală şi udă, iubita mea.

Mă priveşte senină, îmi ia mâna şi-mi sărută degetele.

-Lea, – face ochii mari, ştie că-i spun direct pe nume doar când am de spus ceva foarte serios – m-am gândit şi m-am răzgândit...
-Ce e? Nu mă ţine aşa, în suspans.
-Ştii că viaţa cealaltă am încheiat-o amândoi...

Scot dintr-un buzunăraş al pantalonilor scurţi un inel pe care-l ţin încă în palmă, ascuns. Privirea ei scrutează, încearcă să înţeleagă ce am acolo – fir-ar, de aşa ceva n-o să ne dezobişnuim niciodată. Îşi muşcă buza de jos, abia perceptibil. Doar nu te-ai prins, bestie – aşa-i spuneam acum mult timp, „bestie", dar cu drag. Era... e vreo diferenţă între cum era şi cum e acum pentru mine? Neh. Mă aşez mai aproape de ea, o sărut uşor, abia atins, mai mult îi sug buza de jos. În timpul ăsta îi iau mâna stângă şi-i strecor pe deget inelul. Respiraţia i se opreşte. Îşi strânge mâna aproape în pumn, în semn de retragere, de protecţie. Faţa ei se depărtează de a mea, văd marea în ochii ei. Văd marea în lacrimile din ochii ei, de fapt.

-Fii soţia mea, Lea! Ieşi din visele mele şi vino aici, rămâi aici, mereu, îi spun în timp ce o cuprind în braţe şi-i şterg lacrimile care continuă să-i alunece pe obraji, deşi chipul îi este senin.
-Iubitul meu, Doamne, noi... Te iubesc, da, ştii asta? Dar dacă e o greşeală? Dacă nu ne putem adapta încă la viaţa asta normală? Poate într-o zi...

*

-Felix, ne trezim și noi azi?

Soarele îmi încălzește fața. Îmi strâng ochii, sunt iar moale, îmi vine să mă pisicesc așa cum făceam când mă trezea, uneori, dimineața la telefon.

-Mda. Dacă-mi dai un pupic. Îi întind gura strânsă în botic, așa cum doar ea o făcea. Și dacă-mi spui ce-ai visat.
-Fie.

Îi simt buzele pe vârful nasului și deschid ochii, intrigat, cu o figură bosumflată, care sper să-i transmită mesajul corect. *Iar îmi faci de-astea?*

-Haide, pisic. *Ce, cum? Ea-mi spune mie, pisic?* Aveam treabă. Sus.
-Mmmm... hai să mai stăăămmmm...
Îmi întind mâinile să o cuprind iar în brațe și mă întind chiar ca un pisic. Fir-ar! Cine controlează pe cine aici?
-Da, nu prea avem treabă, spune și se cuibărește iar în brațele mele, goală, fundul ei lipit de mine stârnindu-mă iar. Am totul pe un card de memorie, ți-l dau și gata, doar nu credeai că stau să memorez. Sunt planuri întregi de data asta, știi și tu.
-Presupun, mormăi și o trag de mijloc, mă împing să fiu cu totul lipit de ea. Te vreau, Lea! Începem și ziua asta frumos?
-S-o crezi tu. Poate o dată la câțiva ani e cam des... chiar dacă acum a fost pentru prima dată.

Se întoarce cu fața la mine, brusc – aproape mă amuză figura ei serioasă când eu sunt așa, încă moale, fără chef, o doresc, și vreau să fiu, cred, alintat. Nu pricepe de ce nu mă trezesc să-mi dea datele și să plecăm fiecare la treaba lui. Mă ridic și-i iau mâinile în ale mele. Înghite în sec și face ochii mari, bănuitoare.

-Să-ți spun. Taci, ascultă, apoi poți să vorbești. Să nu mă întrerupi. Nu e nicio misiune. Am pus pe drumuri opt oameni și o echipă de tehnicieni numai ca să te văd. Știam că ești aici, știam că ești cu Matthew. Ți-am zis că mi-a omorât partenera în Mozambic. Așa este. Dar acum e cu noi, cu mine. Reacțiile alea de afară au fost un teatru ieftin. Te urmăresc de câțiva ani, după ce ai plecat din Hong-Kong. Știu ce ai făcut atunci, nu mă interesează, nu sunt pe contra-terorism. Ca și tine, poți să spui că sunt mercenar. Nu sunt loial, lucrez pentru cine dă mai mult la un moment dat, dar niciodată n-am schimbat taberele în timpul unei misiuni. Nici când mi-au ucis a doua soție. Da, știu că nu știai. Te-am urmărit să am grijă de tine și să te fac pierdută când era să o pățești. Mozambic, Afganistan, Zimbabwe, a fost mâna mea, direct sau altfel. Să zicem că am o gaură de timp de două săptămâni și... îmi fac un capriciu. Sau îmi împlinesc un vis. Știu că orice aș spune, nu mă crezi. Tu ai început. Nu, nu te acuz, Doamne, știi că n-am făcut asta niciodată. Suntem mari și prea vaccinați. Te înțeleg. Încearcă să mă înțelegi și tu. Dacă nu... asta e. Știi că e posibil să nu ne mai vedem iar câțiva ani. Dar acum, aici, am fost cu tine și numai unul cu altul. Gata, am terminat, acum ceartă-mă.

În tot timpul ăsta, am privit în jos. Aproape așteptând lovituri verbale. Nu i-am văzut reacțiile. O singură dată i-am mângaiat urma de glonț de pe umărul drept. Rană pe care tot eu i-am provocat-o. Nici nu mai știu bine unde și nici nu vreau să-mi amintesc acum. A fost, știu, o situație în care unul era în plus. Ea avea misiunea să-l elimine pe un tip care se ocupa cu transportul documentelor clasificate de la o ambasadă la alta, eu fusesem trimis s-o protejez. Ea nu știa că are spatele asigurat. Am zărit un al treilea lunetist, cu arma către ea. Stupidă situație. Singura cale de-a o proteja, fără să știe că altcineva e acolo pentru ea — mă rog, singura cale care mi-a venit atunci în minte — a fost s-o scot din joc și din triunghiul ăla cretin de trei lunetiști, fiecare cu altă misiune. Am tras în brațul pe care se sprijinea, în umăr, în așa fel încât s-o rănesc, dar nu prea tare. S-o fac să plece dracului de acolo. De atunci are o cicatrice pe umăr, singura de pe corpul ei, de altfel.

Lea îmi mângâie mâna. Ceva nu e-n regulă.

-Știu. Știu tot, Felix. Tu încă mă vezi copilă, încă vrei să mă protejezi. Mai devreme chiar a fost util, dar sunt, cum spuneai tu, om mare. Mă descurc.

Fir-ar ea! Știe, după atâția ani, aproape fiecare expresie și fiecare promisiune făcută în mine. Aș fi vrut să nu mai țină cont. Să mă ignore. Parcă m-ar fi durut mai puțin. Își lasă privirea în jos și aproape zăresc un început de lacrimă. Din nou. Dar n-o să plângă. Trag puternic aer în piept. Pur și simplu uitasem să respir – mi se întâmplă când sunt prea

concentrat sau tensionat. Cum oi fi rezistat atât, oare?
*
-Surioara ta ce mai face?

Mergem, de data asta nu în vis, chiar dacă ne ținem de mână fără să ne ferim, către feribotul de la Santa Cruz. Aproape că nu ne-am vorbit tot drumul cu mașina până am ajuns în port. Mi-a fost teamă să-i vorbesc, să nu stric magia. De câteva ori mi-a atins mâna pe schimbătorul de viteze. Atât. Simțeam că deja începe să se îndepărteze de mine.

-Nu vorbi de ea, nu-ți dau voie. Ai încercat să dai de mine prin ea, și asta nu doar o singură dată. Nu trebuia, Felix, știi bine că o pui în...
-Taci, dragoste! Mi se pare extrem de ciudat cum sună alintul ăsta în gura mea după atât timp. Pentru mine sunteți amândouă la fel de importante. Lea face ochii mari.

-E tot ce mi-a rămas... din tine.

Oftez. Nu vreau s-o privesc. Știu că acum mă urăște pentru că-i arăt cât sunt de vulnerabil. Ca și cum ar afecta-o cumva în mod personal. Continuăm să mergem de mână și privesc spre feribot, chestia mare și albă care o să mi-o ia. Dacă n-am fi în public, aș plânge. Oare ei i-o fi bine că pleacă? Nu trebuie, nu încă, nu are treabă. Atunci, de ce? Mă opresc și o trag lângă mine.

-Deja mi-e dor, îi șoptesc. Îi sărut palma și i-o închid. Păstrează-mă.

Mâna i se încordează brusc, de parcă tocmai i-aş fi pus pe umeri o mare responsabilitate.

-Nu pune prea mare preţ pe ce s-a întâmplat azi-noapte, o aud ca prin vis. Ştii bine cum suntem noi, Felix, avem câte o iubire prin fiecare port. Altfel, cum am putea face faţă singurătăţii? Iubirea mea din partea asta de lume eşti tu, dar asta nu înseamnă că nu mai am şi altele. Nici că sunt a ta pe vecie.

Se întoarce şi începe să urce pasarela, timp în care eu mă simt de parcă tocmai mi-am luat un mare pumn în plexul solar. Oricât de tare m-ar durea s-o recunosc, are dreptate. M-am lăsat dus de val, m-am implicat prea mult în propria mea fantezie. Noroc cu Lea, rupe-i-aş gâtul, că a rămas cu capul pe umeri suficient de mult cât să mă trezească la realitate. Pun pariu că face un mişto de mine de zile mari în sinea ei. *Thanks, honey, promit că nu se va mai întâmpla.* O urmăresc cu privirea în timp ce mă lupt să-mi revin. Nu vreau să-i arăt cât de tare m-a afectat.

Ştiu că pleacă la El Aaiún, în Sahara Occidentală, ocupată de Maroc, dar habar n-am de ce-a ales tocmai feribotul ca mijloc de transport. Nu ştiu nici măcar ce face acolo şi unde pleacă mai departe. Sus, se sprijină de balustradă şi parcă-i văd buzele mimând un zâmbet satisfăcut. *Yeah, bitch, de data asta mi-ai pus-o, ai câştigat runda unu. Mai vedem cine-o câştigă pe-a doua.* O lacrimă mi se prelinge pe obrazul drept de sub ochelarii de soare. Mi-o permit doar de data asta, mai ales că n-are cum s-o vadă de la distanţa dintre noi. Ha! După câte îmi dau eu seama, nu ne desparte doar distanța fizică.

Până data viitoare, îi transmit în limbajul semnelor. Îl știe. Apoi o acoperă soarele. Iar pe mine singurătatea.

Pornesc pe jos pe Via Conexion Muelle Ribera. O idee îmi încolțește în minte și mă face să zâmbesc: coordonatorul de zbor de la aeroportul Hassan I din El Aaiún mi-e dator. Dintr-o dată, simt bâzâitul telefonului în buzunarul pantalonilor. Sper doar că nu e Lea.

-Deci așa, n-ai putut să te abții, chiar ai vrut-o și-ai mai și vorbit cam mult.

Alex mă sună pe mine și-mi vorbește pe tonul ăsta? Mă irită, mai ales după despărțirea crudă de Lea.

-Băi, dar tu ce mama dracului ai? Crezi că dacă mi-ai asigurat protecția ai dreptul să...
-Am înregistrarea, știi asta, nu? Nu te trag la răspundere, dar fii și tu mai atent la ce locuri alegi.

Ok, chiar mă irită rău.

-Băi, ăsta, băga-mi-aș, apropo de înregistrare, cine mama dracului a vrut să ne omoare, că tu știi. Sau ar trebui.
-Nu știu mă, un asiatic, mama dracului, știi că arată toți la fel pentru mine. Și n-a vrut să te omoare, ci s-o omoare pe ea. Bă, după ce-am văzut înregistrarea

îmi venea să te strâng de gât. Cum dracu' să te pui în calea glonțului, mă? Te crezi din Kevlar? M-a făcut Oana cu ou și cu oțet.

-Nu se poate să nu știi cine, ai înregistrat tot. Zi-mi sau te spun lu' mama, o dau pe chestii mai ușoare și ștrengărești.

-Am înregistrat ce-ați făcut voi în cameră, nu afară. Afară s-a ocupat echipa. Fără urme. Știai că e vânată. Ai dracu' grijă.

-Alex, stai mă, ce te-ai aprins așa? Dacă știam...

Click. Mi-a închis. Încerc să-l sun înapoi. Nu răspunde. Futu-i. Rămas și fără Lea, fi-i-ar ei de proastă, și fără, cel puțin momentan, protecția echipei lui Alex. *Bravo, băiatule, ține-o așa și-o să scape curând și de tine,* îmi spun și-mi trag o palmă peste ceafă. În gând, firește.

Capitolul 4

N-am mai stat mult în Tenerife. O noapte. O noapte goală și seacă, de data asta la Conquistador. Seara în care mi-am deschis tefonul prin satelit și nu au trecut douăzeci de minute până am fost contactat de oamenii mei – ai dracu'! – și mi-au comunicat următoarea misiune. Uneori îmi vine să las naibii tot, mai ales după evenimente ca cele din ultimele zile, intense și de neuitat. Cică acum trebuie să ajung la Manila. Am reținut vag, în conștient, misiunea, deși subconștientul înregistrează tot, pe automat.

O zdruncinătură mă trezește și văd prin geam aeroportul Ben Gurion din Tel Aviv. Dacă nu mă trezeam eu, ar fi făcut-o vreo însoțitoare de zbor; nu-mi fac probleme de obicei din cauza asta. Și în cursele comerciale oricum nu prea pot să dorm, mai mult *scanez* bine pasagerii. Am avut parte odată de o tentativă de asasinat. Ca la carte. Nicotină pură pusă în cafeaua servită la bord. Nu are gust ori miros și îți cedează ce ai mai slab; faci atac de cord sau cerebral. Nu se detectează la autopsie pentru că este metabolizată rapid. Se vede însă pe deget, în sensul în care dacă-l introduci în ceașcă devine maroniu. Așa am și aflat, după brusca mea lipsă de chef să mai beau acea cafea. Ceea ce m-a și salvat.

Între aterizare și plecarea spre Singapore am patruzeci de minute, numai bine cât să nu stau degeaba și cât să nu aștept o îmbarcare peste nu știu cât timp. La vamă se fac controale „la întâmplare".

Bun aşa. Întâmplarea face să fiu unul dintre cei selectaţi. Prezint paşaportul, sunt Cristopher Warren din Singapore, aşa că nu sunt întrebat despre scopul călătoriei. Probabil merg către casă. Vreun afacerist, ceva. Mă şi scanează, normal, însă nu găsesc nimic; n-au ce găsi, am două cuţite din plastic ranforsat, unul în căptuşeala genţii şi unul în cea a vestei. Pentru orice eventualitate. Trec de ei şi intru în terminal, apoi mă îmbarc în avionul companiei KLM, unde mă aşez, ca de obicei, la clasa business. Lângă mine e un individ cu faţa brăzdată de cicatrici, solid, tuns în genul US Marine. Îmi scot cuţitul din căptuşeala vestei şi mi-l bag în mânecă; din nou, pentru orice eventualitate.

Avionul decolează lin, face un viraj şi lasă în stânga Ramat Gan, zburând spre nord o bună bucată de vreme – *bună* din puţinul timp, adică o oră şi patruzeci de minute cât face până la Singapore – apoi virează dreapta în apropiere de Damasc. Citesc pe sărite din revista „The Inquirer" pe care am cumpărat-o din aeroport, aşteptând liniştit să ajung la destinaţie. Chiar dacă mai am un zbor în afară de ăsta.

Avionul face o întoarcere amplă şi ne pregătim pentru aterizare. Aeroportul din Singapore se află chiar lângă mare, iar în partea cealaltă clădirile sunt înalte. Aterizează o idee cam zdruncinat pe pista Singapore Changi Airport, rulând cu trepidaţii.

După ce trec de vamă, mă îndrept spre zona cu taxiuri. Ca de fiecare dată, prefer să stau la hotelul

Raffles, deși mai e un hotel chiar în aeroport. Așa că mă urc într-un taxi, spun unde vreau să ajung și văd că o ia pe East Coast Parkway spre destinația mea. Nu știu dacă voi rămâne acolo peste noapte, dar trebuie să-mi schimb hainele și identitatea. De data asta, sunt un om de afaceri cu un stil oarecum classy. Plus că trebuie să iau cu mine celălalt pașaport – tot de Singapore, însă diplomatic. Și arma. Nu voi mai fi verificat.

Am câte o cameră rezervată permanent în aproape toate capitalele țărilor pe unde-mi duc oasele. La Raffles e la fel. Dacă aș fi un simplu turist, m-ar da gata vederea spre piscină și lărgimea balconului. Doar că nu e cazul. La fel ca și în celelalte locuri, aici am ascunse arme de calibru mic și un laptop. Intru în camera cu plafon înalt, mă bărbieresc și, din grabă și neatenție, mă tai. Mi-a plăcut întotdeauna ce gust are sângele meu; las să-mi curgă pe un deget și ling. *Oare ce gust o avea sângele altora?* Fac o grimasă la acel gând neașteptat. Probabil e un adevăr cât de mic în legătură cu vampirii din Carpați, altfel nu-mi explic ce m-a apucat.

Ies din baie și-mi așez costumul pe pat, lângă arma Glock G43. Îmi scot laptopul din ascunzătoarea de sub pat, nu înainte de-a mă chinui puțin să-l dezlipesc de partea superioară, și încep să scriu. Note pentru mine. Un fel de jurnal i-aș spune, dacă mi-aș permite să articulez în cuvinte ceea ce fac și cu cine. Dar nu-mi permit.

La două după-amiaza ies puțin la plimbare pe

Changi Road, încercând să nu mă gândesc la ceea ce va urma. Nu e vorba că va fi greu ori periculos – poate doar într-o oarecare măsură. Mă gândesc mai mult la mine, la Lea, la întâlnirile noastre ce la un moment dat probabil vor ajunge la un sfârșit, precum și la faptul că aproape-mi vine să mă retrag undeva departe, poate chiar la El Aaiún, deși totul în jur e deșert. Poate voi cunoaște pe cineva cu care să mă retrag acolo, chiar dacă mă întreb la modul cel mai serios oare ce *nebună* ar vrea să stea cu mine în condițiile date.

Mai am două ore până la zborul către Manila, așa că o iau pe jos pe East Coast Parkway, către aeroport. *Cătinel și lin*, cum obișnuia Lea să zică într-o altă viață. Sta-i-ar în gât. Numai că nimic nu e lin în mintea și sfletul meu, nici în ceea ce fac. Deși, uneori, când îmi privesc țintele ca pe niște obiecte, parcă timpul se dilată și ajung în starea de *lin* în care nu mai simt nimic, nici în legătură cu mine însumi, nici în legătură cu ținta.

Ajung la aeroport cu douăzeci de minute înaintea îmbarcării și cei de la pază aproape că nu m-ar fi lăsat să ajung la avion dacă nu le-aș fi prezentat pașaportul diplomatic. Sunt tot Cristopher Warren, atașat ONU de această dată. Îmi ocup locul în avion și privesc... cerul în timp ce decolăm și luăm altitudine. Care se apropie din ce în ce mai mult, până ajunge parcă sub mine, cel puțin poziționarea și structura norilor cirrus îmi dau această senzație. Sunt deasupra cerului și aștept să ajung la Manila, pe aeroportul Ninoy Aquino. Călătoria e chiar scurtă și nu mă pot abține să nu mă gândesc că aș fi vrut să fiu cu Lea, să vorbim ca în vremurile în care eu nu eram operativ, iar ea nu avea legătură cu toate astea. Lin. Cald. Apropiați și deschiși. Acum nu mai suntem așa. Acum nu mai sunt așa cu nimeni. Zborul de o oră și cincisprezece minute trece de parcă nici n-ar fi fost și mă trezesc – am uneori senzația asta, că ajung într-un loc fără a parcuge vreo distanță și fără a veni de undeva – în terminalul aeroportului.

Aici am de făcut o treabă realtiv simplă. Sau așa ar trebui să fie. Să cumpăr droguri – moneda universală – și să le depun într-o casetă de valori la Citibank Philippines. Simplu, cum ziceam, mai ales în condițiile în care zona de nord este într-un perpetuu război civil de vreo douăzeci și cinci de ani. Iau un taxi de la aeroport, cu care mă împotmolesc puțin în traficul de pe Manila Skyroad, plus ceva străduțe adiacente cu nume imposibil de reținut din cartierul Makati. La bancă, mă întâmpină o veche cunoștință, care mă conduce spre zona casetelor de valori. Cheia o am deja în mână. La intrare se oprește și se întoarce cu fața la mine.

-Vă rog să-mi dați pașaportul, îmi cere cu un zâmbet formal și mă execut fără comentarii inutile. Domnule Warren, își ridică privirea la mine după ce studiază documentul oficial și percep o tensiune în aer. Bine ați revenit, vă rog să mă urmați.

Privirea mea coboară la plăcuța prinsă de sacoul bleumarin. Știu cine e în realitate, dar habar n-am cum o cheamă pentru misiunea asta.

-Desigur, Hellen, mulțumesc!

Intrăm în camera casetelor de valori și mă conduce la o cutie, unde introduce o cheie și așteaptă să fac la fel cu a mea. Învârtim amândoi încet și se aude un *clic* înfundat. Hellen scoate cutia și o depune pe masă.

-Puteți rămâne cât doriți, mă informează înainte să părăsească încăperea.

Din cutia de valori, pe care o deschid cu altă cheie, scot banii necesari operațiunii. Mulți. Două milioane de dolari. Evident, nu ai mei, ci un fel de fond secret pentru operațiuni speciale și extreme. Bani DSC. Cu o parte din ei voi cumpăra droguri. Moneda universală, cum se glumește pe la noi. Îmi burdușesc geanta cu bani și ies, trecând pe lângă Hellen, care mă așteaptă cuminte lângă ușă.

-Mulțumesc, am terminat. Ești liberă în seara asta? văd că pare puțin șocată, dar și încântată.
-Da, termin la nouă, Fe... Christian.

Lucky me, I have a date. Screw you, Miss Lea! Asta e partea bună. Partea rea e că înainte de asta trebuie să merg în Baguio, spre nord, să fac tranzacția. Plec spre aeroport, unde mă așteaptă un elicopter privat, ceea ce înseamnă că termin rapid și mă întorc în timp util. Ayan mă așteaptă deja în spațiul rezervat pentru zborurile private. Decolăm în scurt timp, dar ceva mă neliniștește. Ayan nu pilotează ca de obicei, ci o idee cam... smucit. Alt cuvânt nu-mi vine în minte. Face o întoarcere completă și din lateralele noastre se mai ridică două elicoptere antice.

-Sunt ai mei, stai liniștit, aud în cască. Ne însoțesc pentru siguranță. Știi și tu ce e în nord... pentru intimidarea ălora.

Trebuie să recunosc că e o premieră absolută. What's next? O escadrilă întreagă de elicoptere? Mormăi un răspuns neinteligibil. Sper că știe ce naiba face. După ce trecem de zona metropolitană Manila, cele două elicoptere însoțitoare se așază în spatele nostru și formăm un fel de șir indian. Abia atunci observ că în elicopterul meu se mai află încă doi tipi înarmați. Probabil infanteria care va trage din aer dacă va fi cazul. Presupun că sunt câte cel puțin doi în fiecare dintre celelalte elicoptere. Cei trei piloți nu se joacă, o iau în linie dreaptă, trecând pe deasupra Angeles City și Tarlac de parcă ar zbura peste câmpuri goale. Cei doi tipi înarmați își ocupă pozițiile pe șina elicopterului, în poziție de tragere. Destinația noastră e cu puțin mai la nord de Baguio, până în La Trinidad, chiar în câmp. *În câmp* însemnând totuși un hangar, lângă care ne așteaptă cineva care ne semnalizează cu o lanternă.

-O să te acopere toți, îl aud pe Ayan în casca pe care o scot imediat cum aterizăm.

Doar noi suntem la sol, celelalte două elicoptere ocupă fiecare o poziție la aproximativ o sută douăzeci de grade, în dispozitiv. La o adică, sunt convins că sunt pregătiți să radă locul ăsta de pe fața pământului. Cu mine cu tot sau nu, asta n-am de unde s-o mai știu. Ajung lângă omul cu lanterna și-i explic într-o engleză simplificată, din care habar n-am cât înțelege, că va fi o tranzacție simplă.

-Tu ești ostatic, spun, în timp ce-i pun pistolul la tâmplă.

În cealaltă mână am dispozitivul care poate transforma cele două milioane de dolari în cenușă. Cu o simplă apăsare de buton. Ne deplasăm spre hangarul din care au început să iasă, curioși, cu armele în mâini, alți patru oameni. Imediat razele laser de ochire ale celor din elicoptere se lipesc pe piepturile și pe frunțile lor. Unul are în mână o geantă imensă. Teoretic, acolo ar trebui să fie cele o sută și cinci zeci de kilograme de cocaină albă, pură.

-În genunchi! mă răstesc la cel de lângă mine.
-N-am avut ce să fac, unchiule, se smiorcăie, dar mă ascultă.

Tipul cu geanta se apropie de noi și mi-o aruncă la picioare. I-o înmânez pe a mea.

-Suficient? întreb, după ce controlează conținutul.
-Absolut, îmi răspunde, după care începe să se retragă cu spatele.
-Nu te miști de aici cel puțin cinci minute, îi șoptesc celui de lângă mine și încep să mă retrag și eu, tot cu spatele.

Elicopterul lui Ayan e deja la o jumătate de metru în aer. Sar în el din mers și tipul face o întoarcere de mă amețește. Pleacă toate elicopterele în același timp, chiar dacă de jos încep să se audă focuri de mitralieră. Două gloanțe chiar ne ating coada, fără să avarieze ceva esențial. Data viitoare le pun câte un glonț în cap.

-Păi, de ce crezi că toate elicopterele noastre arată atât de jalnic? îl aud pe Ayan în cască și ne continuăm drumul spre sud.

De data asta aterizăm pe undeva pe lângă Calawis, nu putem apărea cu elicopterul găurit la aeroport. De aici mă descurc eu până la Manila. Nu fac decât vreo douăzeci de minute și mă îndrept spre sediul din nord al Citibank, unde dau de aceeași Hellen, care mă conduce la camera casetelor de valori. A fost ideea mea să închiriem una în plus, ca să nu dăm de bănuit că mă fâțâi toată ziua prin același loc. Îndes drogurile în cutie și iau cu mine un alt pașaport, de data asta unul american.

-Cu întâlnirea cum rămâne? o întreb pe Hellen în trecere.
-La nouă, la Movie Stars Cafe. Nici nu mai e mult până atunci.

Merg pe Seaside Boulevard și ajung la Movie Stars Cafe, un loc de unde pot vedea și marea și orașul în acealși timp. Bun. Mă așez, îmi comand un cocktail fără alcool și o aștept. Apare în douăzeci de minute, îmbrăcată altfel, o rochie elegantă de seară în alb și negru. În contrast total cu restul clienților, care sunt

– ca și locul în sine – colorați, foarte colorați, prea colorați.

-Hellen, o întâmpin cu o înclinare din cap, punându-mi mâna pe spatele ei gol pentru a o conduce către masă.
-Christian, îmi răspunde pe un ton oarecum ironic. Sau vrei să-ți spun Matthew? Eric? Ibraham?

Se așază și-mi aruncă o privire ascuțită ca un laser. Cred că putem lăsa teatrul la o parte, Felix, ce zici? Misiunea s-a terminat, am redevenit Mia. Ah, și, apropo, să știi că nu te-am iertat încă pentru că mi-ai omorât un partener în Kazahstan. Mă rog, nu chiar partener, o sursă. Era sub acoperire de vreo zece ani.

Oftez, dar îi susțin privirea. Uitasem de întâmplarea aia... parcă au trecut o sută de ani de atunci...

Mă aflam în Kazahstan pentru a-l omorî pe Igor Gherghev, unul dintre cei mai mari traficanți de armament și droguri din zonă. Eu și Alex — pe atunci el era BlackOps — ne postaserăm la cinci sute de metri distanță unul de celălalt, „fără comunicare radio" ni se spusese, așa că nici măcar nu luasem cu noi stațiile. Eram doi pentru ca în cazul în care unul dădea greș, celălat să termine misiunea. Chestie importantă pentru DSC, clar. Eram undeva lângă Zhezdy și vedeam prin luneta Delta Titanium cum niște indivizi cărau lăzi cu mitraliere AK-47 și Kalashnikov, în timp ce Igor stătea lângă una dintre mașini, complet expus. Nici nu avea de ce să fie îngrijorat în pustietatea aia.

Doar că noi, eu și Alex, îl aveam în vizor și urma să-l facem praf. Eu am ezitat să trag. Pentru prima și, cred, ultima oară, am ezitat, pentru că Igor ăsta îmi părea cunoscut. Alex a tras. Cu o L115A3, Long Range Riffle. Asta aveam amândoi, ținta era la mai mult de două mii de metri. Am expirat aerul din plămâni, moment în care am realizat că-mi ținusem respirația vreo două minute, după care m-am „reunit" cu Alex și-am mers la locul de extracție, unde deja ne aștepta un elicopter.

Nu cu mult după, am aflat că Igor era sursa Miei. Ceea ce mă lasă rece, ordinul a venit de sus. Să se ia cu ei de piept dacă nu-i convine. Plus că ea nici nu știe că nu eu am apăsat pe trăgaci. Motiv pentru care nici nu mă obosesc să-i răspund la acuzație.

-Eu mi-am terminat treaba aici, plec mâine pe la prânz, o informez, continuând s-o privesc. Nu vreau să fiu singur noaptea asta. Vii cu mine? Stau la The Bayleaf.

-Da, F, o să vin cu tine, îmi zâmbește cu subînțeles. F și atât. Știai că deja ești o legendă? Omul fără casă, cel care, și chiar nu știu cum reușești asta fără să ai probleme, lucrează pentru cine dă mai mult. Ori pentru cine-l prinde într-o anumită dispoziție. Ai fost format de DSC, după care ai început să lucrezi și pentru noi, ceilalți. Mereu m-am întrebat cum este.

-Haide să lăsăm astea în urmă, îi propun cu o ridicare din umeri. Nu suntem decât un bărbat și o femeie la o întâlnire. Ce zici, merită să încercăm?

-Cred că merită să și reușim.

Plătesc, cu tot cu un bacșiș generos, și plecăm pe

Seaside Boulevard, de mână, ca și cum am fi un cuplu normal. Ne bucurăm din plin de aerul marin, în care aproape simți sarea. Când ajungem pe bulevardul Roxas, mergem din ce în ce mai lipiți – ce-i drept, s-a cam făcut răcoare.

Hotelul Bayleaf n-are decât șapte etaje, dar de pe terasă poți vedea jumătate de oraș și o mare parte din apa ce-l înconjoară. Eu am camera la etajul unu, ea la ultimul etaj – ceea ce mi se pare o greșeală de începător. Nu comentez și intrăm în lift. Camera ei pare destul de simplă, cu un pat matrimonial așezat central, două noptiere și o masă cu un televizor.

-Mă ajuți? mă întreabă, întorcându-se cu spatele la mine.

Chiar nu-mi dau seama cu ce-aș putea-o ajuta, în condițiile în care are spatele complet gol, așa că-i trag rochia peste cap cu totul, ca să nu existe neînțelegeri. Pe dedesubt poartă lenjerie Fox and Rose. Hm, așadar nu e „ieftină". Se așază pe pat lângă mine și, dacă ar toarce, aș putea s-o compar cu o pisică ce așteaptă să fie mângâiată. Ceea ce mă și obligă s-o fac. Îmi dau cămașa jos și mă întind lângă ea.

-Știi că de aici trebuie să plecăm împreună, nu? mă întreabă și mă ia cu frig.
-Operațiune comună? Din partea cui?
-Plecăm în Afganistan, mai deschide și tu e-mail-ul ăla, continuă, în timp ce mă privește cu un aer amuzat. Informațiile s-au trimis încă de ieri. Versiunea oficială e că suntem doi jurnaliști de la

Newsweek. Forțele de ordine știu deja că venim, dar nu știu cum arătăm.

-Nu vorbim acum despre misiuni, vino încoace, și o trag brusc spre mine, suficient de brusc încât buzele să ni se atingă.

Mi se răsucește în brațe până când ajunge deasupra mea și-mi zâmbește. Dacă n-aș ști că lucrăm împreună, aș zice chiar malefic. Se apleacă și mă sărută, mă mușcă până la sânge, răzbunându-se parcă, după care apasă butonul unei telecomenzi și din combina de sub televizor începe să se reverse *Cântă-mi povestea* a celor de la Coma. Interesant. Se apleacă din nou să mă sărute, apoi se lasă moale cu capul pe pernă și adormim așa. Ea prima, pe mine mă bântuie gândurile. De tot felul. Deschid laptopul și citesc detaliile misiunii. A doua zi ne lasă Ayan lângă Kandahar, unde ne așteaptă o mașină să ne ducă spre nord, către Herat. Grozav! Tot ce-mi doream de la viață...

Capitolul 5

Într-adevăr, o mașină ne așteaptă, dar fără șofer și fără escortă. What the fuck? La baza de la Kandahar ne întâmpină însărcinatul cu presa, un ofițer din Batalionul 2 Infanterie „Călugăreni", cu care vorbim în românește, însă puțin. Ne dăm numele reale, suntem corespondenți pe zona de sud-est și Orientul Mijlociu, nu oameni direct ai publicației, așa că nu ne facem probleme. Ne spune cu o urmă de regret în glas, mai ales văzând că suntem de-ai lui – români – că vom avea la dispoziție o mașină, veste antiglonț și o stație de emisie-recepție pentru cazuri extraordinare. Atmosfera de aici este una apăsătoare, nu doar pentru că suntem într-o bază militară, ce-i drept, alcătuită din corturi verde-maroniu, ci din cauza demoralizării generale și a prafului care acoperă orice. Suntem reporter – Mia – și fotoreporter – eu – și nu ne ducem nici măcar în cortul destinat jurnaliștilor, probabil cel mai mic de acolo, ci încercăm să plecăm cât mai repede. Avem de făcut un contact și gata. Zbang, scurt, pa. Așa că ne urcăm în mașina de un verde-kaki și pornim.

Drumul de la Kandahar spre Herat îl facem cu un Jeep Wrangler fără capotă și fără copertină, soarele ne bate direct în cap și, mai mult, suntem expuși. Mă gândesc că măcar de ne-ar fi trimis cu un Humvee și tot ar fi fost ceva. Suntem jurnaliști pentru militarii de la Kandahar, însă pentru cei din zonă suntem orice, de la posibili spioni până la posibile obiecte pentru care să obțină răscumpărare. Oricum, ținte mobile. Eu conduc, iar Mia stă sau mai mult se clatină pe locul din dreapta. Pare tot mai afectată de căldura asta și de praful care, într-un mod ciudat, ne acoperă înainte de a trece peste el, peste drum. Ne învăluie, într-un fel ne oferă protecție. Pe de altă parte, e un nor călător care ne anunță prezența de la depărtare. Înarmați nu suntem, pentru că așa ni s-a spus, în plus ar fi trezit suspiciuni. Escortă militară nu avem, pentru că cei de la Kandahar ne-au asigurat protecție pentru primii douăzeci de kilometri. Sau aproximativ. Până la Panjwai. Mergem și nu pot să nu mă gândesc la posibile ambuscade ale localnicilor, ăștia nu sunt prietenoși cu nimeni, nu doar cu forțele internaționale. Imediat după Char Rah e o curbă în ac de păr care ar fi locul ideal pentru o ambuscadă – am memorat harta șoselei.

Mă tot uit la Mia, care e din ce în ce mai moale din cauza căldurii, și-mi amintesc. Eram la o terasă în centrul vechi al Bucureștiului și-mi așteptam contactul care să-mi comunice direct următoarea misiune. Pe atunci, Oana hotărâse să folosim telefoanele cât mai puțin posibil. Așteptam vreun zdrahon care să-mi spună laconic ce aveam de făcut, oricum bănuiam că ar fi vorba despre Elveția, când m-am trezit la masă cu o păpușică de o vârstă incertă, cu siguranță mai tânără decât mine care, înainte de a se așeza, venind din spatele meu, mi-a atins în treacăt umărul drept. Am catalogat-o drept o bunăciune, eram cu gândurile aiurea și pe vremea aia nu țineam cont de multe. Nu încă. Părul castaniu, lung, ochii, aș fi zis de un căprui intens, sânii care parcă dădeau să iasă de sub cămașa albă descheiată generos și de sub taiorul vișiniu încheiat numai la un nasture, picioarele nu aveam cum să i le văd, însă mi le imaginam a fi subțiri, dar puternice, de căprioară.

-Salut, puștiule! mi-a zis în timp ce se așeza pe scaunul împletit.

Nu se poate, m-am gândit, *îmi spune ca Oana? What the fuck?*

-Cred că mă așteptai.
-Da, așteptam pe cineva, am răspuns descumpănit, gândindu-mă *ce bună e asta*, în sinea mea.
-Ia de aici, mi-a întins un card de date, și dispari. Eu mai rămân.

Sperasem să-mi fi întins mâna ca să ne salutăm, dar ea nu, zbang-trosc-pleoșc-fleoșc, mă și expedia deja. Am luat cardul din mâna pe care o percepeam de-a dreptul fierbinte și am dat să mă ridic, regretând că nu-mi iese mai mult cu una ca ea.

-Bye, Felix, see ya! Apropo, eu sunt Mia, o să ne mai vedem, fii sigur de asta. Hai, fă-te că nu exiști.

M-a expediat chiar și cu o parte din expresiile mele, scurt, brusc și dur, de parcă... *Ce jăvruță*, gândisem, *da-i bună în draci*, și am plecat spre Universitate, pe jos, să-mi revin din șoc. Ne-am mai întâlnit sporadic în misiuni, dar niciodată nu am petrecut timp împreună și mereu m-a tratat puțin cam de sus. Până ieri.

Trecem de Char Rah. Curba spre stânga, una cam ca alea de pe la Cheile Bicazului, e în fața noastră. Mia abia își mai ține ochii deschiși. *Ce dracu, fată,* o cert în gând iritat, *tu ai stat doar în birouri și bănci?* Primul glonț mă atinge pe mine, îmi șterge mâna stângă care automat îmi pică de pe volan. Culmea, pentru că a venit din dreapta. Celelalte o nimeresc pe ea în plin, însă în vestă. Mașina se oprește pentru că au tras și în cauciucuri; în două dintre ele. Mujahedini. Luptătorii lui Allah. Căcat! Se dau mai buni decât sunt, spunând că luptă într-un scop nobil. I fucking hate them! O grenadă explodează lângă mașină și șrapnelul ne învăluie pe amândoi ca un roi de muște, pe mine aproape că mă protejează corpul ei și faptul că m-am lăsat în ultimul moment jos, în dreapta mașinii. O bucată îi intră în gât și Mia începe să sângereze abundent. La o primă privire, însă, pare că nu i-a ajuns la vreo arteră. Mă ridic și o iau de acolo, o trag jos lângă mine. Luptătorii se retrag, probabil nu suntem suficient de valoroși pentru ei. Îi aplic presiune pe rană cu o mână și cu cealaltă iau stația.

-Foxtrot seven, we're under attack. Over.
-Op center, how can we help? Over.
-We have a man down, in need for medical transport ASAP. Over.
-Op Center, we have deployed a medical choper, try to hold position. Over and out.
-Spune-mi când o să fim și noi, o aud șoptind slab, într-un fel de horcăit.
-Suntem.

Lacrimile i se usucă instantaneu sub căldura

deșertului. Buclele ei castanii îmi surâd în vântul după-amiezii și soarele i se oglindește în ochii căprui pe care, cumva, reușește să-i țină complet deschiși și întrebători.

-Încearcă să nu vorbești!

Dar Mia nu se lasă.

-De atât timp și nu mi-ai spus nimic?

Șuvițele castanii îi acoperă buzele crăpate de sete și ochii i se închid, în sfârșit, încet. Puterile îi pier. Nu e bine, voi avea grijă de ea, mai e puțin. Mă aplec peste fruntea și pieptul ei și încep un descântec-litanie dacic, vechi – eu, care nu cred în ce nu văd. Nu unui dumnezeu impus mă rog, fac ce făceau străbunii și îi dau din energia mea. Mâna îi tresare și îi simt pulsul accelerându-se în timp ce mângâi, pe cealaltă parte, tatuajul cu Anubis ce m-a intrigat atât de mult la început.

Elicopterul medical ajunge în zece minute de la baza militară de la Borj, ne ia pe amândoi și medicii încearcă să-i închidă rana de la gât. În rest, are două coaste rupte de la impactul cu gloanțele prin vestă.

Douăzeci și patru de ore mai târziu, la Berlin, piuiturile și vibrațiile din sala de terapie intensivă mă fac deja să vreau să plec. Dar voi sta lângă ea până la... început sau până la sfârșit, rugându-mă să nu fie vorba de un final. Nu trebuie să privesc la aparate ca să știu că e slăbită. Cred că dacă m-aș ridica brusc, scaunul ar fi lipit de mine și ar cădea cu un zgomot amenințător pe gresia proaspăt spălată. Luminile de seară se aprind, iar culoarul se cufundă în semiîntuneric în același timp în care ușile liftului glisează și aud sunet de pași, un sunet de pași pe care nu l-aș putea confunda nici într-o piață publică. Îi știu mersul de când am intrat în echipă. Dar ea...

-Hei, ce faci pe aici, ești bine?

Ridic ochii încet. Pantofi roșii, picioare perfect formate, cu acea cicatrice minusculă cunoscută de mine prin atingeri repetate, lângă genunchiul stâng, fustă cât să fie și nu prea, taior negru, puțin umflat sub mâna stângă, gâtul lung, părul strâns în coc. Corporatistă, ce să mai!

-Tu nu trebuia să fii într-un birou sau ceva?
-Eeeeei, crezi că gata, am lăsat în urmă tot? Ești bine? Ești aici pentru tine?

Schițez un gest cu capul.

-Mia.
-Am auzit că v-ați întors... Dacă era altfel, aș fi fost geloasă. Știu că mereu te-ai atașat de partenerele de misiuni.
-Ca și cum ar fi fost multe. Faci vizite incognito sau te-au trimis să vezi dacă mai sunt apt?
-Vor să te retragă, dragul meu...

Dragul meu? Iar face de-astea?

-Așa e mesajul oficial, conține *dragul meu*? Nu-mi face de-astea, ai fost mai mult decât explicită înainte să te sui pe feribot. După cum vezi, am supraviețuit dezamăgirii. Cât despre job, mă retrag eu singur. Cu Mia, de fapt. Dar mai încolo. După ce se face bine, dacă se mai face bine, plecăm în Maroc și nu mai auziți de noi. Nici în conservare, nimic. Am vrut cu tine... cu ea se pare că e mai bine. Mai eficient. Familie, știi?

-N-o să reziști sau nici n-o să ajungi să pleci, nu vrei așa ceva. Oana mi-a spus să am grijă să fiți în siguranță, nici pe aici lucrurile nu stau prea bine.

-Oana? Uite ce e, Lea, voi v-ați orientat spre altceva. Voi zâmbiți frumos când trebuie, noi vânăm.

-Niciodată n-am priceput ce e cu tatuajul ăla pe brațul ei.

-Logic, voi v-ați văzut patruzeci de minute, o dată, eu o știu și o simt cum te știam pe tine acum ceva timp. Uite, îmi arunc privirea spre aparate și îi văd pulsul regulat și constant, o să fie bine. Te conduc afară și uităm, noi nu mai suntem parteneri. Hai să nu ajungem dușmani.

Explozia distruge geamurile etajului unu și flăcările se înalță, luminând un sfert de oraș în noaptea cețoasă, în timp ce mă ridic. Lea se retrage un pas, surprinsă.

-Te-ai înmuiat? remarc pe un ton superior.

Consulatul Azerbaidjanului e complet distrus și deja se aud sirenele mașinilor de pompieri și de poliție. Sirena germană e cea mai enervantă din câte cunosc.

-O să mişune şi pe aici în câteva minute. Hai, merg cu tine. Ea o să fie ok, oficial e cetăţean austriac adus de urgenţă din Tunisia. Trebuie să dispărem.

Lea îmi aruncă o privire mirată.

-Mergi cu mine? Ai spus că...
-Trebuie să rămân la tine noaptea asta. De mâine nu mai ştii de mine.
-Bine. Mergem.

Eu cu o strângere de inimă şi ea cu o strângere de gând plecăm de lângă ferestrele rezervei. Pe coridor se aud bocancii celor din intervenţii rapide.

-Mergi spre liftul de serviciu.

Îi iau mâna şi mergem spre stânga, repede. În spate auzim o armă încărcându-se.
-Stai!

Îngheţăm. Ăştia nu se joacă. Patru mascaţi şi un aparent-civil sunt lângă noi.

-Cine sunteţi? Ce faceţi aici? Răstit.

Poziţiile lor sunt vulnerabile, eu şi Lea am putea să-i punem la pământ fără să ştie ce i-a lovit, dar nu e cazul. O strâng de mână într-un tacit „ocupă-te tu". Lea adoptă atitudinea de „ah, dar nu ştiţi cine sunt eu" şi începe să vorbească pe un tot piţigăiat.

-Domnule, dar nu v-aţi legitimat!

Parcă o aud pe aia cu „sunt cetățean european și am drepturi" și îmi vine să râd, însă nimic nu se mișcă pe fața mea.

-Jos! În genunchi.

Lea o face pe speriata și se execută, eu scot, încet, altfel ar fi fatal, din buzunar, documentele de atașat militar și i le întind individului, în timp ce mă las spre podea. Le analizează cu o expresie de „ia să vedem ce-avem aici..."

-Mergeți, spune după un minut și le face semn mascaților să se retragă.

Intrăm în lift, încercând să nu părem prea ușurați. A fost ușor. Adrenalina ne face să ne luăm în brațe după ce se închid ușile liftului. Lea tremură. De emoție.

-Șhhh, copilă, mai știi?

Se dezlipește de mine, aproape împingându-mă cu ciudă.

-A fost. Mergem la mine, eu nu rămân. Mâine la șase ești plecat.

Îmi ia din nou mâna în a ei și ieșim printre *polizei*. Da, mâine la șase sunt înapoi, la Mia. Cu Lea e mereu doar o revedere...

Luminile mașinilor de poliție rămân în spate după ce pornim pe Kedettenweg. Fumul se simte încă, iar agitaţia este maximă şi aici, dar suntem în siguranţă.

-Gata prefăcătoria, îşi trage mâna din a mea şi şi-o îndeasă în buzunarul vestei izoterme.

Continuăm să mergem tăcuţi până când deschide uşa unui imobil vechi şi mă trage după ea de parcă ar trebui să ne ascundem.

-Am nişte vecini mai ciudaţi, îmi explică înainte de-a lua-o la fugă pe scări în sus, până la etajul al doilea, unde lumina şi un miros de scorţişoară inundă casa scărilor atunci când deschide uşa. Trebuia să fiu cu altcineva acum, nu cu tine. Şi în situaţia asta cretină.

Realizez că de câteva minute a început ziua de Crăciun, dar nu spun nimic. Ce-ar mai fi de spus?

-Dar şi eu sunt bun, la o adică, hm?

Intru, cu gândurile înapoi în timp, mă las să cad pe canapeaua din hol şi aud sunete de pahare din bucătărie.

-Roşu sau alb?

Înghit în sec, a amintiri.

-Nu-mi face aşa ceva, Lea, doar tu ai zis mai devreme că...

E deja în fața mea, în genunchi, cu paharul de vin roșu în mână, îi simt promisiunea unui sărut în colțul gurii.

-Bea-l. Apoi treci la somn. Acolo, îmi indică o cameră. Mai ai câteva ore. Ah, Mia o să fie mutată până dimineață, așa că e de bine. Noapte bună!

Dispare, făcându-mi cu ochiul, în una dintre celelalte camere, lăsând în urma ei o adiere de parfum Mirrhe et Delires de la Guerlain. Încă îl mai folosește? Interesant.

Capitolul 6

Peste alte două zile sunt din nou la Manila, de data asta numai ca să iau un stick de memorie. Desigur că mi-l copiez și eu, și trimit informațiile prin conexiunea mea securizată către serverul de la El Aaiún. Nu se știe niciodată când pot avea nevoie de ele. Drumurile, în sine, aproape că nu merită menționate, sunt mereu la fel – aproape la fel. În trei zile mă „trezesc" în Kulala Lumpur, în urma unei ciudățenii de scrisoare-invitație primită la hotelul meu. Aici, în țara asta uitată de lume, mă întâlnesc din nou și aparent întâmplător, mereu întâmplător, deși acum îmi dau seama că nu, cu iubirea mea niciodată împlinită. Lea. Ceva începe să se rupă în mine. O simt din ce în ce mai rău.

-Mai știi...
-Chiar nu poți lăsa trecutul deoparte? Mâna ei mică o cuprinde pe a mea și ne continuăm plimbarea pe strada Parlamentului. De câte ori te văd, te gândești la noi, îmi povestești despre câte cineva, de ce nu poți să fii doar aici?

Am ajuns în urmă cu două zile cu o cursă comercială din Filipine. Primisem la hotel un plic, cu un bilet de avion și urări de bine. Fără expeditor, fără amprente și nu prin serviciile poștale, cum aveam să constat apoi. Nu știu de ce mă mai mir că dau peste Lea când mă aștept mai puțin, în cele mai ciudate locuri și ocazii. Dar să fiu trimis în Kuala Lumpur și să o găsesc acolo, culmea, cazată fix la hotelul meu, e prea de tot.

-Lea, cu Mia o să mă căsătoresc.

-Și vrei să profiți de timpul rămas liber? Înțeleg.

-Nu. Nu știu... tu mă cunoști cel mai bine și cu toate astea știi bine cât de puțin mă cunoști. Știi, îi spun oprindu-mă pe iarba din ASEAN Sculpture Garden, câteodată aș vrea să fiu singur și responsabil doar pentru mine, doar că...

-Ți-e frică să o pierzi.

-Mi-e frică să vă pierd pe amândouă. Tu nu mi-ai fost un punct vulnerabil... cel puțin nu în mod oficial, nu în toți anii ăstia. Mia, la fel. Dar știi cum se folosesc, cum ne folosim de cei dragi, de familie, de... cum nu le dăm liniște altora și cum pot să nu ne-o dea.

Lea se întoarce cu spatele la mine. Oftează și mă privește, brusc întorcându-se spre mine, sfidătoare.

-Tu, noi, plaja, toate astea au fost în altă viață, pricepi? Oprește-te și lasă-mă să mă opresc și eu, ignoră-mă! Acum tu o să pleci, vorba aia, eu cui rămân? Nu, cealaltă vorbă, viața merge mai departe. O să fugi la El Aaiún cu Mia și o să tânjești după viața de dinainte. Îmi cuprinde chipul cu mâinile, tare, strâns. Crezi că nu văd, crezi că nu se vede? Îmi zâmbește trist. Tenerife, misiunea falsă... de câte ori mi-am dorit ca cele reale să fie ca atunci.

Îmi strânge brațul cu ambele mâini și mă trage înapoi spre China Town Inn, hotelul nostru.

-E de mers ceva. Uite, acolo, îi arăt către înălțimile dinspre Bentong...

-Nu-mi mai spune povești! mă oprește. O să-mi

fie dor și de asta, știi tot, de parcă ai fi trăit sute de ani în fiecare loc de pe planetă. Da, o să-mi fie dor, oftează lăsând privirea în pământ și pașii i se răresc. Rămâi în camera mea noaptea asta? Hai, poimâine pleci, nu erai tu adeptul eficienței? Ce ar conta ceva... Nu, de fapt nu aia vreau, doar să mai fii cu mine ca alte dăți.

O iau de umeri și o opresc brusc.

-Hei, ce-i cu tine? Cred că ar trebui să te retragi și tu. Și nu o să mă însor prea repede. E treabă de făcut. Multă. După un timp, doar știi...
-Lasă, fii cu mine azi, apoi... vedem.

Îmi ia mâna și ne continuăm drumul către hotel, încet, cumplit de încet. Oricine ne vede ar putea crede că suntem un cuplu de îndrăgostiți după o ceartă, cu siguranță nu un operativ și un consultant-fost-operativ la, probabil, ultima lor întâlnire.

-Mia, uite... se postează în fața mea cu mâinile în șold și mă privește cu o expresie șocată.
-Poftim? Mi-ai spus cumva *Mia*?

Aproape că-i văd lacrimi în ochi. Se întoarce și o ia la fugă pe strada Raja — *fă ceva solicitant când te copleșesc emoțiile, știu* — dar când ajunge la râul Klang se așază pe o margine și izbucnește în plâns. O ajung din urmă și sare ca arsă în picioare, mă împunge cu degetul în piept.

-*Mia? Mia!* Nu mai ai răbdare, la naiba, te voiam

doar pentru mine o ultimă dată și tu?! îmi urlă în față.

N-am văzut-o niciodată plângând de-a binelea, nici nu mi-am imaginat-o așa. Dar oare de ce mă mai mir? După episoadele recente, mi se pare cel puțin labilă mental și emoțional. Îi iau mâinile în ale mele și încerc să mă gândesc ce-aș putea debita ca s-o calmez. Nu cred că e o idee prea bună să ne dăm în spectacol, atrăgând o atenție nedorită. Mai ales acum. Pe cealaltă parte, mașinile trec spre ministerul industriilor, luminile girofarurilor răsfrângându-se asupra noastră.

-Unde e pentru tine *acasă*? o întreb, privind pe lângă ea, peste umăr, la reflexiile din Klang.

Se oprește brusc din plâns, respirația i se blochează pentru câteva secunde, înghite în sec. Ultimele lacrimi i se usucă pe chipul scăldat în reflexiile albastru-roșiatice ale girofarurilor. Ochii i se adâncesc în ai mei, privirea îi rămâne tristă, însă fără revolta de adineauri. Se întoarce brusc pentru a se sprijini cu coatele de balustrada podului și mă trage de mâini în așa fel încât brațele mele o cuprind și mă trezesc lipit de ea. Rămâne cu privirea la apa întunecată și începe să vorbească abia auzit:

-Acum înțeleg. *Acasă*, asta vrei. Iartă-mă. Pauza până la următoarele cuvinte îmi pare distanța dintre zidurile Marelui Canion. Abia așa mi-am dat seama, odată cu certitudinea că te pierd. Chestia e că te iubesc și...

O opresc, întorcând-o spre mine.

-Taci, Lea, îi spun cu blândețe. E clar că ești bulversată, poate chiar ușor rănită în amorul propriu, dar hai să nu rostim cuvinte mari pe care nu le înțelege niciunul dintre noi. Haide, trebuie să te odihnești.

O trag de mână în direcția hotelului, aproape smucit, mergând cumva în fața ei. Trebuie să o deconectez de la *azi*. Merge în spatele meu, mai mult plutind, lăsându-se condusă, deși o simt încordată. Genul de încordare care necesită descărcare, nu cea de teren. Un grup de turiști trece pe lângă noi, ne aruncă priviri absente.

-F, atât o să-ți spun de acum, o aud pe Lea din spatele meu. Vei rămâne o literă și o amintire superbă. Uneori.

Mă depășește înainte să-i pot răspunde, acum ea mă trage de mână spre hotel, însă pașii îi sunt lenți, văd că se luptă cu ceva și nu sunt lămurit dacă lupta este între ea și ea, ori între ea și eternul „trebuie".

Intrarea hotelului este într-un fel de labirint de lucruri atârnate, ca totul pe aici, prin cartierul chinezesc. Lumina artificială, fără lampioanele chinezești, doar becuri disimulate, îmi dă și mai tare senzația că aș fi într-un laborator. Cele două femei de la recepție o salută pe Lea și îi întind un plic. O cunosc deja, ea este de mai multe zile aici. Lea mă împinge ușor către scări.

-Noaptea asta rămâi cu mine.

Camera ei este la primul etaj, iar eu mă simt de parcă m-ar conduce afară din propria minte, aproape că nu mă pot opune. Camera ei este austeră, un fel de mesaj că a venit aici cu un scop foarte precis, nu pentru câteva zile libere de relaxare.

-Hei, la mine e mai...
-Şhh, îmi pune un deget pe buze, eşti al meu, pricepi? Aşa că totul e ca mine încă două zile cât mai stăm pe aici.
-Încerc. Mă bag la duş. Şi n-o să ies pe *you can leave your hat on*.

Râdem amândoi, mă expediază către duş cu un fluturat din mâna dreaptă. Stânga o are aproape încleştată pe plicul primit de la recepţie. În cinci minute ies de la duş şi simt miros de fum. Fum în cameră, nu ajuns în cameră. Lea tocmai arde plicul – acum desfăcut, dar cu ce era în el pus la loc înăuntru – într-o cupă şi, văzându-mă, toarnă deasupra apă din vază.

-Era doar pentru mine şi atât, îmi răspunde la întrebarea din privire, apoi fuge către baie, aruncându-şi hainele de acolo, una câte una, spre cameră.

Misiune? Avertizare? Dacă ar fi ştiut că urmează să înceapă o misiune, nu m-ar mai fi chemat. Deşi nu poţi şti mereu dinainte. Iar din câte ştiu eu, Lea nu pleacă niciodată neînsoţită în misiuni. Ar fi trebuit să vorbesc la centru înainte să plec din Manila. Mă întind pe canapea, cu toate că probabil ar trebui să fug cât mai departe, dar mă conving că n-ar fi politicos să dispar așa cât e în baie. O aștept și apoi inventez o scuză ca să pot scăpa. Nu vreau decât să-mi odihnesc ochii pentru câteva minute...

Intră în cameră, vaporoasă, se așază lângă mine pe canapea și-mi cuprinde gâtul cu brațele.

-Iubitule, o iei tu pe Alexandra de la școală azi? Trebuie să fiu încă la birou la ora aia, avem o ședință cu directorul de vânzări pe Europa de Est. Ți-aș fi – mda, știu, mi-ai fi recunoscătoare – recunoscătoare, îmi spune și mă pupă pe nas.

Vaza de pe biroul transparent aruncă umbre pe peretele opus grădinii, pare că niște monștri cu aripi verzi urmează să apuce în gheare ouă de pterodactil născute (ouăle se pot naște?), bobițe albe de hârtie pe care sunt scrise secretele lumii. Ea fuge printre razele de soare care străpung ușile de sticlă ale intrării din spate și dispare de parcă ar merge pe raze. În douăzeci de minute trebuie să fiu și eu la birou, așa că-mi arunc pe mine un sacou și ies prin față. Buchețele de trandafiri albi veștejiți tocmai cad din brațele îngerului cu aripi lăsate, proiectat de vitraliile ușii, când SUV-ul negru trece pe strada noastră și genunchii mi se înmoaie sub primul glonț de care sunt atins. Mâna mi se întinde instinctiv spre telefon, vreau să-i spun să aibă grijă de fiica noastră, însă îmi pierd cunoștința înainte de asta.

-Hei, ce visezi? o aud pe Lea în timp ce se strecoară, goală, în spatele meu și mă strânge în brațe de parcă nu ar vrea să-i mai lipsesc vreodată. Rămâi al meu, îmi șoptește, iar eu mă lipesc mai bine de ea.

-Mereu am fost al tău. Cad într-un somn de care rar am parte, în siguranță, a mea și al ei, fără să mai visez.

O mișcare fină mă trezește. Mâna ei nu mai este peste mine. Simt însă, pe tâmpla dreaptă, presiunea unui cerc rece. Puțina lumină care pătrunde în cameră prin perdelele roșietice îmi permite să privesc în oglindă: Baikal MP-446, o armă cam mare pentru mâna ei delicată, dar mortală. Încă goală, este parțial aplecată peste mine, mâna îi tremură – simt asta în presiunea și mișcarea armei – fiind pe linia dintre hotărâre și renunțare. Mâna stângă încearcă să mi se ducă lin sub pernă spre Glock-ul meu, când îi simt pistolul apăsând și mai tare pe tâmplă.

-Mă urăști? o întreb calm, așteptând ușurarea după ce ea ar apăsa pe trăgaci.

Trage aer în piept și îl reține.

-Trebuie să plec. O să ne mai vedem... cred.

Dau să mă întorc cu fața în sus, când simt patul armei lovindu-mi ceafa și mă cufund într-un somn vecin cu neștiința.

Capitolul 7

Spitalul Tung Shin nu se impune prin cele opt etaje ale lui, nici nu este renumit pentru serviciile medicale. Mă aflu la primul etaj, într-o rezervă – ciudat, dacă am fost adus la urgențe – a cărei fereastră dă spre sud, unde pot vedea Apple Inn. Acolo aș fi ales să stau dacă nu aș fi primit deja și instrucțiuni de cazare. Sunt gol de la brâu în sus și am lipiți de mine trei senzori. Monitorizare cardiacă, puls și activitate neuro, pe care mi-i smulg. Capul încă mă mai doare și mă întreb în continuare cine m-o fi adus aici. Imediat ce-mi smulg senzorii, ușa rezervei se deschide fără zgomot, iar în cadrul ei își face apariția o asiatică care-mi zâmbește oarecum fals. Îi urmez exemplul și dau pe gură o tâmpenie de complezență:

-Lucy Liu?
-Aș vrea eu, îmi răspunde, în timp ce se așază la capătul patului. Vă simțiți bine, văd, domnule Warren. Întinde o mână mică și fină, prezentându-se. Vanessa.
-Mae? replic, aproape izbucnind în râs, întinzând, la rându-mi, mâna. Christian. Da, ne simțim bine.
-Poate ar trebui să vă trimit și la neurologie... Câteva zile, spune, făcându-mi cu ochiul. Dacă nu, sunteți așteptat, îmi indică, aruncându-și privirile spre fereastră, ceea ce face ca părul ei să descrie un arc, reașezându-i-se pe umăr.

Afară zăresc două mașini albe cu însemnele Națiunilor Unite, parcate cu spatele. Lângă una dintre ele, un individ fumează cu o neglijență aproape studiată.

-Pentru dumneavoastră...

Vanessa îmi întinde ezitantă un plic alb-roz cu un trandafir albastru în colț. Semnul nostru. Lea. Ceva nu pricep...

-După ce semnați, puteți pleca, continuă, înmânându-mi un formular prins de un clipboard albastru. Presupun că voi, cei de la corpul diplomatic al Statelor Unite, nu prea aveți timp de pierdut prin spitale.

Aham, deci cineva m-a internat cu acea acoperire. Pf, să știu și eu măcar. Dar cine?

-Asta după... Vanessa face un semn discret către plic. Desigur, numai dacă...
-Mulțumesc, mă grăbesc s-o întrerup și semnez formularul, după care o expediez dintr-un singur gest.

Cel mai safe în momentul ăsta e să păstrez totul cât mai simplu cu putință. Fără întrebări la care nu pot oferi niciun răspuns. Mă ridic, încă puțin amețit, și, la fereastră, îi fac semn celui de lângă mașina Națiunilor Unite să aștepte puțin, apoi mă întorc la pat și desfac, prudent, plicul.

„Eu te-am iubit, și poate că iubirea... Dragul meu, în plic ai să găsești două bilete de avion. Cu unul te poți

întoarce în Filipine, celălalt este pentru Ouagadogou, unde voi fi pentru câtva timp. Am aranjat să poți pleca și cu un avion militar care te poate duce oriunde alegi. Iartă-mă, m-ai sfâșiat când m-ai confundat cu Mia. Iar în cameră... nu știu, nu aș vrea ca cei care ne fac profilul psihologic să știe ce s-a întâmplat. Dacă într-o zi o să dispar, așa cum ai făcut-o tu acum câțiva ani, vei fi singurul care o să știe unde sunt. Doar așa am fost și eu pentru tine atunci. Ar trebui să fii căutat și escortat de un corp al ONU. Oficial, faci parte din corpul diplomatic al SUA de aici, din Malaezia. Să nu te mire, șoferul e din Myanmar și vorbește o engleză stâlcită."

-Doriți să plecați acum? vocea Vanessei mă întrerupe din gânduri.

-Da, cu cât mai repede, cu atât mai bine, îi răspund cu privirea la ultimele rânduri ale biletului:

„Stai liniștit, Vanessa e de-a noastră. Mi-e un fel de dor..."

Îmi trag pe mine cămașa și-mi arunc sacoul pe un umăr. Fac doi pași și mă opresc lângă Vanessa, care între timp s-a ridicat și mă așteaptă deja lângă ușă.

-Am plecat. Mulțumesc! Asta e... acoperirea ta obișnuită, de zi cu zi? o întreb studiindu-i cu atenție ochii negri.

-Nu, ceva cu mult mai rău... cel puțin pentru mine, îmi răspunde cu un oftat, în timp ce privirea i se îndreaptă spre podea și mâinile ei micuțe o cuprind pe a mea, aproape într-un fel de mângâiere.

-Crede-mă pe cuvânt că se poate și mai rău, nu-ți mai bate capul, îi spun pe un ton grav, extrăgându-mi mâna.

Cobor scările late și trec pe lângă cele două mașini albe ale Națiunilor Unite, făcându-i un semn discret celui care mă așteaptă. Nu. Urmează să plec spre Elko, în Statele Unite. Dar mai e ceva timp până la plecare. Așa că o iau la pas pe străduțele înguste și slab luminate, întrebându-mă în același timp dacă găsesc undeva cazare pentru o noapte și câte rotițe ale sistemului au fost puse în mișcare pentru a putea fi externat la o oră așa târzie. Căci deja este întuneric afară. Întâlnirea de mâine dimineață, foarte dimineață, va avea loc la aeroportul Sultan Abdul Aziz Shan, dar acum merg pe strada Pudu și apoi pe Tun Perak spre zona centrală. Merg alene și mai dau câte o tură pe străzile laterale, pe unde mai văd lumini aprinse. Localnicii primesc turiști în gazdă la întâmplare, bineînțeles, dacă le ies câțiva dolari în plus în toată afacerea asta. Mă rog, câțiva ringgit, moneda locală. Nu am așa ceva la mine, dar trăiesc cu speranța că și dolarii ar trebui să fie buni. Cu toate astea, decid brusc că poate ar fi mai potrivit un hotel sau o pensiune, mă gândesc la Desh Link, așa că o iau la dreapta pe Hang Lekiu și merg chiar mai încet. Durerea din ceafă își face din nou simțită prezența, pulsându-mi prin tot capul. Parcurg cam jumătate din strada către hotel și brusc aud un șuierat. Ceva se înfige într-un stâlp din lemn care se află în stânga mea. *Glonț*, gândesc instantaneu. Gândurile mi se amestecă... Dacă discutăm despre un lunetist experimentat, n-aș mai fi acum pe picioare. Pe de altă parte, CINE mă vrea scos din joc? Și, mai ales, cine a trimis pe cineva după mine într-o țară de la marginea pământului? Nu-mi termin bine gândurile, că de nicăieri apar cinci indivizi, grupați în formațiune de atac, care se apropie de mine și se poziționează într-un fel de evantai atunci când ajung în dreptul meu. Hm, cinci, n-ar trebui să fie mare lucru. Or avea legătură cu ce s-a întâmplat mai devreme? Unul mai îndrăzneț se apropie ceva mai mult.

-Give money, îmi spune într-o engleză proastă ce denotă lipsa practicii.

Fac și eu un pas către el.

-Get lost, or get hurt, îi replic pe un ton tăios.

Moment în care începe să râdă, urmat de ceilalți. Se privesc unul pe celălalt, nedumeriți de îndrăzneala mea. Tupeistul se apropie și mai mult, acum cu un cuțit în mână. Fără să mai spună ceva, se aruncă spre mine, încercând o lovitură de sus în jos. *Ce greșeală enormă,* mă gândesc în timp ce-i prind brațul și i-l răsucesc la spate, forțându-l să pivoteze automat, după care îi înfig propriul cuțit în spate, undeva în partea stângă. Pică și începe să horcăie. I-am atins plămânul, n-o mai duce mult.

Mă ridic și-mi îndrept atenția asupra celorlalți, care au scos și ei de prin buzunare diverse obiecte cu care să mă atace. Unul ține în mână mai multe cuțite mici și subțiri, gen stilet. Doi vin înspre mine din lateral-față și dau să mă prindă de brațe. Sunt deja prea aproape ca să-i lovesc cu picioarele, așa că mă las prins și brusc îmi revin în minte, mai mult în instinct, tehnicile de luptă corp la corp învățate de-a lungul timpului. E drept că le-am folosit extrem de rar, dar e ca mersul pe bicicletă. Mă sprijin în amândoi și-mi ridic picioarele pentru a-l izbi pe fiecare în parte cu câte un genunchi în față, moment în care cădem toți trei, dar cu mine deasupra. Avantaj eu. Profit de momentul general de descumpănire și cu o mișcare fulgerătoare îl apuc pe cel din dreapta mea cu o mână de bărbie, în timp ce-mi strecor cealaltă mână în spatele capului său. Îi rup gâtul cu o mișcare bruscă, zâmbind o idee la trosnetul surd al vertebrelor cervicale. *Ăsta e pa,* îmi spun în timp ce mă rostogolesc, aterizând în picioare. Cel de-al doilea a rămas pe jos, urlând de zor cu ambele mâini la față. Bănuiesc că i-am făcut nasul cam varză.

Ultimii doi se apropie cu un rânjet tâmp întipărit pe față. Ciudat. Se pare că au prins curaj în loc să dea înapoi. Brusc simt o înțepătură în abdomen, în stânga, însă foarte jos. Cel din stânga mea a aruncat unul dintre cuțitele de tip stilet și se pare că m-a nimerit. Îi dau o bilă albă mai mult din instinct. Lama mi-a pătruns în carne, în stânga foarte jos, dar nu mi-a atins nimic vital. Așa că o las înfiptă acolo și fac o săritură către el, mai mult o răsucire, din care îl izbesc cu piciorul drept. Tare. În urma impactului, capul și corpul i se mișcă parcă cu încetinitorul și-l văd cum se prelinge pe peretele în care l-am proiectat. Îmi retrag bila albă acordată câteva secunde mai devreme. Mă gândesc că probabil în momentul ăsta am eu mai multă nevoie de ea, mai ales că-mi simt piciorul stâng moale, în mod sigur datorită lamei de cuțit încă înfiptă în abdomen. Ultimul realizează că nu prea sunt șanse s-o scoată la capăt cu mine. Eliminarea mea nu prea se întrezărește la orizont, așa că o ia la fugă în direcție opusă. Smart guy.

Privirea îmi coboară la cuțitul încă înfipt în mine. Îl apuc de mânerul de fildeș și-l smulg cu o mișcare precisă. Sângele nu țâșnește, e clar că nu mi-a atins nimic important, a intrat în mușchi și cam atât. Cu destulă greutate, sfâșii tricoul tipului care s-a ales cu gâtul rupt și-mi improvizez un bandaj pe care-l strâng cât pot de bine pentru a opri sângerarea. Mintea îmi funcționează pe pilot automat și realizez că pe trupul mortului am zărit ceva ce seamănă cu un tatuaj. Yakuza. Fuck. Cine ar putea să trimită Yakuza după mine, mai ales că ăștia nu se joacă. Cine? Cine...

Deocamdată cel mai important e să dispar naibii de acolo, așa că încep să mă îndepărtez, puțin poticnit. Piciorul stâng protestează de la înțepătură – nu i-aș putea spune tăietură pentru că nu are mai mult de doi centimetri și ceva. Cam cât o operație de apendicită. Mda, acum voi avea cicatrici simetrice. *Mi-ar trebui o... Ah, iat-o!* Pe partea stângă a străzii zăresc o mașină și asta e tot ce-mi trebuie acum. Mă chinui puțin să-i forțez încuietoarea și urc la volan. De fapt, nu-mi trebuie mașina, dar îmi trebuie bricheta, pe care o apăs și aștept să se încingă cât îmi desfac bandajul. Când aud click-ul, o scot și mi-o aplic pe rană. E suficient să fac asta de două ori și sângerarea se oprește complet. E-n regulă, deocamdată e suficient. Mă bandajez din nou cu grijă și-mi trag cămașa peste. Imediat ce mă asigur că arăt cât de cât decent, mă îndrept spre pensiune, unde, ca din întâmplare, nu găsesc locuri libere. Dar recepționerul mă informează pe un ton conspirativ că mă lasă să dorm în camera lui. Evident, pentru zece dolari. *Cam mult,* îmi spun în sinea mea. Cincisprezece mi-ar fi asigurat un pat matrimonial, dar accept. Oricum, nu am de dormit – sau ce-oi reuși să fac – mai mult de cinci ore. După care trebuie să plec spre parcul unde va avea loc întâlnirea.

Bineînțeles că nu reușesc deloc să dorm, îmi tot întorc mintea pe toate părțile, gândindu-mă la cine și de ce ar plănui asasinarea mea. Așa că nu stau decât trei ore și iau un taxi spre aeroport. Nu știu de ce, dar nu mă mir să văd că pe o pistă de serviciu dau peste un avion extrem de cunoscut mie... Parcă ar fi al lui Ayan, însă modificat deja, așa cum îmi spusese că are de gând, cu sistem de decolare și aterizare verticală. Mă sui în avionul-aproape-elicopter și mai găsesc alți doi indivizi care discută aprins într-un dialect malaezian, care nu e nici măcar limba oficială a țării. Amândoi sunt bine făcuți, înalți și negri. Mă salută când trec pe lângă ei spre cealaltă parte a avionului – văd că mai nou Ayan l-a și împărțit în două secțiuni – și mă așez pe unul dintre fotoliile de acolo.

Parcă fără să simt, decolăm și luăm altitudine. Când mă uit pe geam, suntem deja deasupra Oceanului Indian. Nu pricep de ce a ales ruta asta, când peste Pacific era mai scurt. Sau cel puțin așa cred. Dar i-am înțeles eu vreodată rațiunile lui Ayan? Nu, și nici n-a trebuit, pentru că niciodată n-a dat greș. Pe drum nu mă gândesc la nimic, nici la cine a încercat ce, nici la un potențial de ce, nici la Lea, cu tot cu scrisorica ei ciudată, nici la ai noștri, la nimic. Reușesc să-mi eliberez mintea de orice și asta chiar mi se întâmplă rar. De fapt, mi se mai întâmplă uneori, atunci când aștept ca o țintă să intre în raza de acțiune a puștii cu lunetă. Chiar și atunci gândurile mi se învălmășesc în cap. Ei bine, de data asta nu. E complet liniște, în afara torsului înfundat al motorului, afară e albastru și dedesubt și deasupra. Dacă aș trăi o altfel de viață, aș spune că e bine și cald, relaxant pentru unul ca mine, care există doar parțial.

Avionul aterizează lin pe o pistă aproape terminată de lângă Elko. În oraș, mai exact la hotelul Esquire Inn, trebuie să mă întâlnesc cu o parte din echipa ce mă va însoți în Qatar. Tot atunci urmează să aflu și informații despre noua misiune. Ceva îmi spune că nu va fi tocmai ușor, ba chiar că nu va ieși bine. Echipa este formată din persoane de mai multe naționalități, printre noi se află și doi arabi, iar asta mă face să mă gândesc la un joc dublu. Din partea lor, desigur. Avem parte de un briefing ca la carte, de parcă am fi începători, după care ne echipăm și plecăm cu două mașini spre aceeași pistă pe care am aterizat cu greu, aș spune, dar nu sunt pilot. Ne îmbrăcăm în avion și decolăm parcă direct în sus. Mă gândesc că pilotul nu poate fi decât Ayan cu manevrele lui imposibile. Pentru că de data asta n-am mai recunoscut avionul. E... vopsit în altă culoare și cu steagul SUA pe el.

Mașinăria ia altitudine ca și data trecută, aproape insesizabil. Avionul ăsta îmi amintește, ciudat, de un Bombardier Challenger 850, cel în care, ani de-a rândul, an mers cu Lea în misiuni. Urmează să-mi întâlnesc contactul la Al Banush Club și mă mir că într-un asemenea oraș există așa ceva. Avionul aterizează incredibil de lin și, în loc să fim întâmpinați de deșert și de construcțiile monilitice din zare, găsim lângă scară un Hummer echipat. Cu numai doi ocupanți, ambii de origine iraniană, ajungem pe Mesaieed Industry Road în mai puțin de opt minute. De acolo, pe jos, e treaba noastră.

Drumul nu durează mai mult de treizeci de minute, cu toți cei șase kilometri ai lui, căldura și privirile curioase ale oamenilor dintr-un oraș industrial. Clubul ăsta e un fel de oază cu piscine și un hipodrom, însă din afară nu se direfențiază cu nimic de clădirile tipic arabe joase cu tavanul aproape plat. Ceilalți se răspândesc în evantai în stânga și dreapta mea, pe când eu mă hotărăsc s-o iau drept, peste terenurile de golf, ca să ajung la una dintre clădiri. Ar trebui să fie un simplu schimb de informații pe suporturi electronice. Ar trebui.

E ciudat să văd atât de mult verde într-o zonă unde în mod normal ar fi nisip. Mai ciudat e că încep să aud în cască un hârșâit ca un fel de final de piesă muzicală pe un disc vechi de patefon ajuns la final, ce încearcă iar și iar să continue. Ceva plutește în aer. O tensiune ca o încărcătură electrostatică. O simt și eu și, din câte văd la cei care mă flanchează de departe, o simt și colegii mei de misiune. Nu mai putem comunica decât prin semne, aşa că le fac semn să rămână pe loc. În secunda următoare, ne aruncăm toţi la pământ, căci în faţa noastră apare un glob de foc ce mistuie trei clădiri deodată. Bruiajul încetează, tot dintr-o dată.

-Retragerea, toată lumea! urlu, deşi ştiu că microfonul e sensibil şi-aş fi fost auzit chiar dacă şopteam.

Ne grupăm şi plecăm, de data asta prin afara oraşului, către cele două corturi aşezate între timp în locul de unde am plecat. Nimeni nu vorbeşte, toţi sunt cam pleoştiţi şi eu mă gândesc că oricine ar fi fost contactul dinăuntru, n-a avut nicio şansă. După un drum care pare mai lung decât cel de la venire, ceea ce e normal, căci acum mergem pe nisip, ajungem la corturi, unde a apărut între timp şi un elicopter. Ne împărţim pe grupuri; cel din care fac parte şi eu urcă în maşinăria zburătoare şi decolăm în linişte, fără să vorbim şi aproape fără să ne privim. Ceilalţi au plecat deja cu maşinile lor, corturile izoterme dispărând ca prin farmec.

După un zbor cam zdruncinat de câteva ore, KA-25-ul nostru aterizează lângă Njafabad, o suburbie a Esfahanului, unde iar ne separăm. Eu urc în alt elicopter, de data asta un Black Hawk UH-60 de cursă lungă, ceilalţi, patru la număr, o iau pe jos către Esfahan. Nu mă miră că în elicopter dau de nimeni altul decât Alex, cu care totuşi nu schimb nicio vorbă, în afara unui salut rece din partea mea şi formal, aproape milităros, din partea lui. Îmi mai spune, oarecum timid, după un timp, că mergem spre Liban și că, de acolo, va trebui să mă descurc singur. Nu e nimic nou să fiu sau să mă descurc singur, știu că la Sidon mă așteaptă deja un avion mic, un Cessna care mă va duce până la Sarigerme, în Turcia.

Odată ajunși la Sidon, trec fără probleme din elicopter în avionul cu motoarele deja pornite, elicele învârtindu-i-se ca palele unei mori vechi de apă. Dedesubtul nostru văd linia de demarcație dintre zi și noapte, parcă ar fi o rază laser care mătură apa Mediteranei și prin care noi va trebui să trecem precaut, să n-o sfârșim în partea cealaltă ca niște bucăți de carne puse în mașina de tocat. Desigur că asta e doar în mintea mea, așa cum sunt și întrebările ce vor rămâne fără răspuns.

Cine a aruncat în aer clubul Al Banush? De ce? Ce-ar fi fost dacă eram deja înăuntru? Pe cine trebuia să întâlnesc acolo? Vorbesc cu pilotul și-i spun că profilul zborului trebuie modificat puțin, să ajung pe aeroportul Dalaman, nu chiar la Sarigerme. Îmi confirmă printr-o ridicare a mâinii că a înțeles, apoi face o manevră spre sud ca să atace aterizarea altfel. Pista de acolo este nord-sud, nu est-vest, paralelă cu direcția noastră de zbor.

De la Dalaman Havalimani mai fac aproximativ o jumătate de zi până acasă, casa mea originară de la Pitești, trecând prin alte două zboruri comerciale și-o călătorie cu trenul. Ajuns acasă, mă arunc în duș, cât mai fierbinte, desigur, după ce mi-am lăsat hainele în dezordine prin casă. Mă comport de parcă aș vrea ca apa fierbinte să spele și ce am pe dinăuntru, în minte și inimă, dar sunt conștient că așa ceva nu e posibil, aproape nu e permis, deși ei, toți, n-au reușit să mă transforme în robot ori în executantul perfect, ci doar să-mi ofere o bază pentru ceva ce probabil era deja în mine. Ies din duș, îmi trag pe mine niște pantaloni negri și-un tricou tot negru, cu un imprimeu roșu Live each day and laugh till the end, îmi scot netbook-ul și continui ceea ce s-ar putea spune că este jurnalul meu, pe care-l țin atât local, cât și sincronizat cu un server de la El Aaiún. Într-un fel, e modul meu de-a mă descărca, singurul pe care mi-l permit. Încă.

Capitolul 8

Prima dată am cunoscut moartea la patru ani. Taică-miu îmi luase o înghețată Polar – da, le-am prins și pe alea – arăta ca o bucată de unt. Era iarnă și pe atunci îmi plăceau iernile mai ales când ningea cu fulgi mari ce mi se topeau în palmă sau pe nas; ce dracu' de părinte îi lua copilului înghețată iarna? Dar el îmi luase. Eram pe sanie și jos de tot era o curbă – dacă nu o luam, aș fi intrat în gardul unei școli. Școală pe care am urmat-o mai târziu. N-am luat-o, curba, adică, așa că am intrat din plin cu capul în gardul ăla de beton. Țin minte sângele care-mi acoperea ochiul drept și mai târziu vocile medicilor care-i spuneau tatălui meu că sunt bine, dar că am vreo opt copci. Cândva, între sânge și medici, am leșinat; mai târziu am aflat că stătusem în comă două zile. Prima dată am cunoscut iubirea – platonică, dificilă, distrugătoare și dezinteresată – în clasa a șasea, când mă îndrăgostisem în același timp de trei colege de clasă. Cred că cel mai mult o iubeam, sau ce-o fi fost chestia aia, pe Cristina. Oana și Ramona erau doar așa, în subsidiar. A doua oară am dat nas în nas cu moartea – doar că de data asta nu a mea – când mergeam cu taică-miu pe autostrada Pitești-București; pe scurt, un TIR a făcut câteva opturi în dreapta noastră, după care s-a răsturnat peste noi. Tata a fost atunci în comă tot două zile și cu ceva fracturi la picioare. Am stat tot timpul ăsta în spital și cu toate că niciodată n-am fost credincios practicant, m-am rugat pentru el. Mi se părea că e atât de aproape să treacă „dincolo" și atunci, numai atunci, pentru prima și ultima oară, am avut senzația de frică de moarte. Chiar dacă n-aș fi rămas singur pe lume. După care au „plecat" și mama și tata. Atunci nu mi-a fost nimic. N-am simțit decât un fel de lipsă, și asta doar pentru un timp. Mi-a trecut repede. La nouăsprezece ani, când am fost împușcat pentru prima dată, nu mi-a fost frică pentru că în cele douăsprezece zile de comă n-am știut nimic, ba chiar am visat. Ce-i chestia asta pe mâna mea dreaptă? Oh, la dracu', m-au găsit și ai... Glonțul s-a înfipt în tasta Enter din dreapta numpad-ului. *În punctul ăsta bănuiesc că o să scriu altă dată.*

Îmi trag pe mine un tricou, îmi arunc notepad-ul în rucsac și ies pe ușa care poate deveni în orice clipă minge de foc. Tot nu știu care dintre „ei" mă vânează. Și de ce. Încep să urc scările în fugă, în ideea să ajung pe acoperiș în loc să ies din scara blocului. Sus am un cablu pe care l-am montat mai demult, tocmai pentru asemenea situații, până la blocul vecin. Îi aud înjurând. *Cum mă-sa a scăpat ăsta?* Sunt sus în mai puțin de un minut, ceea ce nu e chiar puțin în situația dată, și ies pe terasa scăldată într-un soare roșiatic de toamnă. Cablul are un fel de închizătoare magnetică la ambele capete. Sper să mă țină. Îmi las greutatea corpului cât pot de ușor pe el și încep să mă trag cu mâinile ca la antrenamentele pe care le făceam acum un milion de ani cu Avramescu, doar că pe frânghii. Exact când ajung în partea cealaltă, pe blocul de unde vin se văd cei care mă caută. Sunt doi, înarmați cu M16. *DSC a trimis oameni după mine? Ce mama dracului?* Desprind cablul printr-o smucitură și-o răsucire puternică și intru în scară. Niciun sunet.

Încep să cobor rapid. Dacă m-au văzut de dincolo, o să ajungă și aici destul de repede. Odată ajuns jos, ies și mulțumesc cerului că ieșirea e în partea opusă blocului meu.

Trebuie să fur o mașină, nu-mi bat acum capul cu problemele legale. Sper doar să nu aibă, dracu', GPS. Un Range Rover e numai bun, îmi spun, sunt deja în el și plec. Oriunde. *Totuși, unde să mă duc? Hm, Ploiești ar fi ok, cred*. Nu fac mai mult de șase minute până la ieșirea din oraș – aș fi fost oprit de cel puțin șase ori dacă vreun echipaj de poliție ar fi văzut cum conduc – și o iau pe șoseaua veche Pitești-București. Am de gând să merg pe ruta Târgoviște-Ploiești, nu pe autostrăzi. La dracu', asta a fost plantată, îmi spun când văd o luminiță clipocind în partea dreaptă a bordului. Am fost sau sunt urmărit prin GPS. Bun... Trec de Găiești cu vreo două sute de metri și parchez pe un câmp în afara șoselei. O iau la picior înapoi, voi merge cu „ia-mă, nene" cel puțin până la Târgoviște, unde sper să găsesc o mașină de închiriat ori un taximetrist suficient de nebun încât să mă ducă până la Ploiești. Ajung la intersecția cu șoseaua către Târgoviște și aștept, făcând cu mâna mașinilor care trec. Poate mă ia una. Poate nu mă ia una de-a „lor". Până la urmă, oprește un camion și urc, miroase a țigări proaste și a bere la fel de proastă, dar e un mijloc de transport. După patruzeci de minute, șoferul mă lasă în Târgoviște, lângă gară. El merge mai departe la Pietroșița. Ochesc taximetriștii și mă îndrept către unul care pare a fi țigan. Scot două sute de euro din buzunar.

-Mă duci până la Ploiești de banii ăștia?

Ochii i se măresc și-mi face semn cu mâna să mergem spre mașina lui, aruncând un „băieți, am treabă" către ceilalți. Ne urcăm într-un Duster galben.

-De-aș avea clienți din ăștia în fiecare zi, domnule, îmi spune pe un ton mulțumit și plecăm spre Ploiești.

Nu mă întreabă nimic, nici nu mă așteptam s-o facă. Două sute de euro pentru mai puțin de cincizeci de kilometri e ceva pentru unul ca el. Pentru mine e nimic, nu e ca și cum aș folosi din resursele proprii. Dă să-și aprindă o țigară, dar se întoarce spre mine:

-Vă deranjează?
-Nu, fă ce vrei, doar e mașina ta, îi dau replica.

Facem aproape cincizeci de minute până la intrarea în Ploiești și-i spun să mă lase acolo. Restul drumului, vreun kilometru și jumătate, îl voi face pe jos. În alte douăzeci de minute sunt la intersecția dintre Grigore Cantacuzino și Vestului, lângă unul dintre blocurile turn unde se află apartamentul de siguranță pentru operațiuni speciale. Îmi amintesc cum, odată, am interogat pe cineva aici timp de treizeci și două de ore până a cedat. Intru și urc la primul etaj – de obicei apartamentele de genul ăsta le avem la parter ori la primul etaj, pentru a putea dispărea rapid și pe geam dacă e nevoie – și dau să descui ușa. E deja descuiată. *Cine...?* Arma scoasă din rucsac se lasă în jos atunci când dau cu ochii de Mia, chiar acolo, la o masă, în sufragerie.

-Și după tine au venit? mă întreabă, oarecum surprinsă că mă vede intrând.

Și după mine? Ăștia au început să-și elimine oamenii de teren? Sau e ceva mai mult de atât? Chiar fac curățenie printre noi?

-Cu o echipă întreagă, răspund, privind absent afară pe geam, către biserica Eroilor, care e chiar lângă noi.

Religiile n-ar trebui să existe, îmi spun. O ignor total și intru în altă cameră, hotărât să mă lămuresc cine trimite echipe de asasini după noi. Cel puțin, după mine. În DSC am un singur prieten, de fapt doi, un operativ și unul care stă mai mult la computere, un tech-ie. Îl sun pe o linie securizată, de fapt pe un număr pe care numai noi doi îl știm. Sau cel puțin așa știu, așa mi-a spus:

-Salut, Marcus! Ia zi-mi, ai ceva nou pentru mine? Mai ales ceva de rău?

Ca și cum s-ar fi așteptat la o asemenea întrebare, îmi dă un răspuns aproape fabricat:

-Omule, cel mai bine ar fi să te dai la fund un timp. Dacă ai unde. Nu mai folosi casele noastre conspirative! mă atenționează pe un ton ridicat. Știu că ai suficiente resurse încât să te descurci pe cont propriu.

-Care-i faza? Pe scurt. Mia tocmai m-a întrebat dacă au venit și după mine. Ăștia fac curățenie generală? Gata, nu le mai suntem utili? îl întreb, aproape neașteptându-mă să-mi mai răspundă.

-Pe scurt? Cineva a început să lichideze oameni de-ai noștri. Cuiva de sus i se pare că ar fi cineva din interior, așa că s-a dat ordin de curățenie generală printre agenții din zone prea puțin interesante. Să fim serioși, pe la voi nu se întâmplă mai nimic, tu ai ars-o aiurea cam mult în ultimul timp. Nici măcar n-am aflat încă cine a dat ordinul. Doar ai grijă, atât, îmi mai spune și mă trezesc că apelul e terminat.

Mă întorc în camera de zi unde Mia își face de lucru demontând și montând o armă la nesfârșit, ca pe o rugăciune. La dracu, din nou, cu religiile!

-Bun, m-am lămurit. Mă rog, mi-a fost confirmat. Trebuie să trecem pe off-grid un timp și să ne descurcăm cu ce avem. Poate ne ajută Oana și ai noștri de aici. Sursa mea m-a avertizat să nu mai folosim casele noastre de siguranță. Noroc că asta aparține de DI.

Mia își ridică privirea la mine și-i văd disperarea în ochi.

-Spune-mi ce-a fost la Reykjavík, îmi cere pe un ton calm. Sau ce naiba se întâmplă în general. Am și eu dreptul să știu?

-Reykjavík? Nimic. Poate tu știi altceva, dar *ei* au trimis echipa după mine. Norocul a fost de partea mea, după cum bine vezi.

Reykjavík. Fusesem la Black Pearl, stăteam acolo deja de două zile când, privind portul de pe balcon, i-am văzut. Două mașini de teren, negre – unii chiar nu se dezvață de tipare – parcate jos. Una la intrarea din față, cealaltă dând ocol să oprească, probabil, în spate, dacă exista o a doua ieșire. Nu exista. Până au ajuns ei în față, eu eram deja echipat și gata de plecare. Și de luptă, dacă era necesar. Am preferat cordelina, o coborâre simplă de pe balcon. Cu toate astea, am avut timp să arunc cuțitul în cel care a forțat ușa camerei în care eram cazat. L-am nimerit în gât și sângele a început să țâșnească într-un asemenea hal, încât aproape m-am cutremurat. Pe la jumătatea drumului către sol, unde se aflau încă cei trei oameni din a doua echipă, am găsit un balcon a cărui ușă era deschisă și mi-am oprit coborârea acolo. Urma să ies, normal, pe ușă, poate după o luptă, poate după nimic. N-am priceput nici atunci nici acum de ce tocmai „ei" ne voiau scoși din joc din moment ce eram cele mai de preț „bunuri" ale lor. Așa se exprimase Mark la un moment dat, referindu-se la noi. Am auzit pași grăbiți pe scară și, când am ieșit, am tras două focuri în direcția ultimului ins din coloana ce urca spre fostul meu apartament. Asta doar pentru că mergea cu spatele și mă văzuse. I-am tras în picioare două capsule cu laudanum, doar să-l adorm. Nu ucid decât dacă e absolut necesar. Douăsprezece ore nu avea să miște. Am luat-o la goană pe scări în jos și-am plecat chiar cu una dintre mașinile lor spre Keflavik, de unde urma să ies din țară cu primul zbor comercial.

-Cred că trebuie să scăpăm noi de ei, unul câte unul, o aud pe Mia ca prin vis.

Trebuie să recunosc, la aşa ceva chiar nu mă aşteptam din partea ei. Eu mă hotărâsem deja să fac asta.

-Aşa mă gândeam şi eu, altfel nu se mai poate, decât dacă devenim iar soldăţeii lor de plumb. Eu dorm pe jos, mai spun şi-mi întind un sac de dormit de vânători de munte lângă patul din cameră.

Poţi să dormi în aşa ceva şi la minus douăzeci şi cinci de grade. Fără probleme. Eu îl folosesc doar pe post de saltea. De ce dracu' nu e un pat şi în cealaltă cameră, mă întreb în sinea mea şi aproape mă înfurii. Dar nu am timp de aşa ceva, îmi fac planuri în minte; planuri şi liste, până adorm. Dimineaţa mă găseşte exact cum m-am aşezat, cred că nici măcar nu m-am întors în somn şi nici n-am visat. Încerc să plec cât mai repede, niciun loc nu mai e sigur, chiar dacă e un safe-house al Direcţiei de Informaţii sau un loc cumpărat ori închiriat pe cont propriu. Bineînţeles, în secret. Aşa că pur şi simplu dau să plec, să ies din cameră şi din casă, încercând să n-o trezesc, dar aud în spatele meu, neaşteptat şi pe un ton moale:

-Unde pleci, dragule?
-Nu-mi mai tot spune aşa. La Lyon, vii cu mine?
-Ah, nu, eu mă duc la Centru, m-a chemat Oana. S-ar putea ca în curând să devin şoarece de birou, îmi răspunde cu o urmă de regret în ochi.

Cum, să nu mai aibă niciodată ținte? Să nu mai bage cuțitul ei preferat – nu e bine să te atașezi de lucruri, cel puțin eu așa știu – în vreun inamic? Să ne coordoneze? Deși va trece destul timp până să ajungă în poziția asta.

-Ai grijă de tine, M! îi spun și-mi iau echipamentul de rezervă pe care-l am în orice casă conspirativă. Pentru orice eventualitate.

Plec, cumva trist, spre gară. N-am mai călătorit de mult cu trenul, dar e un mijloc de transport în care nu se uită nimeni la tine și de obicei e plin, așa că rar poți fi atacat. Merg spre București și de acolo voi pleca spre Lyon. Am treabă. Din nou. Voi pleca, din nou, cu acel Avanti II condus de Ayan, căci cursele comerciale merg spre Paris, pe când eu vreau să ajung pe aeroportul Saint-Exupéry de lângă Lyon. Și asta fără prea multă bătaie de cap. Ayan a dezvoltat o loialitate peste limitele normalului față de mine și față de unele dintre femeile din DI, așa că nu-mi fac probleme că m-ar da în gât, ori că mi-ar face rău. Dacă vrea, poate să încerce. Probabil am pica amândoi, pentru că sunt hotărât să iau cu mine cât mai mulți dacă e să mor de mâna lor. Voi pleca de la Clinceni, deși, după părerea mea, pista de rulaj e cam mică. Însă Ayan face minuni când vine vorba de aviație.

Trenul pleacă la ora 18 și, teoretic, la 19:47 sunt în București. Și chiar sunt, ajunge la timp. Schimbând câteva mijloace de transport, ajung în Ghencea, de unde se pleacă spre Clinceni. Mă îndrept spre un grup de taximetriști, scot o hârtie de cincizeci de euro și întreb:

-Care mă duce până la aerodrom?
-Eu, șefu, sare unul.
Altul:
-Merg eu, uite ce mașină am, haideți cu mine.

Îl aleg pe cel cu uite-ce-mașină-am și în douăzeci și cinci de minute sunt la capătul pistei, unde mă așteaptă deja Ayan. Ayan, ce nume. Oare de ce un arab europenizat lucrează cu noi? Neah, nu stau de lămuriri acum, omul e bun în ceea ce face, altceva nu trebuie să mă intereseze. N-am priceput niciodată de ce zboară sub radar, mai ales în zonele urbane mari. Nici nu trebuie să mă intereseze. În avion, mă apuc să scriu din nou în jurnal.

Iubirea adevărată – poate fi și altfel? Da, disimulată sau simulată – am cunoscut-o mult mai târziu, pe la douăzeci și nouă de ani, cu Andreea. Avea un fel de-a fi și de-a manipula oamenii, fata asta, care m-a făcut să mă dau ei „cu tot și de tot", așa ne spuneam pe atunci, fără să cer ceva în schimb pentru că mi se oferea din plin. Sau, cel puțin, așa aveam eu impresia. Până când am aflat că și ea făcea parte dintr-un serviciu secret, și că ucidea la fel ca mine. Apoi, nu după prima iubire, ci de la a patra oară încolo, am cunoscut-o numai prin intermediul senzațiilor pe care mi le provocă fiecare. Aș povesti mai pe larg dacă m-aș afla în alte circumstanțe. Ideea e că nu-mi stă acum mintea la iubire. Mă obsedează faptul că sunt vânat. Nu-mi place feeling-ul. De obicei, sunt vânător. Crimele pe care le execut pentru DSC ori pentru ai noștri. „Ceilalți", cum le spunem. Deja a devenit o obișnuință. La început, mă gândeam la oameni nu într-un mod profesionist, ca la nişte ţinte, obiecte aproape, ci ca la fiinţe umane cu familie, eventual copii şi toate cele. Primele dăţi îmi puneam întrebări, până am ajuns, brusc, să nu-mi mai pun şi să-i privesc depersonalizat. Gândeam pe atunci că asta s-ar putea abate şi asupra mea oricând. Mai târziu, când orgoliul de bun vânător mi s-a instalat în loc de suflet şi-am devenit complet rece, parcă priveam un film din afară şi ştiam că n-are ce să mi se întâmple. Cel puţin nu atât timp cât sunt al cuiva ca organizaţie. Cât aparţin de o entitate pe care s-o servesc fără greşeală.

Închid netbook-ul şi observ că avionul s-a înclinat ciudat de mult spre stânga, probabil Ayan vrea să *atace* pistele din Lyon dinspre sud. Într-adevăr, pistele de la Saint-Exupéry sunt orientate nord-sud. În ceva mai puţin de două ore suntem acolo şi iau un taxi către Okko Hotels de pe strada General Sarrail, unde avem o cameră închiriată permanent. Nu intră nici măcar menajera, aşa au fost instruiţi. Voi petrece o noapte liniştită, după care voi planifica uciderea următoarei ţinte. De data asta, e o misiune personală şi trebuie să pară, simplu, o crimă. Fără supravegheri, estimări, evaluarea pericolului, o simplă crimă de stradă. Totul trebuie să fie simplu: o ciocnire accidentală de ea lângă un ATM de unde scoate de obicei bani atunci când se întâlneşte cu amantul ei, pumnalul să-i ajungă în inimă. Direct. S-o las acolo, pe trotuar, la o oră târzie, probabil în ploaia ce se anunţă pentru a doua zi, să i se scurgă viaţa încet. Deşi, de cele mai multe ori trebuie să mă asigur de decesul ţintei. De data asta, însă, pot fi sigur că lungimea pumnalului îşi va face treaba dacă-l înfig cum și unde trebuie. Ai ei vor începe să se întrebe de ce le dispar oamenii de la vârf și, probabil, vor strânge rândurile. Asta nu va fi o problemă pentru unul ca mine. Pentru că nu mai am nimic și pe nimeni de pierdut. Pot fi și face orice. Mă pot arunca orbește în vendetta asta stupidă împotriva celor din DSC, făcând pe neștiutorul în timp ce le îndeplinesc și misiunile. Wow! Un joc triplu deja. Căci mai există și „Ceilalți", din țară. Un joc nu foarte echilibrat. Nu am de studiat un profil al țintei, ca până acum. Va fi pur și simplu eliminată. Apoi, încet, urmează să dispară toți cei care ne țin captivi de ani de zile, cu toate că a fost și un acord tacit. Nu m-am băgat și de bună voie în asta?

Îmi pun pe noptieră, lângă cap, mereu îmi țin armele lângă cap, indiferent de tipul lor, pumnalul Solingen Skean și reușesc să adorm fără prea mari dificultăți, deși gândurile mi se duc spre Mia. Adorm în minte cu versurile Laurei Branigan. *I live among the creatures of the night.* Nici măcar nu e departe de adevăr...

Mergem de mână pe Aleea Potaisa. E primăvară și ea tocmai ce-a început un curs de moderator radio. Buclele ei castanii flutură în bătaia vântului și începe să arunce cu flori de cireș în mine. E puțin cam rece afară, dar eu am rugat-o să mergem pe jos până în Parcul Carol. Aș putea spune că ne... suntem. Atât aș putea spune. Ori ne suntem tot, ca să spun ceva mai mult. Ea începe o poveste fără cap și coadă despre fratele ei și suntem fericiți. Da, chiar suntem. Îmi spune că-l invidiază pentru faptul că e masterand la o universitate din Marea Britanie, în timp ce ea n-a făcut măcar un master în România. Când sunt cu ea, timpul se comprimă întotdeauna, așa că nu știu când ajungem lângă monumentul din Parcul Carol și încep să trag cadre. Se pare că încă îmi place să împușc oameni, dar altfel. Poze multe, prea multe, cu împrejurimile, cu ea, multe cu ea. Pare, ori este veselă, deși știu cumva că e geloasă pe camera mea foto căreia îi acord timp și importanță, de care am grijă mai mare decât de orice altceva și de care nu mă despart aproape nicăieri. Râde și-mi arată soldații Regimentului de Gardă care păzesc monumentul, până când unul dintre ei, pe neașteptate, își îndreaptă pușca către ea și-o străpunge cu baioneta. Văd sângele cum începe să țâșnească. Mai întâi îmi acoperă obiectivul camerei, apoi fața, parcă nu se mai oprește și eu nu mă pot trage înapoi, departe de scena oribilă în care un tip tocmai mi-a ucis iubita.

Mă trezesc ud fleașcă, și doar datorită apelului programat de la recepție. Mi s-a mai întâmplat de multe ori asta, să fiu captiv într-un vis. Am în față o zi de așteptat, plimbat-recunoaștere și singurătate, ceva obișnuit pentru noi, ce urmează să se încheie cu uciderea cuiva din conducerea DSC.

Intru la duș și descopăr o grămadă de chestii de gagică, un balsam, un ruj, chiar și un cercel uitat ori pierdut pe jos. Asta înseamnă că de curând a trecut pe aici una dintre fetele noastre. Care dintre ele oare? Dușul e revigorant, setez apa cât de rece pot suporta. Știu că ziua va fi obositoare. Zilele în care trebuie doar să aștept, ori în care nu am ceva de făcut, mă obosesc întotdeauna mai rău decât cele pline de acțiune. Stau sub duș câteva zeci de minute, lăsând apa doar să curgă pe mine, ca la decontaminare. Mi se face frig într-un final și ies. Mă îmbrac și ies la o mică plimbare de recunoaștere, deși știu zona, am mai fost pe aici.

Marianne, ținta, își ridică banii întotdeauna de la un ATM Crédit Mutuel Lyon de pe Place du Maréchal Lyautey. Locul e aproape de hotelul meu, aproape de un parc și de râul Rhône, m-aș putea face invizibil aproape imediat. M-am lămurit, o iau înapoi spre hotel unde o să fiu nevoit să aștept o zi întreagă, pentru că ea ajunge la ora zece fix, după care se întâlnește cu amantul ei, Renato. Face asta săptămânal, cu o precizie de ceas elvețian. Revin în cameră și vreau să mă apuc de un antrenament, când aud apa curgând în baie. Împietresc doar pentru o fracțiune de secundă, după care-mi scot cuțitul din mânecă. Mă preling pe lângă zidul din stânga, încet, fără să fac niciun zgomot, și ajung la ușa băii pe care o izbesc cu piciorul. Smulg perdeaua de la duș și mă trezesc cu o Vanessa înlemnită în brațe. Cuțitul meu e la gâtul ei. Apa curge pe amândoi. Îi dau drumul imediat și, în loc de scuze, arunc un „ce dracu' cauți aici?", peste umăr, cu ciudă. Puteam să reacționez mai violent și s-o omor acolo pe loc, pentru ca abia apoi să-mi dau seama cine e. Intru în cameră să mă schimb de hainele ude și mă mă apuc numai de abdomene și flotări, după ce-mi înfig nervos pumnalul în una dintre noptiere. În zece minute sunt transpirat complet, fac totul cu nervi, forțat, cu furie, și văd o asiatică goală ieșind din baie, înconjurată încă de aburii dușului. Mă așez pe pat și-mi întorc privirea, în semn de curtoazie față de ea ca femeie. Pentru că față de ea ca agent n-aș fi făcut asta niciodată.

-Hei, ce e, n-ai mai văzut femei goale? o aud aproape chicotind. N-am uitat cum te uitai la mine în Kuala Lumpur, așa că n-o mai face acum pe domnul.

Îmi întorc privirea spre ea. E deja în niște pantaloni scurți și un maieuț minuscul care mai mult nu există. Se așază în fața mea pe un taburet.

-Ce cauți aici? Și, de ce dracu' vii fără să anunți? Știai prea bine că sunt în camera asta.
-E un loc disponibil pentru toți în caz de nevoie, orgoliosule, îmi răspunde, luându-mi mâna într- ale ei. Am și eu treabă pe-aici, așa că în seara asta ori ne hotărâm care doarme pe jos, ori dormim în pat amândoi. Și văd că nu e prea mare.
-Eu nu dorm pe jos, îi răspund cu răceală.
-Exact cum spuneam, orgolios. Haide că vedem noi, ne descurcăm. Eu ies la alergat, mai spune, după care mă trezesc că mă sărută pe obrazul stâng.

Ce naiba a fost asta? Și ce naiba caută aici? Și ce... nu mai știu.

E deja 21:10, în curând trebuie să ies și să mă întâlnesc accidental cu Marianne. Nu mă pregătesc în mod special, va fi un hit and run puțin mai neobișnuit. Timpul se scurge rapid și la 21:45 ies pe ușă, îmbrăcat sport. O iau la fugă pe străzi să ajung la timp, asta chiar e important, doamna M e mereu punctuală. Când ajung la ATM, așteaptă deja în spatele unui individ care face operațiuni la mașinărie. Îi vine rândul și-și introduce cardul, moment în care trec pe lângă ea. O voi aștepta vreo două străzi mai încolo, căci îi cunosc și traseul. Peste două minute își face apariția și mă îndrept spre ea, cu pumnalul bine ascuns în mânecă și cu un card în mâna cealaltă.

-Scuzați-mă, îi spun, aș avea nevoie de un ATM, știți vreunul prin zonă? o întreb, în timp ce mă apropii de ea la mai puțin de o jumătate de pas.

Încearcă să-mi arate către undeva înapoi față de unde a venit ea, iar eu o prind de brațul stâng, îi ridic mâna și înfig, scurt, pumnalul, pe care-l și răsucesc jos-dreapta ca să mă asigur că hemoragia internă va fi intensă. Mi se lasă moale în brațe, n-o las să cadă, ar fi prea evident, și-o depun pe asfalt. O iau la fugă înapoi către hotel, cu pumnalul însângerat din nou în mânecă și cu ochii după patrule nocturne. Francezii au prostul obicei de-a face așa ceva; polițiștii de proximitate mai ies în raiduri noaptea. Ajung la hotel și urc în fugă pe scări până la camera mea, a noastră, nici nu mai știu ce naiba e.

Vanessa e deja acolo, pregătită de culcare, din câte văd. Mă privește cu niște ochi mari, verzi, și-mi spune cu o voce despre care aș putea spune că e puțin tremurată:

-Ai sânge pe...

Intru direct în baie, mă spăl pe mână, pe braț,

îmi spăl și pumnalul, o achiziție mai veche cu valoare oarecum sentimentală, după care revin în cameră și mă las pe jos lângă pat și lângă ea.

-Eu mi-am făcut treaba azi, la tine a fost ok?

Mă privește nedumerită, parcă întrebându-se de ce mi-ar păsa mie.

-Contează ce-am făcut eu când tu...

Nu mai termină întebarea pentru că-i înfig mâna dreaptă în păr și-o trag spre mine, sărutând-o apăsat. Se lasă. Mi se lasă. Aproape mi se dă.

-Vin și eu în pat imediat, doar nu credeai că scapi de mine, spun și intru din nou în baie pentru un duș și un bărbierit rapid.

Ies doar într-o pereche de pantaloni care mai mult cad de pe mine. Mă bag în pat, lângă ea, o simt goală, cu spatele la mine. O cuprind în brațe, oricum patul nu e suficient de mare pentru ca două persoane adulte să doarmă lejer separate una de cealaltă. Vanessa se întoarce cu fața către mine.

-Știi, îmi spune și-i simt aerul cald ieșindu-i printre buze la o jumătate de centimentru de ale mele, în spitalul Tung Shin mă uitam la tine ca la o prăjitură. Ți-ai făcut treaba azi? Ai reușit?

Nu-mi așteaptă răspunsul și mă sărută lin, umed, îndelung, cu ochii închiși, mi se lasă moale în brațe, deși între timp a ajuns peste mine. Cumva, în timp ce sărutările ei se intensifică și sânii i se strivesc de pieptul meu, constat că a reușit să-mi desfacă șnurul pantalonilor și-i trage jos de pe mine numai cu labele picioarelor, ca o gheișă răsfățată. Nu sunt eu cel care-o pătrunde, ci ea se așază în mine și mă simt în ea. E strâmtă, umedă și fierbinte. Îmi pune o mână pe piept și începe să facă mișcări de du-te-vino, îi admir chipul asiatic și părul lung până aproape de mijloc. Deodată începe să se miște mai repede și ceva îmi picură pe abdomen. O privesc cu atenție și descopăr că face sex cu mine în timp ce lacrimile îi curg pe obraji, se adună pe bărbie și de acolo cad pe mine. Nu știu ce să cred și nici ce să-i spun, așa că-i mângâi sânii și o mână mi se îndreaptă către chipul ei, mă ridic și-o sărut. Plânge în continuare în liniște și încep să-i sorb lacrimile una câte una, s-o mângâi protector pe obrazul stâng. Brusc, îmi dau seama că, deși n-am fost apropiați, i-a fost frică să nu cumva să mă piardă atunci în spital, în evadarea mea de acasă, în locuri și întâmplări neștiute decât de cei de la Centru. Asta mă miră pentru că ea nu știe despre mine decât că sunt o fantomă și cam atât. N-am interacționat prea mult. Oftează și-mi șoptește:

-Să nu te oprești, să nu te abții, te rog...

Și simt că începe să vibreze, la fel ca mine, lăsându-se mai pe spate. Avem orgasm în același timp, ea tremură de-a binelea și mă cuprinde cu brațele de parcă s-ar teme să nu dispar din ea și din viață, după care o aud, contrar a orice m-aș fi putut aștepta:

-Să nu povestești despre asta nimănui, Felix. Te rog, niciodată.

Dimineața ne prinde îmbrățișați, cu perna ei încă puțin umedă, fiecare conștient că ce s-a întâmplat e foarte posibil să fie un simplu one time affair. Nu urmează să vorbim despre asta și fiecare o ia pe drumul lui. Ea la Paris, eu tot la Paris și de acolo la Amsterdam, unde colonelul Renan Breivyk este următoarea țintă.

Capitolul 9

Trenul nostru către Paris e la ora 11:16 din gara Lyon, avem destul timp, mai ales că pentru noi dimineața înseamnă cam ora șase. Indiferent când și cât dorm, mă trezesc pe la ora asta. Văd că nu doar eu. Vanessa îmi este ca o pisică mare, moale și caldă în brațe, inițial, dar o văd cum sare peste mine și intră în baie, unde-și va face toate ritualurile. Chiar înainte de-a intra, se oprește în ușă și-mi aruncă, hotărâtă:

-Nu vorbim despre azi-noapte, după care se face nevăzută.

O să am destul timp să prind cursa Air France de ora 18:05 din Paris către Amsterdam, o cursă cu legătură în Frankfurt abia la șapte dimineața, unde se pare că va trebui să petrec o noapte. N-ar fi pentru prima dată. Și prefer să stau în aeroport decât la vreun hotel. Germania nu mi s-a părut niciodată prea prietenoasă. După timpul meu în baie, unde am lăsat apa să curgă rece pe mine până n-am mai putut suporta, plecăm amândoi către gară. Pe drum, Vanessa mă ia de mână și inițial mă gândesc *what the fuck, parcă zicea că...* după care realizez că suntem mai credibili așa.

Biletele le-am luat online și în vagoane separate, așa că cele cinci ore până la Paris se scurg foarte încet, la fel și cursa până la Amsterdam, unde ajung într-o dimineață friguroasă și cețoasă. De la aeroportul Schipol iau un taxi până la hotelul Ambassade, unde n-am mai fost până acum, ca de altfel nici în oraș. Dacă aș fi un simplu turist... Totuși, dau câteva ture pe Herengracth, strada unde se află hotelul, mă plimb puțin așa, pe zi, pe lângă canalul cu același nume. Nimic ieșit din comun sau impresionant. În Orient, am fost mereu impresionat în special de oameni, de imaginea lor, pe când aici nu pot simți așa ceva. Ba chiar merg și până la Vinkeles, unde beau o cafea și-o băutură energizantă. Un local neimpresionant, cu interior predominant din lemn. Mă întorc în camera de hotel, de data asta la ultimul etaj, unde dorm vreo cinci ore, probabil cele șapte ore de așteptare în aeroportul din Frankfurt m-au obosit mai mult decât călătoria în sine. Oricum, n-am altceva de făcut decât să aștept. Colonelul Renan Breivyk vine să mănânce la ora 18, în fiecare zi, chiar la Vinkeles, la 810 metri în linie dreaptă de la fereastra apartametului meu. Voi trage de acolo. Până atunci, gânduri pe coclauri și somn de voie. Totuși nu prea pot să dorm ziua și atunci când dorm, am vise ciudate.

Mă trezesc transpirat și-mi dau seama că am visat ceva în legătură cu Lea, de pe vremea când ne dădeam târcoale, când era copilă și încă nu intrase în branșă. Mai am vreo jumătate de oră până la întâlnirea cu colonelul, încep să-mi pregătesc arma Accuracy Internațional AWM și-mi reglez luneta, așezat deja pe un genunchi, în poziție de tragere. Mi-ar fi fost mai bine pe burtă, dar ferestrele nu-mi permit. Încep să număr, ca să stau concentrat până ajunge individul. Am maxim douăzeci de secunde de când coboară din mașină și până intră în local, suficient cât să-mi fac treaba. Vizibilitatea e cam de căcat, nu e nici lumină, nici întuneric, ci crepuscul, inamicul oricărui dispozitiv de ochire. 345... 346... 347...

N-am mai fost niciodată în Amsterdam. N-am mai fost niciodată în multe alte orașe pe unde o să mă poarte vendetta asta. Adevărul e că am fost de multe ori în multe orașe, fără să am timp de altceva decât de misiunea în sine, fără să mă plimb ca un turist și să văd, admir, înregistrez în memoria emoțională, senzorială. Am trecut des prin orașe în care refuz să ies din aeroport pentru că nu mă simt confortabil fără să am o legătură cu ceva anume. Probabil nimeni din branșa noastră n-a trecut prin atâtea orașe și misiuni prin câte am trecut eu. Din noroc, întâmplare sau, că să fiu rațional, deși nu-mi arde să fiu, urmând ordine fără a pune întrebări. Lipsurile astea mă copleșesc uneori, ba chiar fac legături inexistente între locuri și persoane cu care n-am fost niciodată acolo. Mă înmoi uneori și asta nu e bine.

... 2324...

Breivyk coboară din mașina blindată cu care merge peste tot și, câteva fracțiuni de secundă mai târziu, glonțul i se înfige în gât. Aproape că mă mir și eu de precizia cu care am reușit așa ceva printr-o lunetă Schmidt&Bender, pe lumina asta. Sângele țâșnește ca dintr-o fântână arteziană și-i stropește pe bodyguarzi. Înainte de a-l vedea căzut complet la pământ, încep să-mi demontez pușca și intru la duș. Lichidările astea mi se par din ce în ce mai inutile și uneori mă simt murdar. Mă spăl cât de bine pot și aproape îmi pare rău că nu mă pot spăla și pe interior. După care ies din baie și mă așez la televizor unde, evident, nu înțeleg nimic, nu cunosc limba, dar parcă am nevoie de un fundal sonor, nu-mi trebuie liniște în minte acum. Mâine plec spre Mexic ca atașat cultural spaniol, sub identitatea lui Juan Martinez de Mallora, cum am călătorit și din Franța până aici, de altfel. Nu, Mark Gordon e mai credibil, și-așa nu prea știu spaniola. Deschid nebook-ul să verific zborurile către Mexic și găsesc un post-it lipit de display. Probabil lăsat de Vanessa în timp ce eu eram în baie, acum două zile.

„Cu bine, și de fi-va pe veci o despărțire,
Au fost frumoase toate și-atât cât trebuia."

Ce naiba? Pleacă? Fuge? Dispare și ea? Își ia adio, dar de ce? Și, de când le are Vanessa cu literatura rusă? Uf, alte lucruri la care să mă gândesc și pe care să le analizez. Nu acum.

Desprind post-it-ul și aprind computerul să caut zborurile. Nu mă grăbesc, dar nici nu pot întârzia și-mi sună în cap, brusc, melodia... „I don't wanna die, but I'm not keen of living either..."

*

Aeroportul Internațional Mexico City mi se pare imens față de orice alt aeroport în care am fost vreodată. Până și avionului îi ia vreo zece minute să iasă de pe pistă și să ne ducă la poarta de debarcare. Ajung cu un taxi pe Bolivar 28, în centrul istoric, unde e hotelul Historico Central. Aici poziționarea camerei mă intrigă, e la etajul patru, nu se poate vedea în trei dintre cele patru părți ale hotelului și interiorul e destul de luxos față de celelalte pe care le folosim de obicei. Peste nu mult timp, sunt informat de la recepție că mă caută un individ. A întrebat de Gordon. Atât, Gordon. Cobor imediat, îmbrăcat de data asta în costum, mă întâlnesc cu el în hol și-i întind mâna. Mi-o apucă și se recomadă:

-Juan Hernandez, poliția judiciară din Mexic. Trebuie să vă duc la șefu', îmi spune și-mi deschide portiera din dreapta a unei mașini.

Mai bine decât un taxi. În vreo zece minute ajungem la sediu, pe Dr. Rio de la Loza, unde, după standardele mele, e o aglomerație și-o forfotă îngrozitoare. Intrăm și ajungem la primul etaj, într-un birou unde alt individ, cu piele maronie și cu mustață, se recomandă:

-Ramirez. Atât, Ramirez. Comandantul Poliției Judiciare din Mexic.
-Luați loc, îmi spune și-și aprinde o țigară de foi. După cum știți, am reușit după luni de filaj să prindem un om care va servi ca martor principal într-un proces împotriva celor din Los Zetas, cartelul de droguri, prostituție și trafic de armament. După ce depune mărturie la noi, să nu mai menționez că e un om foarte important în organizația respectivă, îl puteți lua în custodie, deși nu avem acord de exrădare. Considerați-o o favoare pentru traseele de trafic de droguri și carne vie pe care guvernul

domniei voastre – aici încep să mă amuz puțin – ni le-a furnizat. O țigară? mă întreabă și-și pune picioarele pe birou, american style, întinzându-mi tabachera. Benito, o cafea pentru domnu', îl mai aud strigând, aproape urlând în forfota de acolo, către cineva.

-Mulțumesc. Și fără domn, Mark Gordon, FBI, divizia criminalistică transfrontalieră. Doar Mark, fie vorba între noi, îi răspund. Îmi va trebui acces la probele pe care le aveți, inclusiv la mașina în care l-ați capturat, și asta înainte de-a ajunge la proces. Îi urmez exemplul, deși, îmbrăcat în costum, nu dă tocmai bine să te urci cu picioarele pe birou.

-Mark, nu încerca să fii ca noi ăștia de pe-aici, că e de-a dreptul penibil, comentează Ramirez cu un zâmbet ironic în colțul gurii. Știu că voi ăștia din FBI sunteți mai... cum să spun, scorțoși.

-Poate șoarecii de birou, dar nu și noi, ăștia care suntem agenți de teren, îi răspund și rămân cu picioarele pe birou, trăgând cu sete din țigara King Edward pe care mi-o oferise. Fumez rar, dar și când o fac...

Cum trag ultimul fum din țigară și-o strivesc în scumiera placată cu argint, Hernandez apare lângă mine, parcă de nicăieri.

-Vă duc înapoi la hotel, domnule?

Cu el nu e cazul să trec de o limită a politeții, așa că o las așa cum a picat.

-Da, chiar aș vrea să mă liniștesc puțin, mergem înapoi la Historico.

În cincisprezece minute suntem înapoi și urc în camera mea care, din nou, mă intrigă prin poziționare și aspect. Ar fi capcana ideală, la o adică. Mă spăl, mă schimb și nu stau mai mult de zece minute. Am nevoie de C4. Mult. Vreo zece kilograme minim. Așa că iau bani cu mine și cobor în fața hotelului, de unde iau un taxi. Când îi spun șoferului destinația, El Cuernito, se uită la mine puțin ciudat, cu teamă, parcă, și-mi spune că mă duce până la vreo doi kilometri de acolo. Știe că e teritoriul bandelor ori, cel puțin, al unora dintre ele. Prea puțin mă interesează, voi parcurge restul drumului pe jos. Pornim și nu reușesc să rețin traseul, e o întortochere de străzi, străduțe și alei, așa că nu memorez nimic. Aproape de El Cuernito mă lasă, și-i spun să mă aștepte vreo oră și ceva, desigur că-i voi plăti totul în dolari.

O iau pe jos spre teritoriul bandelor, asta și vreau, să dau de traficanții de arme. N-aș putea cumpăra C4 din altă parte. Nu peste mult timp, sunt somat să mă opresc și să arunc ce am în mână, respectiv geanta cu bani. Un individ se apropie de mine cu un aer amenințător.

-Vrei să-ți rămână oasele pe aici? Ce cauți? îi răspund calm, arătându-i și arma mea care, la o adică, nu m-ar ajuta prea mult.
-Nu, vreau să scap de alte oase. Din Los Zetas.
-Ah, păi atunci vino-n-coace, frate.

Ridică geanta și mă conduce la o baracă unde descopăr vreo cinci tipi, unul mai negru decât celălalt, așezați pe niște scaune de lemn.

-Auzi, mă, i se adresează unuia dintre ei, tipul ăsta vrea să ne scape de cârtița din LZ. Cică vrea C4. Ce zici, îi dăm sau...

E întrerupt brusc de o voce baritonală:

-Dă să văd, spune unul dintre cei cinci, indicând spre geantă. O desface și aruncă o privire, se uită la mine, apoi iar în geantă. Cât vrei cu ăștia?
-Zece kilograme ar fi un schimb corect.
-Frate, ție ți se pare că noi facem schimburi aici?

Se mai uită o dată în geantă și-i face un semn cu capul altuia, care se ridică și dispare în spate. După câteva minute se întoarce cu două pungi sigilate. C4 în formă de cărămidă.

-Mă, tu știi ce să faci cu astea ori te joci de-a artificiile? mă întreabă primul tip cu care am tratat până acum. Îi arăt legitimația de FBI.
-Să zicem că nu prea sunt ce par. Și că am acces.
-Atunci pleacă dracu' odată și fă treabă bună.

Când mă întorc și ies, îi aud pe toți cum izbucnesc în râs. Într-o jumătate de oră ajung din nou la taxiul meu. Șoferul a oprit aparatul, nici nu mă așteptam să mă taxeze altfel decât la mica înțelegere. Urc în mașină și pornim înapoi spre hotelul Historico Central. *Mai târziu, ori poate mâine,* mă gândesc cu o lene ce mi se întinde prin corp ca un foc în deșert, *trebuie neapărat să fac o vizită la garaj, să văd mașina pe care o folosesc.* Știu că nu prea au resurse să-l ducă pe Varro la audieri. Nu-mi trebuie mai mult de zece minute în garaj. Dacă n-au camere de luat vederi și nu cred că au, chiar dacă vorbim despre sediul central. Băieții nu sunt prea bine dotați.

În ciuda lenei imense, mă hotărăsc să fac incursiunea la garajul Poliției chiar azi. Cu cât mai repede, cu atât mai bine și mai sigur. Mai ales că deja se înserează și n-o să mai fie prea vigilenți – meteahna polițiștilor din întreaga lume. Mă îmbrac, de data asta mai puțin oficial și-o pornesc spre sediul central. Geanta din mână mă furnică, îmi dă o stare de *scapă mai repede de ea*. Odată ajuns la secție, mă îndrept spre depozitul de dovezi și spre garajul cârpit din alte cinci mai vechi, ce au acum între ele stâlpi de susținere în loc de pereți. Prezint legitimația la intrare.

-Am nevoie de acces în seara asta la garaj și la mașina lui Varro.
-Dar, știți, șeful nu-i aici...
-Cu Ramirez am vorbit eu, îl asigur și pare să se mai înmoaie o idee, dar tot are un morcov cât casa în fund.

Îmi dă o cheie și-mi indică o ușă dintre cele două din stânga. Se pare că sunt uși separate spre garaj și spre depozitul de dovezi. Ceea ce mă miră.

Descui, intru și dau de un spațiu mai mare pe dinăuntru decât pe dinafară. Mașina martorului e tocmai în capătul celălalt. După spusele comandantului, a doua zi va fi folosită la transportul către Curtea de Justiție. Ciudat, dar avantajos pentru mine. Din păcate, va exista o victimă colaterală: șoferul. Cu briceagul și-o sârmă, descui portbagajul și încep să așez cărămizile de C4 înăuntru, pe margini, cât mai spre interiorul mașinii. Nu pun mai mult de cinci kilograme, e suficient. Ca detonator, voi folosi ceva la care nici eu nu m-aș fi așteptat până acum câteva minute când mi-a venit ideea. Un microcip de localizare GPS. Plus două sârme. Atunci când mașina va atinge anumite coordonate GPS, va face bum. Asta ca să explic într-o variantă cât mai simplificată. Cu Varro și șoferul care, din păcate, va fi un om de-al poliției. Toate astea le fac în mai puțin de douăzeci de minute și-mi dau în gând o palmă peste ceafă. Fuck! Nu m-am uitat după camerele de luat vederi. Așa că mă uit acum și răsuflu ușurat. N-au nici așa ceva. Bun. Ies pe aceeași ușă și-o iau spre hotel, fără să-l mai salut pe omul de la pază. Îi ignor și pe recepționeri. Mâine e o zi mare, așa că mă bag direct în pat. De data asta, din fericire, nu mă mai gândesc la nimic, la nimeni, și nici nu visez.

*

Mașinile virează pe Venustiano și-i spun celui de lângă mine s-o ia la stânga. Noi vom aștepta coloana direct pe Corregidora, unde se află Curtea Supremă de Justiție. Ceilalți o iau la stânga pe următoarea stradă și nu peste mult se aude sunetul exploziei. În nici cincizeci de metri, îi spun șoferului, Benito, să oprească și cobor. Îi fac semn să plece și încep să caut online pe telefon companii de închirieri mașini. Brusc mă trăznește o idee: de ce să închiriez una ca să scap de dispozitivul GPS, când aș putea să fur una de la periferie, de unde am luat și explozibilul?

Al doilea taxi care-mi trece prin față e al meu și repet drumul până către El Cuernito. De data asta, am de gând s-o fac scurt și dur, cu geamuri sparte și pornire de la fire, nu cu cheie. Care cheie? Zis și făcut. Găsesc o mașină pe o străduță lăturalnică, dau un cot în geamul șoferului, descui portiera pe dinăuntru și urc la volan. Sub bord, găsesc firele de aprindere și motorul pornește. Durata: patruzeci de secunde. Până se iau după mine alte două mașini, probabil trec cincizeci. Mă văd nevoit să bag viteză, o iau chiar spre Curtea de Justiție, unde știu că va fi plin de mașini de poliție. O priveliște care va tăia avântul urmăritorilor mei. Ceea ce se și întâmplă. Eu trec încet de Curtea de Justiție și văd că nu se ia nimeni după mine, nici nu sunt somat să opresc.

Scopul meu e să mă îndrept spre Calzada Ignacio Zaragoza, pe un drum ce mă va duce cu o singură schimbare de direcție către Xalapa, unde se află cel de-al doilea mafiot pe care-l am în planul de eliminare. După ce conduc destul, respectând chiar și limitele de viteză, intru pe autostrada Puebla-Orizaba de unde, cu puțin noroc, voi ajunge pe Carretera a Perote, a doua mare ieșire spre stânga. Mai fac încă o oră și puțin până la Xalapa, unde încep să caut un hotel. Motel aș prefera de data asta, unul cât mai ieftin. Mă hotărăsc pentru Hostal de la Niebla 2, ceva de două stele, situat pe Calle Luna. Cam la periferie, însă asta și vreau. De acolo până la Rio Chico și micul canion pe care-l formează nu sunt mai mult de cinci sute de metri.

În parcare, văd deja fetițele care se perindă pe acolo singure ori cu diverși indivizi, gata să le ofere ce vor. Aspect irelevant. De fapt... ca acoperire mai bună, o să iau și eu una. Merg la recepție, mă cazez sub un nume fals, Frederico del Ganno, nu mi se cere niciun fel de act de identitate și sunt întrebat oarecum discret dacă vreau *ceva frumos în seara asta*. Răspund că da și mă trezesc că sunt tras de mâna dreaptă pe ușa recepției pentru a mi se pune în brațe un catalog cu fotografii, vârstă și tarife, desigur negociabile. O aleg pe Jimena Suarez, după cum aveam să aflu mai târziu, aka Floria, o tipă care, dacă ar apărea într-un loc public în România, ar fi fluierată continuu. Recepționera deschide o ușă în spate și-o strigă. Într-un minut și ceva mă aflu deja în cameră cu o tipă minionă cu sânii mari, care se dezbracă din prima și urcă direct în pat. Eu nu mă grăbesc, așa că-mi fac micile mele ritualuri și ies din baie ceva mai târziu. Observ că fătuca nici nu s-a mișcat, nu s-a atins de restul de bani care au mai rămas în geantă și nici de armele mele. O fi obișnuită cu așa ceva în zona asta și stă cuminte sub pătură. Chipul ei, deși fardat, pare cam de copilă, așa că mă strecor și eu sub pătură și-i urez „noapte bună", întorcându-mă cu spatele la ea. Mai adaug și un „nu trebuie să faci nimic", după care închid ochii, cu mâna pe pistolul de sub pernă. *Hm, sunt puțin excitat, dar nu-i de mine...*

-Nu mă vreți? Pot să chem altă fată, dacă doriți, se aude o voce ce-mi reconfirmă că e minoră, probabil una care abia a trecut de copilărie.

Gândul rămâne în aer, căci amândoi vedem

lumini pe peretele opus ferestrei. Sar din pat peste ea și-o trag după mine. Cade pe jos și nu înțelege la început, apoi vede și ea razele ce pătrund în cameră. Cam opt în total. Asta înseamnă că au venit cel puțin douăzeci după mine.

-Pe unde putem ieși?

Își înhață hainele, dar nu se îmbracă încă, nu e timp de asta – eu m-am îmbrăcat în cele douăsprezece secunde dinaintea primului glonț din peretele din lemn – și dă la o parte un colț de covor. Zăresc mânerul unei trape, încastrat în lemnul podelei. Trag de el și se deschide un hău. De fapt nu e prea mare, dar de acolo vine un aer foarte rece. O iau de sub brațe și sar cu ea în gol, căci nu văd cât e până jos. Aterizez. Doi metri. Ne trezim într-un tumel dreptunghiular al cărui capăt îl văd și-mi dau seama de sursa frigului; celălalt capăt se deschide chiar în Rio Chico, la câțiva metri deasupra apei. Floria încearcă și reușește să se îmbrace din mers în timp ce mă trage de mână, parcă ea ar fi cea care mă protejează pe mine, spre acea ieșire. Ajunși acolo, ne trezim la câțiva metri deasupra apei ce curge lin într-un canion mic, parțial artificial. Suntem suspendați pe niște pietre, un fel de cărare ce-o ia la stânga și urcă la vreo cincizeci de metri mai încolo, până la nivelul solului. Floria îmi strânge mâna și mai tare, înaintând precaută în urma mea, oarecum în dreapta, pentru că merg cu spatele la zidul natural din gresie erodată de apă. Ieșim de mână pe Calle Fuente Maria Luisa și constat că cei care au venit după noi au lăsat mașinile aici, adică departe de locul acțiunii. Patru mașini. Deci chiar cum gândeam, cel puțin douăzeci de oameni. Una dintre ele e un Camaro negru, tocmai potrivit pentru fuga noastră, și-a mea mai departe. Probabil o să trec cu ea în SUA. Mai mult, toate sunt deschise și au cheile în contact, probabil urmăritorii noștri s-au gândit că va fi o treabă ușoară care nu le va lua prea mult timp.

Îi indic fetei mașina sport și intrăm amândoi în ea, Floria lăsându-se cât de mult poate în jos și spre spate, să nu fie văzută. Îi e încă frică, o văd prea bine. Și-o înțeleg. Pornesc și, după ce fac ocoluri pe niște străzi ale căror nume nu le mai știu, ajungem pe Carretera Emilio-nu-știu-cum, care ne va duce până în nordul statului. Floria merge cu mine, mi-a spus între timp că părinții ei sunt acolo sus în nord, în Valle Hermoso. Începe să se simtă în siguranță, văd asta pentru că se ridică normal pe scaun și-mi pune o mână caldă pe-a mea, pe schimbătorul de viteze.

-Mulțumesc din nou, domnule, îmi spune, pentru tot. Mai ales că faceți efortul să mă duceți mai aproape de casă.
-Nu crezi că nu e cazul să-mi vorbești formal? Sunt Mark. Atât. Sau cum îți vine ție să-mi spui, mai puțin domnule. Se relaxează și mai mult.
-Mark, ce ai făcut tu acolo, mai devreme, când am fost marfa ta... Nu pot să spun altfel, nu? O văd că roșește toată, așa cum îi stă bine unei copile. Ce-ai făcut a fost... nu știu, cred că m-am simțit dorită cu adevărat și protejată. De ce n-ai fost ca ceilalți de până acum? Până la urmă, ai plătit pentru mine. Apropo, mă cheamă Jimena Suarez, dar cine mai ține cont...

-Am plătit pentru o acoperire, nu pentru tine, n-ai fost o marfă pentru mine, pricepi? îi arăt discret legitimația FBI, să priceapă ce e cu acoperirea. Și când ai început să te porți tu ca o marfă, așa cum te-ai considerat, am făcut ce-am crezut de cuviință.

Cei peste șase sute de kilometri până la Valle Hermoso îi străbatem în liniște, cu ea atingându-mi uneori așa, a adiere, mâna pe schimbătorul de viteze. *Oh, nu, o puștoaică îndrăgostită de mine îmi mai lipsea. Mai degrabă de salvatorul ei.*

Cum intrăm în Valle Hermoso, pe Luis Echeverria, Jimena îmi face semn să o luăm la dreapta. Ai ei stau pe San Luis, la nici patru sute de metri. Oprim în fața unei suprafețe de teren pe care se află un hambar – sau hangar? – și-o casă. Opresc mașina și coborâm. Jimena mă ia de mână și merge cu mine spre hangar, unde văd doi oameni care-și fac de lucru. Un el și o ea. Părinții, presupun. Intrăm, Jimena cu mine încă de mână. Locul e mare, ar putea intra un avion C75 aici. Jimena îmi dă drumul la mână și fuge spre femeie, iar eu simt țeava unei arme lipite de ceafă. Aud pași în spatele meu și o armă de vânătoare – nu-mi dau seama de model, o țeavă groasă, presupun că un Magnum – încărcându-se.

-Tati, nu! El e cel care m-a salvat! Lasă-l! strigă Jimena și-o văd fugind spre mine.

Țeava armei din ceafă dispare. Tatăl Jimenei o prinde din fugă în brațe și-o învârte în aer, încă privindu-mă suspicios.

-Dacă i-ai făcut ceva fetei mele...

Jimena îl oprește, interpunându-se între mine și el.
-M-a salvat, nu pricepi, papa? Lasă-l.

Încep să duc mâna stângă sub haină și văd arma cum se ridică din nou spre mine. Îi fac semn să se calmeze și-mi continui mișcarea lent, foarte lent. Scot două fișicuri de câte o mie de dolari din buzunarul interior al hainei și-i întind către *papa*.

-Luați-i. Eu nu mai am nevoie de ei, oricum trec în State, iar acolo am afacerile mele, spun pentru a-l convinge. Întinde mâna și-i apucă, îi ia, se uită la ei pe toate părțile.
-Nu sunt contrafăcuți, spun pe un ton calm.

Obiceiul e larg răspândit în zona asta, aproape de graniță și de tunelurile traficanților. Și eu chiar nu mai am nevoie de ei. Poate o ajută pe asta mică, măcar. Omul îi ia și-i îndeasă în buzunarul pantalonilor.

-Eu o să plec acum, mai spun și încep să mă retrag cu spatele, nu se știe niciodată ce-i mai trece prin cap.

Mașina e la nu mai mult de două sute de metri. Urc, o salut pe Jimena și pornesc. Mă îndrept către graniță. O să trec pe deasupra, normal, nu cum mă gândisem, prin tuneluri. Ar fi fost prea complicat. Deși ar putea fi complicat și așa. Aleg un punct de frontieră mai sus de Matamoros, după care voi continua cu mașina până la aeroportul Fox de lângă Raymondville. Acolo mă așteaptă Ayan, cu care am reușit să vorbesc într-un final, să mă ducă în Canada.

Ajuns lângă punctul de trecere a frontierei, îmi pun pe mașină un girofar cumpărat de pe drum și dau câteva claxoane scurte pentru a fi văzut și a mi se face loc. Deși sunt nemulțumiți, câțiva se dau totuși la o parte și ajung la partea americană a graniței. La cea mexicană, nici măcar un control mai ca lumea nu mi-au făcut. Mă oprește un militar bine înarmat, pe aici așa se poartă, cartelurile sunt încă puternice. Îi dau întâi pașaportul american, tot pe numele Mark Gordon, și văd că se mai relaxează. După care-i întind legitimația FBI și se relaxează și mai tare. Îl salut și și trec fără să mă grăbesc printre restul militarilor și pe lângă bariera ridicată, după care apăs accelerația și-mi pun cap-compas Raymondville. Voi face drumul ăsta în vreo două ore, presupun.

Aeroportul, ori mai bine zis aerodromul Fox, e o chestie mică și utilitară pentru agricultură, la fel ca Bell, câțiva kilometri mai spre sud. Mi-e totuna, atât timp cât părăsesc cât mai repede teritoriul SUA. Destinația mea e aeroportul internațional Macdonald-Cartier din Ottawa. Câteva zile libere sau cum le-oi face să fie. Pe acolo n-am ținte și nici misiuni. În două ore și jumătate de mers prin praful texan sunt la aerodrom unde văd, lângă avion, două – *două??* – persoane. Pe Ayan și încă cineva. Cobor din mașină, îl salut pe Ayan și el mi-l prezintă pe celălalt: Elias Banaverra, cineva nou în branșă, aș spune, dar tot pilot. Portughez. Nu mă interesează prea tare, atât timp cât ajung unde trebuie. De data asta nu pentru că trebuie, ci pentru că așa vreau. Puțin departe. Puțin doar eu cu mine.

Sau nu. Există și neprevăzut chiar în timpul unui zbor. Uneori.

Capitolul 10

Chiar nu am ce face în Ottawa, mă voi plimba și voi sta mai mult în vreun hotel, două-trei zile. Liniștit. Fără țintă; la propriu și la figurat. Ayan aprinde beculețul galben și-mi spune prin difuzor că într-o jumătate de oră suntem la sol. Bine, să fie și de data asta. Sunt Eric Bronkowich, simplu turist. Îmi trag pe mine sacoul, iau pașaportul și geanta cu laptopul și aștept ca avionul să termine rulajul pe pistă. O să stau la Residence Inn, aproape de aeroport. Pe Ayan și avionul lui minune îi voi ține cu mine sau pe aproape, cine știe ce-mi vine. Telefonul îmi vibrează în buzunarul sacoului.

-Felix, răspund scurt.
-Parcă n-aș ști, aud la capătul celălalt vocea Oanei. În primul rând, vreau să-ți spun că Mia e iar în spital. Reykjavík. Asta-i vestea bună, dacă poți să-ți imaginezi așa o tâmpenie. Vestea proastă e că în timp ce tu te fluturi prin lume, s-au întâmplat câteva chestii oarecum importante. Șefii de sus au aflat despre legătura ta clandestină cu Lea. Pot să comentez pe marginea subiectului și să-ți spun că ești un nenorocit inconștient? În timpul misiunilor, Felix? Zău că aveam pretenții mai mari de la tine.

Înghit în sec, dar nu reușesc să formulez un răspuns.

-Apreciez tăcerea vinovată, continuă Oana pe un ton ironic. Oricum, s-a dat ordinul de anulare reciprocă. Știi ce înseamnă asta, nu? Înseamnă că vi s-a ordonat să vă lichidați reciproc. Cine acceptă primul, supraviețuiește. Am încercat să te contactez, dar erai mult prea ocupat să-ți muți fundul dintr-un avion în altul prin toată lumea. Apropo, chestia asta e inadmisibilă, să nu se mai întâmple. În fine, ideea e că Lea a acceptat ordinul înaintea ta. Ceea ce mie personal nu-mi convine deloc. În ultimul timp, e mai mult cu capul în nori și dă numai chixuri. Sincer, am mai mare nevoie de tine. Așa că fă ce trebuie să faci. În momentul ăsta, Lea e în Ouagadougou și-o să mai stea un timp acolo. O misiune la Ministerul Afacerilor Externe. Nu mă interesează cât o să-ți fie de greu, rezolvă problema. Până la urmă, ți-ai făcut-o cu mâna ta.

N-am timp să răspund, închide, legătură terminată. Cobor din avion și o iau spre panourile cu orarul curselor spre Europa. Trebuie să ajung în Malta, via Paris, și de acolo zbor cu un avion închiriat către Ouagadougou. Iau bilet spre Paris și sper să prind legătura către Malta – sunt patruzeci de minute între cele două curse. În avionul ăsta nu-mi permit să scriu în jurnal. Prea multă lume în jur. Am unsprezece ore de zbor, așa că mă las pradă somnului. Nici nu știu de când n-am mai dormit, având în vedere ultimele evenimente. Probabil de pe undeva de prin Mexico City. Mult. Trebuie să recuperez. Abia din Paris spre Malta voi putea sta treaz din nou. Trebuie să stau treaz, să veghez, să-mi veghez gândurile, pentru că ce urmează să fac nu era în plan și nu e o misiune ca atare. Mă arunc în ceva ce probabil o să regret jumătate din viață, dar acum a devenit un must. Așa pot scoate – sper, cred – din mine ceva nerealizat și, mai ales, neîmplinit. Legătura mea cu Lea. O rup. Definitiv. Lea, cea care a acceptat să mă ucidă. La ordin. *Când ceva nu funcționează, elimină cauza*, îmi spun.

Reușesc să prind avionul către Malta, un loc drag mie cândva, acum doar un punct de tranzit și începutul spre a-mi realiza o pornire stupidă, simplistă și egoistă. De pe insulă plec cu un avion închiriat de la Prive Jets. Am folosit numele meu adevărat – uneori o identitate falsă poate fi chiar ceva real. Doar când am rostit destinația, recepționerii m-au privit ciudat, au avut tendința să spună „nu". I-am ajutat să se decidă, făcând un transfer bancar direct de pe laptop, atunci, pe loc. Pentru dus-întors, deși nu cred că mă voi întoarce cu același avion. Miercuri, la ora 13:20, sunt pe aeroportul Ouagadougou, de unde iau un taxi, neînmatriculat ca atare – se practică pe aici – către hotelul Azalai, pe Independenței. Central, însă totul pare periferic cu străzile astea numerotate, unele fără nume, așezate ca într-un desen de planșă tehnică. Pentru a... identifica ținta, stau liniștit la fereastră aproape o zi întreagă, cea mai lungă zi din viața mea. Fără să mă mișc.

Ouagadougou – ca întreaga Burkina Faso – nu mi-a plăcut niciodată. Contează? Nu e o călătorie de plăcere, deși practic îmi satisfac o plăcere sadică pe care probabil o voi regreta. Hotelul Azalai se află între străzile Joseph Ki-Zerbo și Independenței. Sunt aici de două zile și n-am încercat să iau legătura cu ea. O văd uneori trecând – la aceleași ore și în compania acelorași persoane, una fiind un comisar din poliția locală – dinspre Ministerul Afacerilor Externe către cel al Mediului, la nu mai mult de două sute cincizeci de metri de fereastra mea.

Astăzi o privesc încă o dată. De la mansarda hotelului, zona unde are acces numai personalul de serviciu. Fereastra mică și joasă mă face să stau retras. Poartă – de ce nu mă mir? – una dintre rochiile verzi pe care i le-am admirat mereu și în care am admirat-o întâi de la distanță, apoi de care am scăpat-o prin tot felul de camere de hotel. Cumva, mi-e dor. *Nu acum. Stop.* Merge alene, dacă n-ar avea o mapă în mână, ai putea crede că se plimbă. Cine s-ar plimba în soarele amiezii, totuși? Ținuta gen femeie de afaceri nu mi-a părut niciodată potrivită pentru ea; probabil și pentru faptul că am văzut-o mereu ca parteneră și mai apropiată decât ar fi fost, să zicem, normal. Prea sobră, deși sexy, cu părul buclat fluturând în vântul deșertului. Poartă sandalele făcute cadou de mine, în Malta. Futu-i.

O studiez prin lunetă. Delta Titanium. De patru minute nu-mi mai aud nici respirația, nici gândurile. Lângă mine, în stânga, am pe telefon un mesaj gata de expediere: *Trebuia s-o faci în Kuala Lumpur. Al tău, până acum...* Nu trebuie decât să apăs un buton pentru ca ea să citească și să înțeleagă, chiar dacă e trimis de pe un număr nou local. Merge atât de ritmic, pasul și secunda. Și acum îmi dau seama că eu respir atât de sacadat, încât mă întreb dacă nu cumva voi da greș pentru prima dată. Respirația mi se domolește, degetul mi se încordează pe trăgaciul puștii L115A3,

Long Range Riffle. Cu mâna stângă trimit mesajul. O văd cum își coboară privirea la telefon, după care, culmea, o ridică tocmai spre locul unde sunt postat. Știe. Știe că vine un moment în viețile noastre, cel în care suntem ținte, uneori se întâmplă să fim ținte ale actualilor ori foștilor parteneri. La ordin. Acceptă gândul automat, respirația mi se blochează văzându-i lacrima ce începe să se formeze în colțul ochiului căprui-verde. Mâna liberă i se duce la buze într-un fel de sărut către nimeni. Glonțul pornește. Când mâna îi atinge pieptul și lacrima se desprinde de colțul ochiului drept pentru a aluneca pe obraz, glonțul deja începe să-i perforeze craniul. O urmăresc cum se prăbușește ca o păpușă stricată în iarba artificială de lângă trotuarul cu mormane de praf deșertic adus de vânt. De vântul schimbării fiecăruia dintre noi. *Adio, Lea*, șoptesc și mă ridic într-un genunchi, rămânând gol de mine, parcă neștiind ce trebuie să fac după ce elimin o țintă. Numai că știu prea bine. Trebuie să fug. Cât va trece până voi fi din nou eu ținta?

*

Plouă. Ciudat să plouă în perioada asta a anului în Ouagadougou. Dacă aș fi afară, nu s-ar vedea că plâng. Dar s-ar auzi. Plâng cu suspine de vreo două ore. Am ucis-o. Am iubit-o. Am ucis-o înainte să mă ucidă ea pe mine. Pentru un moment mi-a fost teamă. Nu, o frică cumplită. După ce-am ajuns la hotel, am făcut un duș rece și m-am prăbușit în pat. Moment în care am început să plâng. Atunci m-a izbit frica. Că-mi voi face rău. Așa că m-am legat de barele patului cu perechea de cătușe pe care o am mereu la mine. În mâna dreaptă am o agrafă de prins hârtie, suficientă pentru a le desface. Nu acum, nu încă. Bocesc mai ceva ca o babă și nu cred că ar fi indicat. Am privit-o crescând, am ajutat-o să crească de la copila care scria povești la femeia care mi-a devenit, absolut întâmplător, parteneră. Și iubită. Dar asta am știut-o doar eu. Până acum. Mă obsedează faptul că a simțit, că în privirea ei am citit acceptarea atunci când am apăsat pe trăgaci. Nici măcar ploaia torențială nu oprește praful deșertic să-mi intre pe geamurile camerei pe care le-am deschis înainte de a intra la duș. Mă sufocă. Mi-e sete. Plâng, mă gândesc la iubita mea, acum victimă, văd ploaia ce parcă vrea să-mi spele fapta și mi-e sete. Încă nu-mi desfac cătușele, deși tot corpul îmi protestează. Mi-e încă frică să nu-mi înfig în gât pumnalul Solingen.

Poate ar fi cazul să mă retrag. Până nu mă *retrage* altcineva. Poate vine o vreme când nu mai avem decât un singur glonț de tras: în propriul cap. Nu, sunt deprimat, eu nu sunt așa. Sau, cel puțin, așa cred. Dar doare cumplit. Să știu că locul nostru de joacă a fost prin camere de hotel și acum ea nu mai e. Pentru că eu am făcut să nu mai fie. Dacă aș fi calm și aș vedea totul din afară, aș spune că mi-am dat singur lovitura de grație. Cea în care pumnalul străpunge stomacul și cad sângerând pentru că n-am fost... atent. Numai că eu am fost foarte atent și mi-am cam făcut-o cu mâna mea.

E timpul să plec? Nu din lume, ci în lume. Să plec din lumea mea, undeva într-un birou? Nu, acolo aș ști mult mai multe decât acum și limita suportabilității mi se pare tot mai aproape. Ar trebui să plec unde mi-am pregătit amănunțit retragerea. În Maroc. Și să rămân acolo. La dracu', nu încă, mai am treabă. Încă doi din DSC de tăiat de pe listă. Izabela Pelinni în Italia și Vladimir Bakrov în Odessa. După care, așa cum am discutat cu ea și știu că-și dorește, să dispar împreună cu Mia la El Aaiún și să-mi văd de restul vieții. Probabil, la cum simt acum, cu toate regretele și fantomele după mine.

Îmi desfac cătușele și mă strâng în poziție fetală. Îmi vine să închid geamurile... Ploaia tot nu se oprește și mă afundă în depresie. Le închid și mă așez din nou pe pat, adorm cu lacrimi scurgându-mi-se pe pernă. Încă o noapte. Încă o zi în care sunt viu. Măcar din punct de vedere fizic. Mâine plec spre Italia.

Capitolul 11

Elicopterul militar se ridică de lângă pista aeroportului, va trebui să mă ducă puțin mai mult de trei mii de kilometri până în Sicilia. De acolo merg spre Roma cu ce-oi găsi. Undeva, deasupra orășelului Ziniare, o ia brusc spre stânga, cred că cei doi piloți au decis că e mai sigur să nu ajungem deasupra Libiei. După ultimele evenimente de acolo, așa cred și eu că e mai bine. Vom survola Tunisia când ne apropiem de Mediterană și apoi peste Malta, până la Pozzalo. De acolo e treaba mea. Am timp destul. Petrecerea unde o voi ucide pe Izabela se ține abia peste două zile.

După un survol de șase ore – cu o realimentare fără incidente, deși încă sunt mai încordat ca oricând – undeva în partea nord-estică a Marocului și o trecere peste Tunisia, cei doi mă lasă în Pozallo, chiar pe plajă. N-au întrebat nimic, n-am discutat nimic în cele șase ore. I-am plătit bine și cam atât. Nu știu cum e să vezi un om în costum coborând dintr-un elicopter pe o plajă semi-abandonată, însă asta e în cazul meu. Cobor și le fac semn piloților că e „ok". Elicopterul se ridică în aer mai repede decât am crezut vreodată că e posibil și-o ia înapoi. Îmi ia ceva mai mult de-o oră să traversez pe jos orășelul sicilian și să mă postez pe strada ce mă duce spre Messina, de unde voi trece cu bacul până la Villa San Giovanni. De acolo, autostopul până la Roma, unde mâine are loc o conferință a producătorilor de armament din Italia, Franța și Germania. Deocamdată nu știu cum o să intru acolo... Modific lista invitaților? Acoperire ca piccolo? Probabil niciuna dintre variante nu e soluția ideală.

Traversarea cu bacul mi-o aduce din nou în minte pe Lea. *Nu e bine, concentrează-te, nu te gândi acum la asta.* În San Giovanni mă schimb în toaleta unei benzinării și-mi pun pe mine ceva lejer, mult mai potrivit călătoriei, tricou și jeans, în care ascund nelipsitul pumnal. Trebuie să scot bani, mulți, vreo opt mii de euro, de la banca Monte dei Paschi di Siena. Viale Zanotti Bianco, strada unde se află sucursala, e relativ ușor de găsit. Intru și mă îndrept spre ghișeul din stânga mea, lângă un perete pe care sunt atârnate stema regiunii Clabria și, constat cu uimire, două macete încrucișate. Cu și mai mare uimire constat că sunt funcționale, adică ascuțite. Îi spun femeii de la ghișeu că vreau să scot opt mii se euro din contul meu. Îmi aruncă o privire ca și când n-ar fi auzit bine. Opt mii, îi repet. Îmi cere un act de identitate și-i dau fără să clipesc pașaportul brazilian. Tranzacția se desfășoară fără alte probleme.

Mă plimb aparent agale până la marginea orașului, de fapt profitând de momentul de respiro pentru un traseu anti-supraveghere la sânge. Trebuie să mă asigur că nu mă urmărește nimeni. Sunt curat, așa că opresc un camion cu numere de Elveția. Șoferul mă întreabă într-o italiană stâlcită unde merg și-i răspund că la la Roma. Negociem puțin și o sută de euro mai târziu, urc în cabină pe scara înaltă. Înăuntru e confortabil, presupun că o să am o călătorie plăcută, chiar dacă o idee cam lungă.

În Roma, am de gând să mă cazez la J.K. Place până a doua zi când *rezolv* încă unul dintre capii DSC. Nici nu mai știu exact de ce-o fac. La început, ideea era că m-au iritat la culme cu vânătoarea aia stupidă. Acum am lichidat-o pe Lea la ordinele lor și vânătoarea mă lasă rece. Sentimentul de vinovăție mă ucide încet și, din obișnuință, atunci când mă simt vizat în mod direct, reacționez așa cum am fost învățat. Ucid.

Șoferul camionului nu scoate mai mult de zece cuvinte pe tot traseul, dintre care cinci sunt înjurături la adresa altor participanți la trafic. Ceea ce e foarte ok. Mult mai bine așa decât convorbiri aiuristice.

Ajuns la J. K., mă bag la duș și imediat în pat, simt cumva cum puterile mi se scurg încet prin pat către podea și mă rog în gând să adorm în câteva minute. De data asta, fără regrete proiectate aiurea și sper fără vise, deși parcă am o senzație de dor, de lipsă, înainte de-a adormi. O să-mi treacă și asta.

Mă trezesc transpirat și cu mâna încleștată pe arma Beretta de sub pernă. E deja seară și sunt oarecum confuz. Unde sunt? De ce? Ce urmează de data asta? Ce am de făcut? Încet, încet încep să-mi revin și să conștientizez unde mă aflu. Într-o cameră de hotel și am o misiune auto-impusă. Am cam scăpat de sub control. Trebuie să fiu atent să nu devin eu ținta, deși cred că deja sunt de mult, doar că nu m-au găsit. Încă. Călătoresc prea mult și prea repede, cum spunea Oana, mă fâțâi prin toată lumea.

Îmi amintesc că fereastra mea are vedere către

Warner Village Cinema, locația unde se va desfășura întrunirea la care participă Izabela. Intrarea e pe partea cu hotelul meu. Din nou o fac de la distanță, deși, într-un mod sadic și foarte personal, a început să-mi placă să mă apropii de victime cât mai mult în ultimul timp.

Îmi decupez un cerc în geamul din stânga, de unde se vede mai bine cealaltă clădire și-mi așez în poziție de tragere pușca 338 Lapua Magnum. Aștept. Ceea ce nu e bine deloc, pentru că mă năpădesc gândurile. Gânduri despre trecut și relații interzise, amestecate între ele, dar și în mine, despre cum obținem noi câte o bucățică de nemurire de fiecare dată când eliminăm un adversar, chestii din ce în ce mai ciudate. Așadar, aștept, cu gândurile la tot ce-mi trece prin minte, dar și la țintă. Blonda coboară dintr-o mașină de un verde ce bate spre negru și pășește pe covorul roșu. Apăs pe trăgaci fără ezitare și Izabela cade într-o poziție nefirească, cumva răsucită. Retrag arma de la fereastră, mă las să cad pe pat și iar mă invadează gândurile.

*

De ce suntem noi cei care hotărâm finalul vieților lor? Dacă ar fi invers? Deși poate fi invers în orice moment și noi, ca și ei, suntem ținte mobile. Depinde doar de cât de rapid și de în vizor este fiecare. Întotdeauna mi-a dat o senzație de putere să am o armă în mână. Simplul fapt de-a o avea. Când o folosesc, senzația e cu atât mai intensă. Când o folosesc, decid în locul celuilalt. Și nu, nu e senzația de putere cea care mă mână în luptă, nici eu nu știu ce anume e, ori nu mai știu după moartea Leei. Mai degrabă senzația de siguranță, dacă nu cumva e totuna. La dracu'! Primele dăți, când eram sub tutela lui Avramescu, a fost altfel. El avea puterea să-mi dea încrederea, care acum mi se pare stupidă, că fac un lucru bun, că așa trebuie să se așeze lucrurile, că aia e singura variantă normală. Apoi senzația respectivă a început să dispară și m-am simțit din ce în ce mai folosit, o unealtă, atât și nimic mai mult, pentru DSC și pentru cei din țară. Deși și la Oana am ținut într-un fel, la un moment dat. După care cred că singurul lucru care m-a mai mânat în luptă a fost competiția și continuarea în sine. Un fel de self-preservation, în ideea de a nu pica eu în plasa lor, oricine ar fi fost ei. Și așa m-am întors împotriva lor, întâi a celor din Dynamic Systems și, cel puțin la nivel emoțional, a celor din țară. Cumva, îi urăsc în aceeași măsură în care-i apreciez pentru că m-au transformat în mașina asta aproape perfectă. Și atunci a apărut Lea. Mi-a dat lumea peste cap. Am iubit-o. Am încercat de mai multe ori să ne ucidem tocmai pentru că ne iubeam și iubirea noastră era imposibil de împlinit. Am iubit-o și-am ucis-o. Așa cum aproape a făcut-o și ea în două rânduri. Și acum, Mia. Pe care o iubesc – încă? – și alături de care sper să mă retrag la El Aaiún. Mia, care a fost în puține misiuni, care a privit lucrurile aproape mereu din afară și de deasupra, fiind imediat sub Oana, și care are talentul de-a ajunge prin tot felul de spitale civile sau militare. Nu m-am interesat de ea, dacă mai e la Reykjavík ori nu, cum și de ce a ajuns acolo, am fost prea prins în nebunia și ura mea de a-i termina pe toți sau pe cât mai mulți dintre ei.

Somnul începe să mă cuprindă, așa că decid să mai stau o noapte la J.K. Mâine o să văd ce și cum. Vreau să fac un drum până în țară, după care să-l lichidez și pe ultimul din conducerea DSC. La Odessa. Acum vreau să dorm și să am o noapte fără vise și gânduri, coșmaruri și planuri făcute la lumina felinarelor de pe străzi, care mereu îmi pătrund cumva printre pleoape.

*

Taxiul este deja jos când cobor, vreau să plec cu o cursă Tarom de 12:10 către București. Voi ajunge acolo la 15:25 și mă voi duce în garsoniera închiriată din Drumul Taberei. De data asta, îmi folosesc pașaportul românesc cu numele meu real, Felix Munteanu, pentru că nu sunt în misiune și nici nu fug, am de gând – la dracu, de câte ori s-au potrivit gândurile mele cu ce-a urmat? – s-o ard aiurea câteva zile prin București, să fac orice, să uit de mine, mai puțin folosirea de *substanțe interzise*. În rest, fie ce-o fi. Avionul are o rută ciudată, pentru că la un moment dat văd Alpii în stânga jos, dar zborul decurge normal și fără incidente. Odată ajuns în București închiriez o mașină de la una dintre firmele care oferă acest serviciu chiar în aeroport. Într-o oră și ceva – traficul din capitală nu doar că mă enervează mereu, dar mă și debusolează – ajung la destinația mea, garsoniera de pe Valea Argeșului. Mă instalez, aș zice comod sau relativ comod, pentru că nu mai aștept evenimente importante și nu mai plec în misiuni pentru o vreme. Mă rog, pentru câteva zile, dar tot e ceva. Totul e așa cum îmi amintesc de ultima oară când am fost aici, ceea ce înseamnă că nici proprietarul n-a mai trecut prin zonă. Mă așez pe o canapea și fac greșeala să mă întind, ceea ce-mi aduce un somn de câteva ore, am eu impresia, dar, în realitate, mă trezesc abia a doua zi. Mă simt relaxat și detașat, dar, dacă e să mă iau după cât sunt de transpirat și după perna decorativă ajunsă pe jos, e clar că am avut un somn cam agitat. Mă îmbrac și plec pe Aleea Potaisa și Calea Giulești, către Parcul Carol. O scurtă plimbare în care gândurile la Lea nu-mi dau pace. Chiar și Izabela, frumoasa blondă ucisă la Roma, e mereu în mintea mea. Parcă-mi vine să dau o fugă până la sediu și să le spun că gata, am terminat-o cu totul. Parcă-mi vine să mă întorc în timp la puștiul de șaptesprezece ani căruia să-i schimb destinul, să nu lase școala, să nu plece cu Avramescu, să nu-l transform în ce sunt eu acum, a mean killing machine. Undeva, o iau la dreapta și ajung în Ferentari, de parcă aș căuta provocările. Altfel cum? Doi țigani vin spre mine și-mi cer bani. Le spun că nu am, drept pentru care primesc eternul:

-Ce, mă, ești șmecher?

Dau să-i ocolesc, dar unul dintre ei îmi blochează calea. Mâna dreaptă mi se duce instantaneu în partea stângă, unde țin pumnalul atât de drag mie și cu care n-am dat greș niciodată. Nu dau greș nici de data asta, în următoarele două secunde mâna mea e deja întinsă spre el cu pumnal cu tot. Îl tai scurt și din gât îi țâșnește un șuvoi de sânge ce-l stropește pe celălalt, care o ia la fugă în timp ce urlă la mine că sunt nebun. Cred că sunt de acord cu el. Mă rog, nu există termenul *nebun* în nomeclatorul psihiatric, reîncep să gândesc la rece. Parcă mi-a făcut plăcere, dar cred că plăcerea ar fi fost și mai mare dacă-i înfigeam lama în stomac, lăsându-mă peste el cu toată greutatea corpului. Mă uit la pumnal, mi-l șterg metodic cu un șervețel găsit prin buzunare și-l pun înapoi în toc. Dau să-mi continui drumul către Carol, dar brusc nu mai am chef, ajung pe Antiaeriană și-o iau pe 13 Septembrie înapoi către ceea ce-aș putea numi, temporar, casă ori acasă.

Nu mă așteaptă nimic și, mai ales, nimeni. Oare nu asta e definiția indirectă a unei safe house? De ce safe house? Pentru că sunt, la rându-mi, vânat acum. Așa că am rămas cu relativ puține resurse, cu doar două arme de foc, un pistol Glock și-o pușcă cu lunetă, iubita mea, i-aș zice, pe care să le port peste tot cu mine, așa cum îi stă bine unui operativ deraiat de pe *linie*. Deși nu mă așteaptă nimeni și nimic acolo și e doar a treia oară când folosesc locul, am înlocuit ferestrele din sufragerie cu sticlă antiglonț. Așa că e destul de safe. Ajuns în fața blocului, de data asta pe strada Valea Argeșului, nu pe dincolo, prin spate, văd că totul pare în regulă și mașina închiriată de la aeroport e la locul ei, așa că urc la etajul doi, unde se află garsoniera, intru, închid ușa în urma mea și mă sprijin de ea, având încă în minte imaginea țiganului de mai devreme, cu sângele țâșnindu-i în toate părțile. Știu că nu l-am ucis, nici n-am intenționat asta, n-am vrut decât să fiu lăsat în pace. Și-am ales cea mai sigură și simplă metodă.

Abia trec câteva secunde și aud un ciocănit discret în ușa din metal. Mă uit pe vizor și văd o blondă înaltă şi frumuşică, într-o rochie verde fără mâneci, cu o poşetă mică agăţată cu un lănţişor pe umărul stâng şi cu mâinile împreunate în faţă. Mai jos nu văd, dar na, doar n-ar ţine ceva cu picioarele. Deschid şi mă dau un pas înapoi, nu ca şi cum aş invita-o înăuntru, ci pentru că e aproape lipită de uşă.

-Bună! îmi spune şi-mi întinde o mână caldă, moale şi aş zice fragilă. Eu sunt Ania.
-Bună şi ţie! îi răspund, strângându-i mâna.
-Uite, nu vreau să ţi se pară un pretext ori ceva de genul ăsta, dar m-am mutat alaltăieri vis-à-vis de tine şi apartamentul meu e încă gol. Mobila mi-o aduce o firmă mâine, de la Ploieşti. Ar fi prea mult dacă te-aş ruga să mă găzduieşti şi pe mine o seară? Dorm şi pe jos sau pe vreo saltea, dacă ai, doar că la mine n-am absolut nimic şi...

Aproape uitasem cât de mult vorbeşte o femeie ca să spună ceva ce-ar putea fi spus în doar câteva cuvinte.

-Desigur, intră. Încropesc eu ceva şi avem loc amândoi. Nu te gândi la nimic aiurea, îi mai spun şi mă întorc cu spatele la ea, invitând-o să mă urmeze.

În clipa următoare aud un *clic* şi simt ţeava unui pistol în ceafă. Baikal, din câte-mi dau seama.

-Mergi şi aşază-te, o aud în urma mea.

Înaintez spre cele două fotolii aşezate faţă în faţă şi mă aşez pe unul, oarecum cu o senzaţie de sfârșeală psihică. Ania sau cum o chema-o de fapt, se așază pe celălalt.

-Noi doi facem parte din aceeași specie, îmi spune, pe un ton ce aduce mai mult a tristețe decât a determinare. Am doar două cartușe. Câte unul pentru fiecare dintre noi.

Asta mai degrabă îmi provvoacă mirare decât teamă și, în loc să mă tensionez, o întreb calm dacă înaintea poveștilor – presupun că pe undeva trebuie să fie o poveste – vrea ceva de băut. Aprobă, mai mult tristă decât hotărâtă. Mă ridic încet pentru a nu-i declanșa cine știe ce reacții și mă îndrept către minibarul încropit într-un colț al camerei. Torn două porții generoase de Jack Daniels în pahare și mă întorc spre ea. Nici măcar nu m-a urmărit cu privirea, e cu spatele, aș fi putut face orice, inclusiv să o scot din joc. Ciudat. Așez un pahar lângă ea, pe colțul mesei din sticlă dintre noi și mă așez, în continuare liniștit și mai mult curios, pe fotoliul meu. Aștept, deși-mi vine s-o iau din nou la întrebări. Ia o înghițitură zdravănă din paharul cu whiskey, îl pune la loc pe masă și începe să mângâie pistolul cu două degete, încet, cu privirea în podea. Când și-o ridică, îmi dau seama că are cea mai intensă nuanță de verde pe care am văzut-o vreodată în ochii cuiva.

-Felix, noi suntem la fel.

A mai spus asta.

-Amândoi am ieșit de pe liniile directoare,

suntem off track, ca să spun așa. Și eu am început să lichidez șmecheri din FSB și KGB. Destui. La fel cum ai făcut tu cu DSC-ul și cei de aici. Amândoi suntem vânați acum de mai multe părți. N-ai de unde s-o știi, dar mi-ai fost țintă de patru ori și de două ori, nu știu de ce, te-am lăsat să scapi. În Kenya și Singapore. Am fost și în Kuala Lumpur, știu că ți-ai ucis iubita. Și mai știu că a început să-ți facă plăcere să ucizi, la fel și mie. Îmi dau seama că mă poți scoate din joc în aproape orice moment. După mine, ar fi cazul să terminăm chestia asta într-un mod cât mai onorabil. Amândoi. Desigur, rămâne în continuare varianta să fim vânați continuu ori mai știu eu ce. S-a făcut târziu, e deja trecut de două, dormim și decidem mâine? Azi, mă rog...

Fără niciun cuvânt, mă apuc să-mi așez pe jos, lângă patul pe care am hotărât că i-l las ei, o saltea de cort, un sac de dormit și-o pătură. Un pat cam dur, dar am trecut eu prin chestii cu mult mai rele. Intru la duș și, într-un colț al minții, mi-e oarecum teamă ca nu cumva să facă gestul suprem tocmai acum, cât lipsesc din cameră, deși, până la urmă, e o necunoscută. *Nu-l va face,* îmi spune o voce interioară. *Vrea să fie sigură că murim amândoi.* Ies de la duș și mă bag așa, semi-ud, sub pătură. Rochia ei verde e lăsată neglijent lângă pat, împreună cu un sutien roșu. Aproape o oră, estimez, nu pot să închid ochii ori să adorm, încercând să mă lămuresc cine e această Ania din Ucraina și de ce nu știu nimic despre ea, ce e cu gestul ăsta de-a dreptul dramatic.

-Vino lângă mine, Felix, aud într-un târziu.

Ezit pentru câteva momente, dar mă ridic și mă strecor sub plapumă. Ania e întoarsă cu fața spre mine, foarte aproape, și se lipește cu tot trupul de mine. Îmi înfige o mână în păr și mă sărută aproape violent, îndelung și pasional. Cealaltă i se strecoară în șortul meu și mă mângâie într-un mod cât se poate de expert. Până la urmă îmi dă jos șortul și-și trece un picior peste mine, o simt umedă și fierbite. N-o penetrez eu, ci mă introduce ea cu mâna și se întoarce pe spate, trăgându-mă peste ea. Începe să-și miște șoldurile, să se arcuiască, făcându-mă și pe mine să mă mișc aproape automat în ea, din ce în ce mai adânc și mai ritmic.

-Fii dur, îmi șoptește și încep să mă mișc frenetic.

Cu o mână o strâng de gât, suficient de tare încât să-și dorească să se apere. N-o face, ba chiar pare că-i place. Când mai slăbesc puțin strânsoarea, mă privește fix, aproape provocator.

-Așa, da... îmi place, bagă-ți pu...

O pălmuiesc cu sete, s-o opresc. În loc să protesteze, mă încolăcește cu picioarele și mă trage mai aproape de ea. Îi simt sânii striviți pe pieptul meu, gura care-mi caută sărutul, deși respiră din greu.

-Vreau să... vreau să termini în mine, mârâie printre buze, căci dinții ei mi s-au înfipt în buza de jos și nu pare că o să-mi dea drumul prea curând.

O ascult, moment în care o simt vibrând sub mine, arcuindu-se și gemând prelung.

-Felix...

*

Simt miros de cafea proaspăt făcută și-mi dau seama că am dormit câteva ore. Nu pricep, totuși, cum de Ania n-a plecat sau nu m-a eliminat în timp ce dormeam. Doar asta a fost intenția inițială. Cred. De fapt, nu mai știu ce să cred după felul în care s-a purtat noaptea trecută. Deschid ochii și-o văd pe blonda ucrainiancă așezată pe unul dintre fotolii, cu trei cafele în față. *Trei? De ce trei?* Mă studiază cu interes și cu un fel de... admirație, i-aș spune. Mă ridic, îmi trag pe mine șortul și-un tricou, după care mă așez pe celălalt fotoliu.

-De ce trei? întreb pe un ton neutru. Mai așteptăm pe cineva? Ania continuă să mă privească cu cei mai verzi ochi de pe planetă.
-Una e Irish coffee, celelalte două sunt normale. Nu știam dacă bagi alcool dimineața pe stomacul gol, așa că am făcut-o și pe asta. Își înclină puțin capul spre dreapta și acum mă studiază cu un aer aproape amuzat. Vladimir al tău nu mai e la Odessa, ci la Dublin. Și Mia... draga ta Mia, cu toate că, sincer, habar n-am de ce, e aici în București, la ea acasă. Cam insipidă Mia asta a ta... nu vă potriviți de nicio culoare și, apropo, nici măcar nu știe să se protejeze prea bine. E complet descoperită, aproape mi-a venit să-i zbor creierii doar așa, for fun. Are noroc

că te cunoaște. Și habar n-am de ce, am o adevărată slăbiciune pentru tine... probabil au contat și toate orele alea când te-am privit prin lunetă. Ah, și Oana voastră, da, am vorbit și cu ea, vrea să-i faci o vizită înainte să dispari iar.

Îmi oferă cel mai șmecher și cuceritor zâmbet pe care l-am văzut vreodată. Între timp, mi-am tras pe mine un tricou și o pereche de jeanși negri. Mă așez pe celălalt fotoliu și-o privesc intrigat și admirativ. Putea să mă lichideze, apoi să se sinucidă. *La naiba, de ce-a venit aici cu intențiile astea?* Dar n-a făcut-o. A făcut dragoste cu mine așa cum n-a mai făcut-o cineva de foarte mult timp, m-a vegheat și, culmea, mi-a dat niște informații la care nu mulți au acces. *Cine naiba e femeia asta? Și de ce m-a ales? De ce mă fascinează?* Stând pe fotoliu și savurând cafeaua cu ex-agenta-ori-ce-o-fi blondă, mai observ un lucru. Și ăsta cel puțin ciudat. A desfăcut capsele detonatoare ale celor două cartușe și ambele stau cuminți pe masa dintre noi, imposibil de folosit.

-Tu de unde știi toate astea?

Ezit să-i rostesc numele. Nici măcar nu știu dacă o cheamă cu adevărat Ania. Mă ridic și mă apropii de ea, mă las pe un genunchi în fața ei. Întind mâna și-o mângâi pe obraz. Face cel mai neașteptat gest: îmi ia mâna și mi-o duce la inimă.

-Sunt contactul Oanei din FSB, îmi răspunde cu o sclipire în ochi. Simte, îmi mai șoptește.

Nu, că asta chiar e prea de tot. Ce mă fac eu cu femeia asta?

-Nu trebuie să faci nimic, îmi răspunde de parcă mi-ar fi citit gândurile. Eu rămân aici, tu-ți vezi de ținta ta în Dublin. Ca idee, ai grijă să nu ajungi să-ți placă prea mult să ucizi. Amândoi suntem deja pierduți, de ce să ne complicăm viețile și mai tare? Poți să mă lași aici, oricum am deja o cheie. Dar, șșșșșș... nu mai spune nimănui, adaugă, cu aerul unui copil care a mâncat prea multe prăjituri.

-Bine, frumoasă blondă, te las aici și-mi văd de drum. Poate mai dăm unul de altul cândva, îi spun cu privirea scufundată în a ei, după care sorb ultima gură de cafea și ies pe ușă. Acum, cât încă nu sunt prea afectat emoțional de femeia asta misterioasă și ciudată.

Cobor scările în grabă și urc în mașina închiriată. Pun cap-compas Pitești, fosta mea *casă*, unde sper să mai găsesc ceva muniție și să mi-o scot din minte pe Ania. Cel puțin pentru moment. N-am de gând să trec pe la Oana, dacă are ceva de spus, să mă contacteze. Parcurg cei o sută opt kilometri în patruzeci și cinci de minute și constat cu plăcută surprindere că echipa care m-a vânat aici n-a distrus și nici n-a luat mare lucru. Am tot ce-mi trebuie. Oricum, trebuie să mă întorc la București pentru a putea pleca spre Dublin, așa că poate dau pe la Oana, poate o găsesc și pe Mia – am vorbit puțin la telefon pe drum și mi-a spus că pleacă undeva pe valea Prahovei, nu are încă un time frame în minte. Sunt tentat să-l mai folosesc o dată pe Ayan, care să mă ducă direct la Dublin. Noi, operativii, ne creăm legături ce rezistă uneori chiar dacă vreunul dintre noi devine țintă; n-aș putea spune că devenim prieteni, evit cuvântul ăsta cât pot, dar ceva rămâne, poate un fel de devotament în ideea gesturilor făcute de-a lungul timpului unul pentru altul. Așa că-l sun pe Ayan și stabilim – ce noroc pe mine – să mă ia de la aerodromul Geamăna în două ore. Bun așa.

Până atunci, mă plimb puțin prin centrul orașului. Aici parcă nimic nu se schimbă niciodată, doar cei din conducere pe care noi, care știm și facem multe, îi desconsiderăm total. Unii sunt marionetele noastre, mă rog, a celor de la Centru. Într-un final, iau un taxi până la aerodromul aflat într-o comună de lângă oraș. Pista e destul de scurtă, dar arabul meu face din nou minuni cu jucăria lui și oprește la cincizeci de metri de mine. Se cam atacă atunci când spun în glumă despre avionul lui că e o jucărie. Dar ce pot spune despre o miniatură de avion, până la urmă? Un Avanti II nu e un C75.

Trapa avionului se deschide, urc și-mi dau brusc seama că nu sunt singur. Cineva e deja în aeronavă. Trag deoparte perdeluța și dau de Mia. Dar stai, îmi spun, nu zisese că merge undeva pe valea Prahovei?

-Dar vă rog, intrați, luați loc, mă invită cam în zeflemea, cu toate că nu pare deloc amuzată. Hai, stai aici, îmi indică fotoliul de lângă ea.

Mă așez, uimit și nu prea. Ceva nu se leagă, instinctul îmi spune să fiu extrem de atent.

-Ia spune-mi, cum a mers cu Ania? mă întreabă, studiindu-mă cu atenție.

Ce faceee? De unde știe Mia despre Ania? Doar nu...

-Știam ce are de gând să facă, dar văd că te-ai descurcat, din moment ce ești viu și întreg.
-Mda, mormăi și mi-e de-a dreptul jenă să-i spun că descurcatul ăsta a inclus și cea mai stelară partidă de sex de care am avut parte vreodată. S-a răzgândit, spun pe un ton sec și mă foiesc pe fotoliu. Nu știu câtă influență am avut eu în asta...

Mia îmi oferă un zâmbet rece. Scoate din poșetă o tabletă și-o pornește fără niciun cuvânt, după care mi-o întinde. Îmi cobor privirea la imaginile de pe ecran. Eu cu Ania. Înlănțuiți pasional. Nici nu mă obosesc să înghit nodul din gât, pentru că surprind o sclipire bruscă cu coada ochiului. Mă feresc instinctiv și lama cuțitului îmi șterge pielea gâtului. Simt sângele cald în același moment în care îi preiau mâna printr-o mișcare pe rotund și-i înfig cuțitul adânc în gât. Mia mă privește cu o expresie șocată, dar nu mai scoate niciun sunet. A murit cu ochii la mine, înainte să-mi dau seama ce s-a întâmplat.

Încep să tremur incontrolabil. Ce-am făcut? Am ucis-o mai mult din instinct. Îi scot telefonul din poșetă cu mâini tremurânde și controlez lista ultimelor apeluri. Numele Vladimir apare de cel puțin patru ori. Ieri. Și azi, cu câteva minute înainte s-o descopăr în avion. Fuck! Asta nu poate să însemne decât un singur lucru: Vladimir știe că-l vânez și-a angajat-o pe Mia să rezolve problema. So much for love. Am un talent fantastic să-mi aleg femeile... Gândul îmi zboară iar la Ania, dar îl tai din rădăcină. *Nu acum. Nu încă.*

Mai întâi trebuie să văd cum rezolv cu cadavrul. Bănuiesc că Ayan n-o să fie prea fericit dacă i-l las cadou. Privirea îmi alunecă afară prin hublou. Alpii i-am lăsat de mult în urmă, nu mai avem mult până la destinație. Cel puțin eu. Încep să-mi curăț pușca cu lunetă, parte cu parte, metodic. E singurul lucru pe care-l pot face ca să-mi alung gândurile, întrebările, golurile din minte. Și emoțiile.

*

În Dublin stau la Ariel House, pe Shelbourne Road, însă va trebui să trag iarăși de la mare distanță, dintr-o parte a parcului Phoenix în alta. Sper să găsesc vreo hală dezafectată pe partea cu Martin's Row. Ar fi ideal. Vladimir Bakrov are un local preferat pe cealaltă parte, pe Blackhorse Avenue, probabil o să fie ceva asemănător cu uciderea lui Breivyk. Plus că bănuiesc că e liniștit. Din punctul lui de vedere sunt mort, ucis de Mia. Cine sunt eu să-l contrazic? Până la urmă, am aranjat nesperat de ușor cu Ayan. La vederea cadavrului Miei, a ridicat doar dintr-o sprânceană și mi-a făcut semn să dispar. Habar n-am cum are de gând să scape de cadavru și în punctul acesta, nici nu mă mai interesează.

La Ariel House, mă cazez pe post de turist

rus. Ca o ultimă sfidare, mă hotărăsc să folosesc chiar numele viitoarei ținte, Vladimir Bakrov. Ar fi fost ceva s-o iau pe Ania cu mine pentru mai multă credibilitate. De fapt, mă doare-n cot de credibilitate, doar că nu mi-o pot scoate din minte. Încă îi simt atingerile peste tot și dacă eram acum împreună, probabil se ducea naibii tot planul și-o sfârșeam în pat. Urgent. *Oprește-te! Concentrează-te!*

Ariel House e o vilă din cărămidă cu un singur etaj, ca cele mai multe din zona asta. O să am ceva de mers, neapărat pe jos, până la locul unde mă voi posta pentru eliminarea țintei. Nicio problemă. Intru în cameră, las cu grijă geanta pe jos, lângă intrare, și analizez puțin camera din priviri. Nu e mare lucru, dar e mai bine decât în alte părți unde am stat. Pe pat, zăresc un plic cam mare, care la deschidere îmi prezintă un fel de cutie cu două lăcașuri pentru chei. Genul ăsta de cutii, cu dispozitiv de autodistrugere la mai mult de două încercări de deschidere, ori dacă se încearcă spargerea, îl folosim noi pentru a comunica atunci când nu se poate altfel, ori când avem mesaje importante de livrat. Îl deschid și scot de acolo două coli de hârtie cu două mesaje diferite.

Felix, nu știu ce e chestia asta dintre noi, dar sunt convinsă că ai simțit-o și tu. Habar n-am ce e, n-am mai experimentat așa ceva până acum, dar știu că e suficient de puternică încât să nu mi te pot scoate din minte. Îți doresc atingerea ca pe un drog. Am discutat cu Oana și se pare că lucrurile se complică ceva mai mult decât erau deja. Ori poate doar se simplifică. Your call.
Ania

Inspir adânc, încercând să-mi controlez dorința de-a o porni de nebun prin lume în căutarea ei. Chiar acum și fuck it all. Dar nu pot, nu înainte de-a înlătura și ultima barieră. Așa că-mi înfrânez pornirile inexplicabile și mă apuc să citesc cel de-al doilea mesaj.

Dragul meu Felix, țin să te anunț în mod oficial că ai ajuns la 129 de omoruri confirmate. E un record internațional, chiar dacă nu sunt prea sigură că o să te bucure în mod special. Noi suntem cam pe ducă, se pare că se întâmplă restructurări masive și se va forma o altă divizie care să ne înlocuiască. Moment în care pot face ceva pentru tine. Nici nu știu de ce-o fac, probabil mai mult pentru Ania, care mi-e dragă și care și-a pus prea mult viața la bătaie pentru mine. Ideea e că mă gândesc să te declar mort la datorie. Ayan m-a contactat să-mi spună că scapă de un cadavru, mă pot folosi de asta. Știu ce s-a întâmplat cu Mia. Poate pe viitor deschizi naibii ochii ăia mai mari și ești mai atent cu femeile din jur. Raportul meu va descrie cum v-ați ucis unul pe altul. Asta e tot ce pot face eu pentru tine. Probabil a sosit momentul să te retragi în liniște pe undeva, chiar dacă pentru asta va trebui să-ți iei o soție de acoperire. Și uite cum ți-o ofer pe Ania pe tavă... nu pentru că am impresia că ar fi o idee foarte bună, te cunosc suficient de bine încât să n-am încredere că o poți aprecia cu adevărat, ci pentru că asta e dorința ei. Rănește-o și-ți promit că te ucid cu mâna mea!
Oana

Recitesc totul de trei ori și încă nu-mi vine să-mi cred ochilor. Ard în scrumieră ambele mesaje și mă întind pe pat, sfâșiat pe dinăuntru de gândul retragerii forțate și iminente. Mă las în voia unui somn agitat și cu multe vise suprapuse, unele fiind întâmplări deja trăite, altele chestii fără înțeles, ori dorințe de viitor la care mă gândesc câteodată, atunci când sunt treaz. Într-unul sunt țintă, însă nu oricum, ci legat de ceva în formă de cruce. Lunetiștii trag în mine de la mare distanță. Primul glonț îl primesc în umărul drept, doare al dracu' și în vis. Al doilea mi se înfige în palma stângă, unde doare parcă și mai tare. Următoarele deja nu le mai simt, cred că am trecut pragul durerii suportabile. Pe ultimul îl primesc în cap. Nu în frunte, căci am capul lăsat în jos, ci undeva în creștet.

Și atunci mă trezesc transpirat, cu arma în mână, îndreptată spre ușă. Am dormit cinci ore, destul pentru mine. Mă ridic din pat, lăsându-mi Glock-ul pe noptieră. Intru la duș și din nou las apa rece să curgă pe mine până n-o mai simt și mă ia tremuratul. Ies și mă îmbrac în jeans și un tricou. Geanta-rucsac termo în care am pușca cu lunetă o iau din mers. Trebuie să fie ceva rapid, Vladimir nu va sta mult la localul unde-și ia micul dejun. Ies și pornesc pe jos spre Martin's Row, lângă râul Liffey, de-a lungul căruia știu că există multe hale industriale dezafectate. Una îmi va deveni adăpost pentru câteva minute. Ca să ajung acolo, trec prin două parcuri și prin zone deja aglomerate la ora asta a dimineții. Constat că nimeni nu mă privește ciudat, de fapt britanicii sunt renumiți pentru delăsare și indiferență față de ei înșiși și față de alții.

Selectez hala cea mai bună ca poziție și intru. Urc scările, vreo două sute din estimările mele, până ajung la un nivel superior. Aici sunt oarecum protejat de ce s-ar putea vedea din afară. Când ajung la o înălțime pe care o estimez a fi de șaizeci de metri, mă opresc, îmi las rucsacul pe jos, mă așez în genunchi și încep să-mi asamblez pușca L115. Douăzeci de secunde. Mă întind pe burtă și fixez prin lunetă Hall's Oven Bar, unde va trebui să apară din moment în moment Vladimir. De data asta va fi puțin mai greu, din moment ce pe strada din fața restaurantului trec destui oameni, pe jos sau în mașini. Va trebui să am acea zvâcnire supremă de geniu, astfel încât ținta și numai ea să pice, în timp ce alții își văd liniștiți de drum.

Mai am o provocare: deși e devreme, soarele e cam sus pe cer și-mi dă efectul de *flare* în lentilă. Cam atât despre tratamentul chimic împotriva reflexiilor. Voi avea destul de puțin timp, cel mult câteva zeci de secunde, în care să-l dobor. Oamenii trec nepăsători pe stradă, fără să știe că o dramă se va întâmpla chiar în mijlocul lor. Trebuie să reușesc din prima și să evit să ating pe vreunul dintre ei din greșeală, ceea ce m-ar forța să trag un al doilea foc. Pentru orice eventualitate, îmi trec totuși pușca în modul de reîncărcare automată, deși, ca orice lunetist, îl prefer pe cel manual.

Vladimir apare, mașina lui fiind însoțită de încă una, cea a celor care-i asigură paza. Se așază la o masă chiar la geam, cu spatele la stradă. Ce greșeală fatală. Cât e de sigur pe abilitățile Miei și cât de mult mă subapreciază. Decid să trag totuși două cartușe, unul în spate și unul în cap, să fiu mai sigur. Am o fereastră de 28/30 de centimetri în care mă pot mișca, la o adică, în care-mi pot repoziționa arma într-un timp scurt, dacă e nevoie. Din ce văd acum, prin lunetă, n-o să fie nevoie. Sper ca trecătorii să fie de acord cu asta.

Vladimir e la masă cu alte două persoane pe care nu le cunosc, pare mai mult o întâlnire de afaceri decât un simplu mic dejun. Asta înseamnă că stă mai mult. Ceea ce e bine. Îl iau în vizor și aștept momentul propice în care nimeni să nu treacă prin fața mea, prin spatele lui, pe stradă. Nu trebuie să aștept mult și-mi poziționez indexul pe trăgaci. Găsesc the window of opportunity și apăs încet, ținându-mi respirația. Primul glonț pornește și-l izbește în cap, al doilea i se înfige în spate. Îmi retrag arma de la fereastra metalică prin care am tras și aștept câteva zeci de secunde până să mă ridic în genunchi și să o dezasamblez. Sunt tentat să mă uit prin lunetă, să văd agitația, dar n-o fac. *130*, continui să număr în gând și mă ridic. Iau geanta cu arma din zbor și cobor scările fără niciun sunet. Misiune completă.

Și acum care mai e scopul meu în viață? mă întreb, cu un fel de gol în piept și cu puțină îngrijorare că frumoasa Ania ar putea să se răzgîndească în ceea ce mă privește. Poate până la urmă o ascultă pe Oana, care sunt sigur că nu-mi ține partea. Parcurg drumul înapoi, tot pe jos. În jur miroase a tei și magnoliile sunt înflorite, parcă sunt într-o cu totul altă poveste decât cea a vieții mele adevărate. O viață în care măcar o singură femeie din toate cele pe care le-am iubit ar trăi și eu aș avea un job normal. O viață normală alături de cineva care să mă iubească cu adevărat. În care să ne facem vacanțele în cele mai puțin obișnuite și frecventate locuri și în care să plecăm atunci când ne vine și unde ne vine, fără să ne gândim mereu la următorul pas. O viață în care mirosul florilor pe care i le-aș aduce des, foarte des, să umple casa și să ne liniștească sufletele, în care să nu consider că inima este un simplu organ și în care să credem în simbolurile legate de iubire, de oameni, în care să avem prieteni, atât separat cât și comuni, cu care să ne întâlnim și din întâlnirile astea să iasă, uneori, petreceri de pomină. Viața pe care mi-am imaginat-o până să moară ai mei și până să las școala pentru a fugi cu Avramescu – acum aproape că mi se face scârbă, fizic, doar când îi gândesc numele. O viață în care să decid pentru mine, nu pentru alții, cu atât mai puțin pentru existența lor, pentru moartea lor în urma unui ordin, ori a gândului că ar reprezenta o amenințare. Viața aia în care să nu fie nevoie să călătorești ca să fugi, ci doar de plăcere, în care să nu privești mereu peste umăr să te asiguri că ești safe. O viață în care mirosurile să nu-ți amintească decât de fapte bune, în care să nu-ți dorești ca ploile să spele ceea ce tocmai ai făcut, în care eventualele și singurele regrete să se lege de faptul că n-ai făcut copii atunci când erai mai tânăr pentru că ai ales să trăiești din plin. O viață în care să nu studiezi destinațiile viitoare pentru a identifica posibilele rute de scăpare, ci să alegi orașe care merită vizitate. Să faci sute de fotografii și să ai cont de Facebook, ca toată lumea, unde să le postezi ca să te dai mare cu locurile minunate pe unde ai fost. Dar n-a fost să fie, ai ales greșit. Ori poate alegerea acelei vieți ideale ar fi greșită?

Ajung la hotel, intru în cameră, deschid laptopul și încep să scriu ce mi-a trecut prin minte pe drum și încă multe altele, după care le trimit pe serverul meu de la El Aaiún. Mai am... de fapt ce mai am de făcut acum? Acum, când am ajuns un fel de robot, prea bun – există prea bun? – în ceea ce fac, acum când a început să-mi facă plăcere să ucid și...

Zâmbesc aproape malițios. Știu ce am de făcut. O să le îmbin. O să continui să ucid, însă în scopuri mai înalte. Mâine plec la Los Angeles, să zicem. Mă gândesc să elimin, unul câte unul, oamenii din bandele locale și transfrontaliere cu legături puternice cu traficanții din Mexic. O să fac bine făcând rău. Stupid. Story of my life, nu? Perfect. Va fi un fel de perioadă de relaxare-acomodare la normal înainte de-a mă retrage în Maroc. Poate cu Ania. Sper, cu Ania.

Capitolul 12

Până la aeroportul din Dublin nu este mult, mai ales cu mașina închiriată. Am un zbor către Los Angeles cu plecare la 7:10 și sosire la 13:30, cu o oră de așteptat în London Heathrow. Ajung la aeroport mult mai devreme și mă așez la o masă într-o cafenea de la etaj. Măcar acum nu trebuie să mai fiu atât de încordat, căci oficial sunt mort. Cu toate astea, cred că și să rămân mort va fi o problemă dacă nu sunt atent. Hm, Dublin... Și atunci am ceea ce s-ar putea numi un flashback, deși este un fel de combinație între asta și o amintire clară.

Era aplecată peste balustrada navei – „The Dawn" – iar părul îi stătea în coadă pe umărul stâng, deși vântul se zbătea să-l arunce pe valurile sale. Ochii ei verde-smarald luceau în albastrul apei din Dublin Bay, fixând, nostalgic, coșurile de evacuare ale Kraftwerk Poolbeg. Fugea, ca și alte dăți, de o intensitate pe care o și doreai, o și înțelegeai, dar despre care nu credea că poate exista; și-a dorit-o sperând, cumva, că nu poate fi altfel decât în vis. Urma să lipsească două săptămâni – voia, mi-a zis, să meargă la vechiul acasă din țara în care s-a născut.

*

Când mi-am dezlipit buzele de glezna ei și am scuipat ultima picătură de sânge – am și înghițit, a doua oară, știa și ea că îmi creez provocări – a deschis ochii, iar mâna ei mi-a atins obrazul drept,

JURNAL DE MERCENAR

întrebătoare. Soarele se cufundă în Atlantic după ce se loveşte de stâncile de la Gweedore, roşu de ciudă că noi, nepierduți unul de altul, nu-l urmăm în călătoria spre „mâine"; „mâine" era deja aici, iar degetele ei îmi mângâiau părul încins de ziua ce începuse să doarmă şi mi-a şoptit, reproş-mulțumire, „de ce ai făcut asta, dragul meu?". În Donegal nu trebuia să existe şerpi şi uite că, totuşi, cea mai norocoasă viperă din lume a întâlnit cea mai norocoasă femeie din Irlanda, iar ea era să piardă confruntarea.

*

La doar zece kilometri de ea, îmi făceam planuri de „noi", pe când berea neagră, nefiltrată, mai mult îmi lua răsuflarea decât să mă răcorească, în aşteptarea zborului de 14:45 spre Bucureşti. Shimbare de planuri, inițial voiam să plec la Oslo, cu o cursă de ora 13. Telefonul mi-a sunat „Once în a million years", şi am răspuns înainte de a vedea apelantul.

-Hei...
-Hei, ție! Ce vezi?
-Marea. Ştii, mă gândeam...
-Eu, cerul. Visăm împreună?
-Uf, mereu îmi faci asta. Voiam să-ți spun că iau un Eurostar din Londra şi vreo două ore nu ne putem auzi.
-Nu se termină timpul. Haide, visăm? Precum eu în cer aşa şi tu pe... mare?
-Visăm. Demult, ştii?
-Da. Să-ți pui în păr o floare galbenă. Trebuie să fug, vorbim.

*

Cerul se făcea mic sub mine și un nor arăta, ca un deget umflat, spre est, acolo unde mergeam și eu. În cealaltă parte a universului nostru, lumina albă se reflecta în geamuri, iar tapiseria roșie a scaunelor îi reflecta, în minte, amintirea cearceafurilor de la hotelul Ashling – știu de ce l-am ales, da, încă o aveam în minte pe Aisling-Eva; ea nu a știut și a fost mai bine așa.

„Mai știi bluza albă pe care o aveai pe The Queens Walk? Poart-o, îmi placi așa, copilă."

A fost atât de uimită de rugămintea mea, încât inițial a vrut să-mi facă în ciudă și să apară colorată, dar până la urmă, singura culoare aleasă a fost roșul cerceilor-lacrimă. Mi-a întins mâna a „hai să-ți arăt împrejurimile", însă tremurul ei îmi spunea „mi-a fost teamă că n-o să apari niciodată".

-Ai mâncat?
-Am deja desertul în mână, ți-am zis, zâmbind – și o să-l devorez cu prima ocazie. Nu știam că tu, cea „dură", pe cât de caldă pe atât de eficientă, roșești.
-Hai, mergi cu mine – și am plecat amândoi spre parcul Phoenix, chicotind. Tu, încă întrebătoare, mergeai puțin smucit, nesigură, calmul meu a „știu ce urmează" nedumerindu-te și mai tare.

Ne-am întins pe iarba din parc, inimile bătându-ne „ai venit – da, sunt aici" și uitând de noi câteva minute, pe când zgomotul orașului începea să se estompeze la lăsarea nopții.

-Unde mergem?
-Vorba aia... la tine sau la mine. M-am cazat la Best Western, aici, aproape. Nu am spus Ashling, intenționat, evitând trecutul.
-Vino!

S-a ridicat brusc și a început să alerge în jurul meu, „dacă mă prinzi, ia-mă-n brațe", apoi a luat-o la fugă spre hotel, peste bănci, printre oameni, cred că și printre nori. Am urmat-o vânătorește, uneori atingând-o în treacăt, fără să vreau să o prind, crescând tensiunea; așteptarea atingerii semi-promise în vise sparte peste cerul Europei de Vest se prelungea într-un joc de copii pe cât de fericiți pe atât de întrebători – „De ce eu?" și „De ce sunt aici?" – în mintea fiecăruia.

Am reușit să o prind abia pe podul Sean Heuston, mâna ei moale mi-a cuprins mijlocul pe când cealaltă mi s-a așezat pe buze în „orice ar fi, să nu spui". Ne-am îndreptat râzând spre hotel, unde recepționerul m-a salutat aproape militărește, întinzându-mi cheia – ea a făcut ochii mari, iar eu l-am înjurat în gând pentru că se vedea că mă recunoaște și i-am șoptit, în trecere, „at ease!". Am urcat spre cameră tot în fugă, râzând și hârjonindu-ne. Ușa are cheie, nu cartelă magnetică – așa am cerut. Înăuntru, întuneric beznă. Întind mâna spre întrerupător, o privesc ghiduș.

-S-o aprind?
-Aprinde-mă – și mâna ei mi s-a înfipt în păr, iar

buzele-i au început să se joace cu ale mele doar așa, a promisiune.

*

-În cincisprezece minute aterizăm. Vă pot ajuta cu ceva?

Fir-ar, visasem. Bine este că am visat trecutul, nu o dorință. Aproape cinci ore am dormit și nici nu am simțit mișcările din jurul meu – relaxat, lasă viața aia în spate. Până acasă mai aveam două ore și ceva, să fie pe șosea, să fie prin aer? Am sunat. La celălat capăt mi-a răspuns o voce alertată. Era și cazul, rar mai apelam la trucuri de-astea și numai cu cei care îmi fuseseră alături până acum.

-Spune!
-Salut! Tocmai am ajuns din Dublin. Îmi dai transport până acasă?
-Se face. Trimit un elicopter SMURD, să nu bată la ochi. Întâmplător au un caz acolo, te pot lua și pe tine.
-Aștept. Ținem legătura.

Elicopterul m-a preluat de la un kilometru de aeroport, în douăzeci de minute am fost acasă. Ciudat, tot echipajul era format din ai noștri – foști ai mei –, trebuia să fie ceva important „cazul" ăla. Nu credeam că Ovidiu ar fi putut ajunge la Intervenție...

*

Alte mii de kilometri. Mâine, câteva zeci, iar ea nu știa că voi fi acolo. În sinea ei, mereu a știut că ceva, cu mine, nu era tocmai așa cum i-am spus, că mereu am ascuns, m-am ascuns, dar niciodată nu a știut că, cel mai mult, fac asta pentru protecția ei și a celor din jurul meu – cei care nu au avut legătură cu, aș spune, viața mea... anterioară.

Acasă mă așteaptă, ca de obicei, doar armele bine lustruite – cele pe care le-am păstrat și încă una pe care o aveam „oficial", computerele – măcar ca acoperire – și o pisică ce stătea mai mult pe la o vecină care știa despre mine mai tot, fost operativ, și ea. În mod normal, nu dorm mai mult de cinci ore pe zi, așa că „acasă" are pentru mine același sens cu „refugiu de vreme rea", căci „acasă" e oriunde stau mai mult de o zi – ceea ce nu se prea întâmplă. Dar în ziua următoare, printre gândurile la trecut și apărările de prezent urma să fie ea, cea care mi s-a încurcat între vise și mi-a dăruit fericirea în clipele pe care le știam uitate înainte de viața ascunsă între replici false. Mâine...

Sunetul telefonului mă trezește, crunt, din vis.

-În șase ore să fii la Ankara!
-Cred că renunțasem la înțelegerea aia.
-Vrei să rămână în viață? Te aștept!

Deci în ziua următoare... urma să fiu în altă parte. Siguranța Evei era mai importantă. Am urcat în mașina închiriată, mereu la dispoziția mea și am plecat spre București, lăsând în urmă planurile pentru mâinele din nou neîmplinit. Să trăiești frumos, D!...

*

Nu știu de ce flash-ul ăsta a fost despre Diane și Eva, până la urmă cu ele m-am întâlnit, cu fiecare, de cel mult câteva ori, pe la începutul „carierei" mele în branșă. Sunt irelevante. Nu știu acum despre ele mai mult decât știam pe atunci, adică aproape nimic. Cred că am fost prizonier în amintire sau ce-o fi fost, mai bine de o oră, căci simt o bătaie ușoară pe umărul drept și o voce caldă îmi spune:

-Scuzați-mă, cred că tocmai au anunțat îmbarcarea pentru zborul dumneavoastră. Mă uit înapoi și văd o minionă roșcată și puțin speriată de propria îndrăzneală, foindu-se pe scaun.
-Oh, da, mulțumesc, eram pierdut... Dar cum...
-Am văzut întâmplător biletul pe masă, răspunde roșcata la întrebarea pe care nu am mai avut timp să o pun. Nu stau să mă întreb mai multe, sunt oricum în tranzit și, dacă ar fi agent ar trebui să se ia după mine, ceea ce nu face când mă îndrept spre locul de îmbarcare.

Până la Heathrow nici nu-mi dau seama de zbor, abia de aici urmează partea lungă a călătoriei și, neavând ce face, probabil voi dormi sau voi scrie în jurnal. Îmi voi permite să dorm de acum încolo, după ce scanez rapid interiorul, până la urmă deja chiar nu mai exist. Avionul se desprinde parcă dificil de sol, rulajul a fost cam lung, dar ce știu eu până la urmă?

La fel, până ajunge la altitudinea de croazieră, îi ia ceva timp, iar asta îmi explic prin faptul că, plecând din Londra către vest, nu are unde întâlni formațiuni muntoase.

De acum sunt pe cont propriu, chiar dacă am antene și tentacule întinse peste tot prin lume, oameni pe care i-am cunoscut și i-am folosit în timpul în care am fost activ DSC, dar și imediat după, și cu care am legat prietenii dincolo de job. Resurse am, doar nu am stat degeaba în toți anii trecuți, mereu am strecurat ceva bani în misiuni și în conturile mele. Cu armele am rămas și, dacă am nevoie de altele, mă pot folosi de contactele mele. Ei nu știu cum să dea de mine, așa e și normal, doar eu îi contactez când am nevoie, cred că singurul om din lume care ar putea să mă găsească este Oana, cea care mi-a și dat libertatea, dar nu și liniștea. Probabil și Ania ar putea să mă găsească, dar asta îmi convine, deși încă nu știu prea multe despre ea, de fapt, la naiba, nu știu mai nimic încă, trebuie să îmi întind antenele și să mă documentez. Doar nu m-aș putea retrage undeva, departe, cu cineva despre care nu știu mai nimic, deși tentația e mare, să o cunosc pe parcurs, ca și cum am fi doi oameni normali într-o lume normală și cu o viață la fel. Doar că noi nu am fost așa ceva și nu suntem. Nu e cazul să mă gândesc la asta acum, voi avea tot timpul când voi considera cu adevărat necesar, așa că mă las să adorm, nu înainte de a-mi pune alarma de la telefon să sune la ora estimată a aterizării. Înainte să închid ochii și să pic într-o stare de bine și de calm, stare autoindusă, observ că nu am semnal la telefon și asta îmi pare ciudat, căci suntem la altitudinea de croazieră. Poate doar dacă cineva din avion are un jammer...

Alarma telefonului sună și mă trezesc deja într-un avion parțial gol, îmi pare ciudat că înaintea aterizării nu am fost trezit de o însoțitoare de bord. LAX îmi pare la fel de impresionant de fiecare dată când ajung aici, mai mult prin proporții decât prin interioare. Prin vamă trec ca prin brânză, lucru ciudat în SUA, chiar dacă pașaportul meu a fost privit puțin cam lung și un moment am crezut că domnul Watson, eu, va avea probleme. Până la hotelul ales de mine fac puțin mai mult de patruzeci de minute cu mașina închiriată de la aeroport, căreia nu am uitat să-i dezactivez localizarea GPS înainte de a porni. Deh, traficul din LA... De data asta am ales o cameră mai sus decât de obicei, mă preocupă mai puțin propria siguranță decât până acum. Asta, într-un fel, căci chestiile repetate în atâția ani mi-au devenit reflex, dar văd că pot trece peste ele destul de ușor. Camera se află, așadar, de data asta, la etajul al șaptelea și nu este una spartană, ci, din contră, una în care un pretențios s-ar putea lăfăi câteva zile, să spun așa. Avantajul e că îmi oferă o perspectivă bună asupra locului unde se întâlnesc cei din banda ATB, principalul concurent al Mara Muerte în Los Angeles și al cărui cap am de gând să îl tai. Vreau să mă ocup de oamenii de care nu se atinge nimeni ori pentru că sunt prea sus, prea influenți sau de cei neinteresanți suficient pentru a fi măcar prinși, vreau asta în aceeași măsură în care vreau să mă retrag sau poate mai mult, din moment ce mă aflu acum aici.

Mă las aproape să cad pe canapea și gândurile încep să-mi fugă, cel mai mult către viața pe care mi-o imaginasem mai devreme. De fapt, cel mai mult mă întreb cum ar fi fost dacă Lea ar trăi și dacă eu și Lea, cea pe care o cunoscusem de când era în liceu, nu agentul, am fi fost împreună. Dacă aș fi ajutat la, să spun așa, creșterea ei emoțională, așa cum am făcut-o, de fapt, și dacă nu s-ar fi îndepărtat de mine apoi, ci am fi început o relație. Până la urmă, legătura noastră a fost ilogică. M-a refuzat atât timp, pentru ca apoi să-mi fie totuși iubită și să avem o poveste de dragoste consumată pe repede înainte prin orașe ciudate și camere de hotel, aiurea, pe unde apucam. Cum ar fi fost dacă am fi fost un cuplu obișnuit, eventual care să încerce o viață împreună. Doar că nu a fost așa. Asta nu poate fi schimbat, nu ar mai fi putut să fie schimbat din momentul când ea a plecat la București și a fost recrutată de noi, însă fără ca eu să știu. Până la urmă mă gândesc, cred, la cum ar fi fost viața mea dacă nu mă recruta nenorocitul de Avramescu. Da, acum – și de ceva timp – îl urăsc și-mi pot lăsa liberă ura pentru că el e mort. O ură care nu mă consumă ci, culmea, mă stimulează. Ar fi fost searbădă? Ar fi fost atât de comună încât m-aș fi plictisit de ea? Aș fi avut succes în cine știe ce domeniu dacă nu mă lăsam de școală pentru a deveni o mașină de ucis, de stors informații, de aflat informații, de făcut analize și predicții tactice? Aș fi devenit un nimeni sau un cunoscut, o celebritate? Mi-ar fi urlat sufletul după a încerca ceva nou de fiecare dată sau aș fi fost plat, mulțumit de mine, resemnat chiar? Ca majoritatea celor pe lângă care trec zilnic. De mâine – de azi, văd că a trecut de ora zero – chiar cred că fac bine făcând, până la urmă, rău? The greater good, cum spun unii? Chiar cred în asta sau sunt totuși doar unul, întâmplător operativ, care a ieșit de pe linie, de pe drumul normal, orice ar însemna normal în situația dată, și care își satisface noua plăcere, aceea de a ucide, pe care, culmea, nu a avut-o în toți anii în care amă făcut asta cu un scop sau la un ordin „justificat"? Ania o să mă iubească pe cât de mult și de pervers mental m-a iubit Lea? Eu o voi iubi sau vom fi numai doi... refugiați din calea gloanțelor altora, de fapt? Cum va fi la El Aaiún? Se va, îl vom transforma vreodată în „acasă"? Cu gândurile astea mă târăsc, aproape, până la patul pe care cad de parcă aș fi alergat la maraton și adorm, hotărât, dar și nedumerit, ca de a doua zi, nu, de azi, nu, de a doua, e corect, uf, nu mai știu, să fac treaba pe care am hotărât-o oarecum în pripă.

Stau la Residence Inn, un hotel cu destule etaje, iar rezervarea este pentru două săptămâni, am reușit să „prind" o cameră-apartament la ultimul etaj. Hotelul este pe 901 West Olympic, chiar în centru. Convenabil: și în centru, și înconjurat de – în una dintre părți – tot felul de străduțe unde se adună membri ai bandelor pentru „una-alta". Locul perfect să-mi măresc lista de „confirmed kills". Mai mult, nu departe de el – oricum nu departe pentru arma mea – trece și o autostradă; locul perfect. Înainte să adorm, trag totuși două mese de lemn una lângă altă, lângă fereastră, și fac din ele un „pat" numai bun pe care să-mi fixez „iubita" L115. O așez în așa fel încât să dea spre colțul sud-estic, unde văd niște garaje și case nu tocmai în regulă – sau așa-mi par mie. Constat, privind prin lunetă, că acolo e activitate intensă de stradă, mai ales acum, seara. Deși va fi încă o provocare maximă, căci la o adică va trebui să trag printre alte două clădiri, una în stânga și una în dreapta, cu o deschidere de maxim opt centimetri, deci nu voi putea avea deviație mai mare de 6 milimetri la sosire. Văd că acolo e un fel de „cartier general", de no war zone pentru bande, unde fiecare își face treaba, care cu trafic de droguri, care cu „fetițe", și chiar în garajul fără uși pe care îl pot vedea de aici se mai strâng din când în când câte cinci-șase, la un moment dat l-am văzut și pe Benito Suarez, unul dintre cei mai importanți din banda numită – nu știu după ce – ATB, care are legături puternice tocmai cu cei din Los Zetas, cei de care am scăpat în Mexic. Până acolo sunt cam 1800 de metri, dar alung asta imediat din minte, recordul meu este de 2454 de metri, în Afganistan. Oricum, nu e timpul să mă gândesc la așa ceva acum, mai mult m-ar putea îngrijora deschiderea minimă dintre cele două clădiri; dar, nu acum.

A doua zi mă plimb cât pot de mult, fără țintă, trecând și pe străduțele care înconjoară hotelul și pe cele unde își desfășoară activitatea cei din bande. Recunoaștere și nu numai. Oricum trebuie să aștept seara pentru ca cei importanți să se adune acolo.

Este deja ora 19 și soarele începe să coboare, lin, spre Pacific. Îmi iau lângă mine un baton energizant – n-am mai mâncat așa ceva de când am fost cu Mia în Afganistan – și o sticlă cu apă și mă întind peste cele două mese, va trebui pur și simplu să aștept; sper să vină Benito și în seara asta la ai lui. Voi aștepta probabil câteva ore, dacă nu cumva are vreun moment fix, un „ritual", ca atunci când se întunecă să treacă pe acolo. Privesc prin lunetă și din nou mă sâcâie colțurile celor două clădiri printre care va trebui să trag, nu am cum să aleg altă poziție, iar pe ele să le mișc, cu atât mai puțin. Aștept aproape o oră, mi se face sete și îmi pierd puțin concentrarea când văd două mașini trecând în viteză pe acolo – aham, deci fac și curse ilegale, și asta în mijlocul orașului – iau o gură din sticla pregătită mai devreme, în care am pus și un strop de whiskey și revin la poziția inițială. Scaunele sunt încă goale, cei de acolo se tot învârt, ba apar, ba dispar din peisaj până ce, la un moment dat, trei se așază pe scaune în acel garaj și încep să joace cărți. Pe bani, așa cum mă așteptam. Cum ar fi să-i elimin pe toți? Nu, n-aș putea, ar trebui să schimb poziția armei cel puțin de două ori, după care să o pun la loc așa cum este acum. Peste încă vreo patruzeci și cinci de minute apare Suarez, cei trei se ridică pe rând de la masă și dau mâna cu el, unul chiar îl îmbrățișează – vreo rudă?, la ăștia multe merg în familie. Într-un final, se așază toți și Benito scoate și el un teanc de bani, joacă și el cu ceilalți. Opt centimentri, pe jos nici măcar nu e o alee între cele două clădiri, ci doar un gard simbolic din plasă de sârmă, opt centrimetri îmi tot zgârie mintea. Suarez e în țintă, însă aproape cu spatele la mine, ca Vladimir în Dublin. Cu atât mai bine, suprafața de impact e mai mare. Îmi permit să mai iau o gură de apă, moment în care cotul drept îmi alunecă pe masa din lemn lucios și indexul apasă pe trăgaci fără ca eu să mă fi uitat deja prin lunetă. Pot doar să sper că a fost bine încadrat; mă uit acum, văd pe acolo agitație mare și pe unul încercând să-i facă – haha – manevre de resuscitare; „e terminat", gândesc, și mă retrag de la fereastră, lăsând arma acolo; pe ăsta n-o să-l ducă nimeni la vreun spital, ei nu fac așa ceva. Intru direct la duș după ce mă dezbrac, în timp ce merg către celălalt capăt al camerei – de fapt nici nu prea am ce da jos de pe mine, doar pantalonii în care mă cam împiedic și tricoul pe care-l arunc pe un fotoliu. De data asta, dau drumul numai la apa caldă care devine fierbinte, încep să respir repede, prea repede, așa că dau puțin și la rece, termin de spălat și ies din baie parcă așteptându-mă ca ceva rău să se întâmple. Nu observ nimic în cameră, nici nu ar trebui să fie nimic – sau nimeni – în cameră, în afara mea. Seara asta e terminată, nici nu cred că va mai „apărea" altceva, chef să ies pe străzile orașului nu am, așa că mă așez pe pat – un pat mare și, constat abia acum, destul de moale; adorm aproape imediat și cumva ușurat că l-am terminat pe ăla.

Dimineața vine parcă prea repede sau am început să fiu eu mai delăsător; probabil am mai visat ceva despre care nu știu, căci cearceaful nu mai este sub mine, clar am avut un somn agitat. Ziua de astăzi nu e umplută de nimic, așa că-mi permit să nu gândesc, de fapt, poate puțin la Ania și la o eventuală întâlnire cu ea, de fapt una care chiar trebuie să aibă loc pentru a mă lămuri ce și dacă este între noi. Caut online zboruri către țară și nu găsesc nimic direct, așa că îmi rezerv un loc la unul care mă duce în Paris și de acolo la altul spre București. Doar acasă mă pot întâlni cu Ania, fără riscuri pentru amândoi.

Până la urmă mă decid asupra unui zbor cu British Airlines care, oricum, ajunge pe London Heathrow, unde am de așteptat o oră și ceva înainte de a pleca spre Paris. Mai toate zborurile sunt, din câte văd, cu escală. Cu atât mai bine, dacă am mai multe puncte de tranzit îmi pot pierde urma mai ușor. Acum, de fapt în ultima vreme, mă interesează mai puțin să am parte de rute exacte, de locuri în care să mă simt în siguranță ori asemenea aiureli care mi-au invadat și mi-au condus viața de până acum. Așa că mă hotărăsc să plec de aici cu prima cursă pe care o găsesc, mai bine zis cu prima pe care o văd. Traseu – Los Angeles, Londra, Paris, București. De cursa pe ultimul segment nici nu mă uit, găsesc eu ceva și direct acolo, la fața locului cum, enervant, spun reporterii peste tot. Și-mi propun să nu mai fiu încordat pe tot parcursul ăsta ales aproape la întâmplare, ci să mă relaxez, să dorm, să încerc să nu gândesc la ceva anume, cu atât mai puțin la „ce-ar fi dacă"-uri cu Ania sau fără ea. Aș putea la fel de bine să rămân acasă, de unul singur, și să renunț la planurile de retragere în Maroc pe care, totuși, le-am pregătit minuțios de câțiva ani încoace. Dar nu, mă voi duce acolo, e mai sigur sau cel puțin așa cred. Drumul până la aeroport durează cam la fel ca la venire, cu puțin peste patruzeci de minute, și nu uit să reactivez senzorii GPS ai mașinii înainte de a o preda la firma de închirieri auto de unde am luat-o. Sunt privit cu oarece interes amestecat cu atitudinea „nu pricep" de către doamna de dincolo de tejghea, ca și cum s-ar fi așteptat ca mașina să nu mai apară odată ce le-a dispărut de pe radar. Nu am mult până la plecarea cu avionul și merg direct la poarta de îmbarcare, hotărât să dorm cea mai mare parte a timpului în care voi fi în aer. Ceva mă îndeamnă, totuși, să aflu mai multe despre Ania, așa că trimit un scurt mesaj text unui contact care se ocupă cu găsirea oamenilor și a informațiilor despre ei: Ania Yanukovic, urmat de adresa din București și semnătura, să spun așa, de recunoaștere. Un fel de parolă, căci folosesc des telefoane de care scap rapid pentru a nu fi detectat și urmărit. Am totuși și unul căruia aș putea să-i spun permanent, un Nokia 9500 Communicator care are de toate, mai puțin GPS, așa că nu poate fi localizat, deși știu că uneori aceasta se poate face și prin verificarea conectării la rețea, tot ce ai nevoie este numărul de telefon sau numărul IMEI, al echipamentului mobil. Pe care îl schimb des, știu cum să o fac și o fac, ce mare lucru. Nu reușesc să adorm în avionul acesta, așa că profit de tot ce se poate, reviste, aleg un film siropos pe care îl vizionez cu întreruperi pentru că mă duce mereu cu gândul la fostele mele dorințe de retragere împreună cu Mia, cafea, pe care o testez de nicotină, măcar de asta, că nu sunt totuși laborator ambulant, whiskey, însă puțin, mai mult de gust și ca un moft, din nou reviste pe care, deși subiectele nu mă interesează, le citesc de la cap la coadă doar ca să-mi țin mintea ocupată. Și așa, deși chinuitor, îmi petrec cele paisprezece ore ale zborului către Londra. Culmea, în celelalte două curse, Londra-Paris și Paris-București – am căutat și am găsit un low cost pe ultima parte a drumului – reușesc să dorm și sunt trezit de anunțul de aterizare, puneți-vă centura, bla bla. Totuși, în ultima parte, am prins o oră imediat după decolare, în care am scris în jurnal. Nu despre cineva anume, nu despre o întâmplare reală, cuvintele doar au curs și parcă m-am simțit mai bine după ce am făcut asta.

*

-Nu vom ști niciodată – mi-a spus, atingându-mi mâna a regret. Plângea, dar nu m-a lăsat să văd; am simțit pentru că eram, de mult, în mintea și în sufletul ei; ne eram. Prima lacrimă atârna de rama ochelarilor de soare și, în fereastra-oglindă a catedralei, părea diamant neșlefuit, de Diavik. Pantofi roșii. Primul pas de plecare a tunat pe marmura Breccia, așa cum pulsul îmi spunea că de mult „o dată noi". „Nu o lăsa", mi-a răsunat continuarea. „Dă-i libertatea alegerii", mi-a spus încrederea. Îi urmăream sulițele aur-grâu ce-i mângâiau umerii goi la care visasem – la care mă făcuse să visez, prin zăpezi, prin revolte, prin ape azurii de Mediterană, prin camere și clipe furate din vis.

...

Vântul sufla tăios, așa că nu am putut decât să ne strângem unul în altul, cât mai „detașat" cu putință; când am putut noi să fim detașați?

-Un sărut nu e nici promisiune, nici contract. Nu te-a făcut a lui, așa cum tu nu l-ai prins mai mult decât în acel moment. Ai învățat asta, forțat, prin mine, dar fără mine. Te așteptai să te alung, te-am primit cu brațele deschise mai larg.
 -De ce nu mă alungi?
 -Mai știi cum visam?

-Ştiu că am jucat, dar m-am jucat, şi pe tine la fel, dar...

-Taci. O dată în viaţa asta simte şi fă ce simţi! Păstrează-mă aşa cum m-ai închipuit. Nu sunt altfel. Ai crescut, copilă. I-am luat mâna dreaptă în ale mele – una dedesubt, una mângâindu-i antebraţul, modelând; capul i-a ajuns pe umărul meu.

-De ce te opreşti? Ştiu că vrei, acum ce te mai reţine?

-Refuz să te sărut ca să şterg, nu sunt vindecare, sunt împlinire. Îţi doreşti? Fă-o tu.

-Păi, ştii...

-Când nu am ştiut?

Dorinţele mele împlinite de ea cu altul, încă mă ardeau. I-am spus atunci că totul e bine – şi a fost; îi părea ciudat, era confuză că eu, cel care o sorbea prin linii curgând de la unul la altul şi între noi, prin zvonurile gândurilor şi prin cuvintele spuse cu îngrijorare faţă de reacţia celuilalt, am avut atitudinea de acceptare, chiar de încurajare. I-am spus „hai la nani, împreună, ca demult" – împreună separat, în dorinţe, niciodată în realitate.

-Hai la plimbare, va trebui să înţelegi. Mâna ei, încă ezitantă, mi-a cuprins două degete, iar ochii i-au coborât spre genunchii de o rotunjime neobişnuit de perfectă.

-Aş fi vrut să fie altfel, ştii?

-Nu pot şti, m-ai alungat; sau, m-ai păstrat fără a mi te da.

-Da. Pentru că m-ai salvat. Şi tu ai făcut asta pentru mine.

-Nu știu asta.

-Știu că nu știi. Credeai că te-am luat sub aripă, că numai eu te ajut? – zâmbetul de care mi-era dor a început să înflorească sub părul ce-i acoperea fața, ascunzându-i trăirile de ochii neformați; eu știam că în acel moment era fericită. De atingere, de comunicarea-simbioză pe care o trăiam ca în dorințele neîmplinite și în scrisorile netrimise.

-Ai trăit vreodată o iubire aproape... religioasă?

-Am trăit vreodată o iubire? Pieptul i s-a ridicat și i s-a lăsat într-un oftat prelung, aproape înăbușind plânsul. Ochii ei verzi mă priveau „te rog, spune-mi că da, spune-mi că ce am trăit cu el, cu alții, nu a fost doar în minte, nu-mi frânge realitatea mea".

-Realitatea ta e singura valabilă.

-Fir-ai tu! Nu mai vorbi ca pentru public!

-Shhh, de ce te revolți, ființică? Hai, du-mă, învață-mă!

-Eu pe tine? Păi...

-Da. E timpul pentru reflux. Și trebuie să-ți spun. Mâinile mele i-au cuprins obrajii ce încep să ardă de teama a ce urmează să audă – „să nu mă rănești".

-Să rămâi om frumos. Să te faci o femeie superbă. Să ajungi om – punct. Să mergi pe drumul făcut de tine și atât – cu fiecare cuvânt mâinile i se strângeau una în alta, iar ochii îi trădau teama și nedumerirea, așa că i-a acoperit cu ochelarii. Să... împarți fericirea cu ambele mâini, așa cum o faci acum.

-Hei, sună a despărțire. Știu că nu e, dar sentimentul e... uf!

-Nu am spus niciodată că va fi ușor.

Fără să-mi dau seama, ajunsesem în catedrală.

Singurii calzi eram noi, o fată îngenuncheată plângea rugându-se, într-un colț. În rest, pustiu.

...
-Nu vom ști niciodată...
...

Ajungând la o distanță "sigură", a făcut, încet, o piruetă, iar mâinile și le-a dus la piept într-un "te iubesc" nerostit și neacceptat. "Rămân al tău", i-am transmis, fără a fi sigur că o mai văd altă dată.

*

Drumul de la Otopeni până la apartamentul din Drumul Taberei l-am făcut cu un taxi și a durat aproape două ore, timp în care i-am înjurat în gând, mult și cu obidă, pe guvernanții țării ăsteia care ar fi putut fi mult mai sus în alte condiții. Odată ajuns acasă, mi-am lăsat totul aproape la voia întâmplării prin sufragerie și m-am băgat la un duș prelung și fierbinte care mai mult m-a înmuiat decât să mă pună pe picioare. Apoi m-am aruncat în pat, și am adormit imediat, fără să visez. Nu știu cât am dormit, ci numai că am avut un gând fugar la Ania înainte de a mă cufunda în somn.

Mă trezesc paralizat de teamă, deși nu am mai cunoscut senzația asta de foarte mult timp. De capul meu este lipit un pistol, ceva de calibru mare și puțin cam prea apăsat îmcât să mă sperie într-adevăr. Dacă ar fi vrut să mă omoare, nu m-ar fi trezit așa, ci ar fi făcut-o în somn.

-Bună din nou, Ania! Iar faci de-astea? spun fără să mă mișc. Jucăria aia din mâna ta e goală.

-Încă nu ți-ai pierdut vigilența, răspunde și ia pistolul de pe capul meu. Cum a fost drumul?

-Care dintre ele? o întreb, răsturnându-mă pe o parte. Văd că stă pe un taburet tras lângă patul meu și are părul ud încă, mda, fata asta și-a făcut casă și din apartamentul meu, se pare.

-Evident că ultimul, dragoste, spune venind lângă mine și pisicindu-se, în timp ce se strecoară în pat și se lipește de mine. Eu am rămas gol după duș și halatul ei de mătase nu e o barieră suficientă ca să nu o simt ca și cum ar fi și ea goală. Dragoste? Ce-o fi apucat-o? Mă rog...

-Știi ce, Ania, haide să vorbim după...

Nu apuc să termin fraza că îi simt buzele pe ale mele, limba despărțindu-mi-le invadator și sânii, acum liberi de halat, strivindu-se de pieptul meu. Asta doar ca teasing, căci imediat după, se retrage.

-Nu schimba subiectul, spune coborând din pat. Aduc niște cafea, îmi aruncă în timp ce iese din dormitor și aud sunete de veselă prin bucătărie. Revine imediat în cameră cu două căni de cafea aburindă și se așază pe taburet.

-Ah, de-astea îmi faci, a? întreb îmbufnat. Bine, a fost obositor, atât. Știi, girl, mă intrigă că nu am găsit niciun fel de informații despre tine. Parcă nu exiști. Contactul meu îmi trimisese un mesaj înapoi, care conținea numai numele ei, care, spre surpriza mea, este real, combinație între rusoaică și sârboaică, Yanuković nu e, clar, nume ucrainean sau rusesc, anul recrutării în FSB și faptul că acum este inactivă. Nimic altceva.

-Poate nici nu exist și sunt doar în imaginația ta și în dorințele tale. Va trebui să mă cunoști, nu să aduni date. Nici măcar Oana nu știe prea multe deși, știi prea bine, ea cunoaște tot. De obicei. Nu acum. Iar mie îmi convine așa.

-Într-un fel, și mie. E ca și cum am luat-o amândoi de la capăt. Știi, kid, sunt unele lucruri pentru care ai vărsat atâtea lacrimi, încât pur și simplu nu mai ai. Lacrimi nu mai ai. Te invadează ceva ca o durere surdă, dar atât de cunoscută. Ai învățat-o și te-a învățat. Îi cunoști etapele, cotloanele, desfășurarea. Și ea te cunoaște. Te învăluie, te știe. Deja cunosti mecanismele. Vezi. Și înainte, și pe parcurs, și după. Deja îi știu și chinurile, și etapele. Nu mai pot să plâng, deși mă doare, încă, de fiecare dată. Și nu aș spune că mă doare mai puțin. Mă doare altfel. Să te faci una cu durerea. Să intre în tine și să intri în ea. I le cunosc pe de rost, momentele. Introducerea, cuprinsul, deznodământul. Cunosc premisele, simt cum vine, știu ce se întamplă în acel timp, știu și cum e a doua zi. Știu și zâmbetele reținute de a doua zi. Și glumele de după... Cunosc tristețile. Am făcut cunoștința cu ele... Acum sper să cunosc altceva. Să cunoaștem. Dacă vii cu mine peste un timp. Să plecăm de tot și departe. Mai ai timp să te gândești, căci mai am lucruri pe care trebuie să le fac.

-Uf, lasă astea, îmi spune, având chipul deodată trist după cele spuse de mine. Se strecoară înapoi în pat, de data asta lăsând halatul să-i alunece de pe trup și se lipește de mine așa, goală. Vreau doar să mă ții în brațe, de data asta, îmi spune, ceea ce mă miră, dar mă simt și ușurat. Numai de sex nu am chef și stare. Afară începe să se întunece și eu nu m-am recuperat după oboseala acumulată pe drum. Nu peste mult timp adormim, aproape amândoi în același timp.

Dimineață mă trezesc înaintea ei și mă pregătesc de plecare, eu nu pot sta prea mult în aceleași locuri, chiar dacă locul e acasă, de fapt un acasă temporar și de refugiu. Mă îmbrac în grabă și, înainte de a pleca, o mai privesc o dată cum încă doarme, frumoasă și relaxată cum nu am văzut-o niciodată până acum. Sper să o mai simt și să o mai văd așa. Mă îndrept spre ușă și ies, lăsând în urmă o adiere de tristețe, o las acolo și trec în modul misiune. Autoimpusă și decisă de mine. Vigilante. Asta o să fiu de acum încolo, până decid să mă retrag de tot la El Aaiún.

Capitolul 13

Ies din bloc și o iau spre strada Valea Argeșului. Doar puțin. Nu știu de ce o fac. Tocmai am lăsat-o dormind pe cea mai frumoasă femeie pe care am văzut-o vreodată. Goală și cumva inocentă, așa, în somn deși numai inocență nu a fost în viața ei, la fel de tumultoasă ca a mea. Aș fi vrut să o trezesc, însă ceva nu m-a lăsat, am preferat, așadar, să o admir în timpul cât m-am îmbrăcat și m-am pregătit de plecare. De data asta într-o misiune autoimpusă, de curățare a răului. Sper că, împreună cu ea, voi reuși să devin uman și să o iau de la capăt în alt colț de lume. Să avem o viață obișnuită. Ar cam fi timpul și cazul, mai ales acum că amândoi suntem off grid. Am încetat să existăm, oficial.

Am decis să merg cât mai mult pe jos spre centru apoi spre aeroport așa că pașii mă duc pe Drumul Taberei și intru în parcul Moghioroș. Mi-am permis chiar să-mi afund în urechi căștile unui mp3 player, iar acum se revarsă din el „Englishman in New York" a lui Sting. „Be yourself no matter what they say", aud iar melodia, versurile și parcul îmi aduc aminte de Andreea. Bucureștiul era plin de ea, de noi. Am traversat parcul ăsta împreună de zeci de ori. Am fost în fiecare colț de oraș, ne-am creat amintiri. Bine, pe atunci nu știam că vor fi amintiri. „Cu tot și de tot" îi promisesem și „doar al meu și doar a ta", îmi spunea. Nu a fost să fie sau nu știu, ceva nu a funcționat cum trebuie. Uite aici, în dreapta mea, la Plaza Mall, mâncam împreună și uneori beam, eu cafea, iar ea mereu ceai sau fresh, căutând de fiecare dată un loc unde se și putea fuma. Pentru mine. Nu mai știu aproape nimic de ea, însă în tot iureșul ăsta din care am făcut parte mi-a revenit constant în memorie. Mereu, dureros. Abia Lea m-a făcut să uit de ea, deși nu de tot. Lea care este acum și ea moartă. Pentru că eu am omorât-o. Mi-am dat lovitura de grație atunci în Ouagadougou. Merg susținut, nu am de gând să o țin așa până la aeroport, ar fi culmea, poate iau un taxi pe la Piața Victoriei sau la Universitate.

Să ascult Compact e deja prea mult, îmi scot căștile din urechi și arunc dispozitivul cu totul în primul coș de gunoi pe care îl văd. Mă îndrept spre taxiuri, deși încă sunt pe la Academia Militară, pe strada 13 Septembrie. Urc și nu-mi place ce aud, dar nu mai fac mofturi acum. Șoferul mă întreabă „unde te duc, șefu?". Așa-mi vine să-i trag una! Îi spun că la Otopeni și mă întreabă dacă în oraș sau la aeroport. Ăsta-i prost? La aeroport. Odată lucrurile lămurite, se încadrează în trafic, dar am impresia că am nimerit cel mai lent taxi driver din lume. Sper să ajung la timp. Chiar parcă merge prea încet sau traficul e prea aglomerat, nu-mi dau seama, dar văd Bucureștiul de parcă ar fi diapozitive, clădire cu clădire, stradă cu stradă și când suntem deja pe la Piața Victoriei, îmi pare că merge mai bine. Câțiva oameni sunt strânși aici, protestează sau ceva; când n-au fost proteste în România oare și de câte ori au rezolvat ceva prin asta? Noi, cei din umbră, am rezolvat problemele. Mereu. Ajung la aeroport cu suficient timp înainte de îmbarcare, nu cu mult totuși, e bine, niciodată nu mi-a plăcut să pierd timpul în zonele de tranzit, fie că au fost orașe, fie altceva. Am loc rezervat la first class, avionul are doar nouă astfel de locuri, am preferat așa pentru că e mai degajat și spațiul personal mai mare. Nu foarte mare, e un A300-300 produs de Airbus, dar suficient. Mă așez pe locul meu și aștept decolarea care are loc în mai puțin de douăzeci de minute. Bun așa, îmi spun în gând și-mi deschid revista pe care am luat-o din zona de tranzit. Newsweek. Nu că m-ar interesa prea tare, dar îmi ține mintea ocupată. Rulajul îmi pare un pic prea lung, dar ce știu eu despre avioane? Totuși, cu revistă cu tot, gândurile spre Ania nu-mi dau pace. Yanuković. Ciudat. După nume, nici nu ai putea spune dacă este ucraineancă sau sârboaică. Totuși, Yanuković, nu-mi dă pace. Stau câteva minute cu mintea goală, exceptând numele ăsta și mă izbește. Dur.

Eram în districtul Donetsk, în Ucraina, în urmă cu trei ani. Singur. Aproape de Kramatorsk și nu tocmai. Ținta, Dimitri Yanuković. Da, clar ucrainean sau trecut de partea lor. Om din KGB. Nu mi s-a spus prea mult, doar că trebuie să îl elimin. Pe cât de discret posibil. Cu arma mea, mai discret decât atât nici că se putea. Omul ăsta era un fel de agent dublu, făcea inclusiv tranzacții cu arme pentru cine dădea mai mult. L-am văzut de la distanță, prin lunetă. Mai mult dădea ordine decât să fie implicat activ. Dar era afară, ceea ce îmi ușura munca. L-am filat, mă rog, observat prin lunetă mai mult de două ore. Mi se dăduse doar fotografia lui. Shitty job. După ce am fost sigur că era el, degetul mi s-a încordat din ce în ce mai mult pe trăgaci. Nu era în regulă, nici în plan. Trebuia să fiu calm. Ca de obicei. Eram, într-un fel, el era un nume, atunci, și cu o față și atât. Nu aveam voie să ratez. Când am avut voie? Se tot fâțâia, intra și ieșea dintr-o Lada Niva, împrăștiind ordine și dând din mâini ca un apucat. Am așteptat să mai iasă o dată. Și-am tras. Fără să simt nimic, fără să mă îndoiesc de ceea ce făceam. Just a target, ca mulți alții. Trei gloanțe. De la o distanță considerabilă. Două în piept și unul în cap. Țintă eliminată, mi-am strâns echipamentul și-am plecat pe jos pe N20, am luat ocazie până în Donetsk, apoi am plecat cu trenul către Odessa. Cu vreo trei schimbări. Totuși, dacă Ania știe, de ce nu m-a omorât? Dacă nu știe, e mai bine. Am început să mă atașez de fătuca asta despre care nu știu aproape nimic. Chiar vreau să fie ultima, mi-a ajuns fuga. Gândurile astea mi-au luat mult, nu mai e cine știe ce și aterizam în Zürich. Voi sta o noapte acolo. Să continui până la Johannesburg în aceeași zi e prea mult și aș mai avea de rezolvat câte ceva.

Iar îmi pare că avionul ăsta rulează cam mult de la aterizare până la poarta pe unde urmează să ies, am în mine un fel de nerăbdare, deși Zürich nu este destinația mea finală. Douăsprezece minute. Atât face avionul. Stupid, îmi spun. Aeroportul Internațional Zürich este ceva ce-mi amintește de Opera din Sydney, rotund peste tot, mai puțin încadrarea spațială a pistelor, care e triunghiulară. Ies pe ușa principală și mă aștept să dau de nelipsitele taxiuri, însă în față nu este nimic, o cale pietonală și atât. Taxiurile sunt undeva în lateral, deși lateralul la forma asta rotundă e cam greu de găsit. Ajung totuși la taxiurile frumos aliniate, evident că galbene și cu dungă neagră, urc în unul la întâmplare și-i spun șoferului adresa. Hotelul Swiss Night by Fassbind pe strada Steinwiesstrasse 8-10. Pornește aparent greoi, parcă totul mi se pare încet față de ritmul meu, se încadrează pe o stradă și începe să prindă viteză. Asta-mi place. Și-mi mai place că nu vorbește inutil, ca cei de pe la noi, și nici muzica nu este pornită. Bun. Clădirile de pe marginea străzilor sunt puține, aeroportul este la o distanță considerabilă de oraș, nu ca în țările africane sau în Orientul Mijlociu, sau în Singapore, unde ai zice că avioanele se lovesc de clădiri dacă piloții nu ar fi atenți. Whatever. Ideea e că îmi place. Hotelul la care ajung și unde voi rămâne o noapte e situat oarecum central și e o clădire de zici că e din secolul trecut, dacă nu cumva chiar este. Nu atrage atenția prea tare, nici nu știu dacă are de fapt cele trei stele din descrierea online. Mă voi caza ca turist, John Prescott o să mă cheme de data asta. Poate toată călătoria, deși mi-ar trebui un nume care să fie mai altfel, cu rezonanță sud-africană, pentru destinație și ținta mea de acolo. William îl cheamă pe el, mă gândesc să fiu Richard. O să rezolv asta azi, mai încolo. La Klauss. Camerele sunt oarecum micuțe sau așa par din cauza patului dublu, imens care nu prea îți lasă loc de mișcare. Nu contează, n-am venit să mă plimb prin cameră sau să dansez. Îmi setez alarma ceasului de mână și-mi permit să mă arunc pe pat și să închid ochii puțin. Sau puțin mi-am propus. Mă trezesc după o oră și-mi dau seama că am visat ceva în legătură cu Lea sau măcar m-am gândit iar la ea și la lovitura fatală din Ouagadougou. Eh, a fost. Fuse și se duse, îmi spun, deși cu o strângere de inimă. E deja târziu sau așa mi se pare, deși pentru Klauss clienții au ușa deschisă non-stop. Falsificator de acte. Unul dintre cei mai buni pe care i-am cunoscut și un om care mi-a rămas loial și după „moartea mea orchestrată de Oana. Pentru care încă nu i-am mulțumit. Am timp. Sau nu? La cei ca mine nu poți ști niciodată când e ultima clipă.

Ies din hotel fără să-mi iau la mine nici măcar o armă de data asta, fluier un taxi și-i spun să mă ducă pe Mainaustrasse, colț cu Utoquai. Unde locuiește Klauss. Locul ăsta e lângă apă, din nou nu prea confortabil pentru starea mea mentală. Culmea, mă pot plimba pe lângă apă, dar nu mi-e ok să știu că un loc e lângă ea. Aiureli. Neamțul, aciuat în Elveția și evreu la origine, mă întâmpină cu un zâmbet larg, se ține bine la cei cincizeci și patru de ani ai lui, abia i-ai da patruzeci.

-Salutare, K, îi spun uitându-mă insistent să văd de afară înăuntrul casei lui, dar constat și-mi aduc aminte că în loc de ferestre normale are vitralii. Bun, îmi spun, nu se vede înăuntrul casei, invers nu cred că-l interesează.

-Heil! îmi răspunde la salut într-o manieră pe care i-o cunosc de aproape douăzeci de ani. Amuzant, omul. Și loial. De ce ai nevoie de data asta? continuă, în timp ce se retrage înăuntru și mă invită și pe mine să intru.

-Eh, nimic greu pentru tine, acte, de-astea. Pașaport, permis de conducere, carte de identitate... O legitimație de poliție mi-ar mai trebui, mda.

-Ok, hai încoace și așază-te pe scaunul ăla, îmi spune arătând spre un scaun unde cel mai probabil urmează să îmi facă fotografii. Pentru ce țară, omule?

Unde te-au mai trimis ăia? Ah, stai, nu exişti, nu ţi-e mai greu aşa? Mă aşez cu spatele drept pe scaunul indicat.

-Africa de Sud, îi spun. Nu mi-e greu, m-am obişnuit.

Cincizeci de minute mai târziu şi două sute de metri mai încolo, deja mă plimb pe malul Mării Zürich, Zürichsee, care e de fapt un lac, cu documentele în buzunar. Am lacul în stânga şi oraşul în dreapta, un fel de suburbie de fapt, cu străduţele cam prea înghesuite dar, ciudat, pe aproape fiecare dintre ele văd câte un taxi aşteptând. Merg o vreme pe malul lacului, apoi mă îndrept către un taxi, urc şi-i spun şoferului destinaţia, nu alta decât hotelul unde sunt cazat. În maşină, îmi aduc aminte că ar trebui să par chiar un turist, cu tot ce implică asta, aşa că în cele douăzeci de minute ale drumului o găsesc pe un site şi o sun pe Sabrina, escortă de lux şi stabilesc o întâlnire cu ea în faţa hotelului. Nu ar putea intra singură, aşa că o mai aştept cinci minute în faţă. Bruneta pare oarecum intimidată când mă vede, o iau de braţ şi intrăm în hotel, urcăm la etajul doi unde se află camera mea. La cei 1.70 ai ei şi la cât de bine este îngrijită şi frumos machiată, fără a avea ceva strident sau opulent, nu ai spune că are doar douăzeci şi unu de ani şi câţiva ani de experienţă în spate. Lituanianca se aşază cuminte pe pat şi mă priveşte în continuare oarecum intimidată, dar şi curioasă, aşteaptă probabil să-i spun ce să facă, eu fiind client. Pare dispusă la multe pentru cei o mie opt sute de franci pe care îi percepe pentru douăsprezece ore. Atât am „închiriat-o". Merg spre fereastră aproape fără să mă uit către femeia brunetă așezată pe pat și trag jaluzelele grele, să nu se mai vadă de afară. Nu că aș avea ceva de ascuns, nici nu fac aici contrafilaj, nu este cazul. Așa mi-a venit.

-Hei, Sab, îi spun și mă îndrept către singurul fotoliu din cameră, mă așez și încep să o studiez, aproape. Chiar o cheamă Sabrina, nu este nume de scenă cum folosesc majoritatea fetelor din industria asta.
-Bună seara, domnule! îmi spune, dând să se dezbrace încet, ca să incite. Ce doriți, adică ce ați vrea să fac în noaptea asta? mă întreabă, făcând ochii mari când vede că o privesc oarecum pieziș, studiind-o în continuare.

Mă ridic oarecum brusc și mă îndrept spre patul de pe care tocmai s-a ridicat, asta o sperie puțin, iar pe mine mă miră sperietura ei pentru că trebuie să fi avut zeci de clienți dacă nu mai mulți, fiecare cu ciudățeniile lui. O apuc de încheietura mâinii stângi și o trag, nu foarte tare, însă ferm, înapoi spre pat. Se așază cuminte, parcă așteptând ordine de la mine. La cât de încordat sunt și la cum mă manifest, o înțeleg.

-Uite, Sab, noaptea asta doar stai aici și nu trebuie să faci nimic anume, îi spun lăsându-mă în genunchi în fața ei. Nu te-am luat pentru sex. Doar stai, vorbim ce vrei, când vrei, dormi, dimineață plecăm și gata.
-Probabil că vă simțiți tare singur, domnule, îmi spune, acum mai liniștită, aproape sfioasă. Vă înțeleg. Vreți doar să vorbim. Își dă jos tricoul mulat și tăiat

sugestiv în zona sânilor, rămâne în sutien și pantaloni, se așază aproape de mijlocul patului și așteaptă să încep și să conduc eu, probabil, conversația. Eu mă dezbrac de haină și rămân într-un tricou negru, mă așez lungit pe pat, cu mâinile sub cap, capul aproape atingându-i sânii și rămân cu ochii în tavan.

-Spune-mi despre tine, îi zic și mă întorc pe o parte, privind-o de foarte aproape. Și nu-mi mai vorbi cu „domnule", adaug.

-Păi știi, începe frumoasa brunetă, am ajuns aici pe la cincisprezece ani, din Lituania, cu părinții, ei la... Deja nu mai aud ce spune, nu prea bine și clar.

Eram în Trakai, un oraș în devenire, nu departe de Vilnius, în urmă cu șase ani. Trakai a fost o destinație aleasă absolut la întâmplare când am avut oarece timp liber, se află în mijlocul lacului Galve, pe un fel de peninsulă, deși are legătură cu uscatul în ambele părți. Izolat da, însă, ca și alte localități din zonă, nu a scăpat de prăduitorii ruși și ucraineni care, pe lângă produse mai luau și câte o fată să-și facă poftele cu ea sau și le făceau acolo apoi o lăsau, de obicei, până când se întorceau data următoare. În special foști soldați, cei mai mulți dezertori din conflictul din Transnistria. M-am cazat atunci la o familie de acolo, cu gândul să stau câteva zile departe de tot și de orice. Nici măcar un telefon nu luasem cu mine, deși asta era ceva îngrozitor pe vremea când operam pentru DSC. Mă înțelegeam cam greu cu familia aia, rusa mea a fost întotdeauna slabă, ei nu prea mai vorbeau rusă de când au ieșit din URSS, dar eram la limită. Mergea. În seara aia, tocmai când mă hotărâsem să plec, au venit ei. Trei. Ucraineni, dezertori. Pur și simplu au intrat în curte, apoi în casă și ne-am trezit toți cu un Kalașnikov îndreptat spre noi – eram cu toții la masă – și cu doi dintre ei trăgând de Sabrina. Chiar așa o chema, i-au pus numele după cântăreață. Arma era cam prea aproape de mine, fără să mă mișc de pe scaun am apucat-o de țeavă și am întors-o spre cel care o ținea. Nu am stat prea mult până i-am dat una în cap cu patul armei, după care am aruncat-o cât acolo, cu încărcătorul scos. Unul dintre ceilalți doi rămași a dat să scoată un pistol de la brâu, însă mâinile mele care i-au lovit ambele carotide în același timp nu l-au mai lăsat să facă asta. Al treilea a dat să fugă, însă, în furia care mă cuprinsese, l-am doborât cu un picior aruncat dintr-o săritură în aer, răsucit, capul i-a atins peretele și am auzit trosnet. Sângele curs din nas și gură l-am văzut apoi. Nu mai conta. În aceeași seară familia Nabokov, da, îi chema ca pe scriitor și cu mine, am plecat spre Vilnius, pe mine m-au lăsat la aeroport, iar ei au plecat undeva în nordul țării, nu am știut niciodată unde. Ani mai târziu am aflat întâmplător că toți trei au ajuns în Elveția, însă Sabrina a rămas...

-... și de când au murit ei în accident, eu cu asta mă ocup, nu prea am avut opțiuni, termină povestea copila lituaniancă.

-Da, Sab, știu în mare parte, tu nu-ți mai aduci aminte de mine, spun, începând să îi mângâi un braț, fără tentă sexuală sau altă intenție. Nu știam nici că nu ești independentă, ci că ai un pește. O rezolvăm. Mâine, spun, și-mi las capul pe pernă. Am ochii încă deschiși și o privesc cum se dezbracă, rămâne doar în chiloți și se strecoară lângă mine, tandru. Îi trec o mână pe sub gât, iar pe cealaltă i-o aşez pe abdomen şi o trag aproape de mine, lipită cu totul, parcă şi ea preferă asta căci se aşază mai bine şi pare că suntem acelaşi trup.

-Noapte bună, Yelena! îi şoptesc aproape de ureche, răsuflarea mea atingându-i gâtul, şi-mi pare că se înfioară plăcut. O cheamă şi aşa, eu niciodată nu am înţeles moda cu două prenume şi, în cazul ei mai ales, de ce i-au pus şi un nume pur rusesc. Nu peste mult timp adormim în aceeaşi poziţie, deşi îmi pare frământată de ceva sau poate numai de prezenţa şi atingerea mea uşoară.

Porcăria asta de pistol mereu mi-a dat de furcă, gândesc în timp ce asamblez un Glock 23, basically din plastic, pe care l-am luat cu mine pentru a putea trece fără probleme de scanările din aeroporturi. Aşa mă vede Sabrina când se trezeşte, pe marginea patului şi asamblând pistolul. Face ochii mari şi-i mută când la chipul meu, când la armă, neînţelegând ce e cu jucăria din mâinile mele. Mă întrerup, de fapt am cam terminat, mă apropii de ea, îi mângâi faţa şi-i spun, mai mult şoptit:

-Linişteşte-te, Sab, ţi-am zis că azi rezolvăm tot. După care îi sărut colţul gurii şi mă retrag, deşi oarece mă împinge să continui. Oare cine nu ar fi tentant de o puştoaică de douăzeci şi unu de ani, frumoasă şi goală, în patul lui? Te îmbraci şi mergem sau vrei să mănânci ceva înainte? o întreb, în timp ce trag la o parte draperiile, iar lumina zilei inundă camera şi pe ea.

-Nu, mulţumesc, o să mănânc ceva mai încolo,

răspunde în timp ce se îmbracă, destul de repede, și vine în fața mea. N-o să faci ceva rău, nu? mă întreabă oarecum sfioasă, cuprinzându-mă cu brațele și cuibărindu-se la pieptul meu.

-Nu, Yelena, îi răspund mângâind-o pe creștet, doar o să am grijă să nu mai ai tu probleme. Cum îl cheamă? o întreb, strecurându-mă din îmbrățișarea ei.

-Harris, doar Harris îl știe toată lumea, nu știu mai mult, îmi pare rău.

-Bine, hai să mergem, îi spun, prinzându-i mâna ferm în a mea.

Ieșim din hotel aproape ca doi îndrăgostiți, cu ea ținându-se bine de mine și peste patruzeci de minute suntem într-o clădire nu prea ok, îmi pare, din nordul orașului, undeva lângă Klingenparc. Parcul ăsta are o singură alee care dă ocol unui lac artificial, iar clădirea ar trebui să fie un club de noapte, cel puțin așa scrie la intrare. Drumul l-am făcut jumătate pe jos și jumătate într-o mașină cu dungă și capotă oranj a poliției cantonului Zürich. Așa îmi zisese Klauss, să-l caut pe Albert la secția principală de poliție de pe Banhofquai numărul trei. Albert mi-a dat cheile mașinii fără să stea pe gânduri și fără să întrebe. Falsificatori în cârdășie cu polițiști, mda, e bine.

Harris e un blond la vreun metru și nouăzeci, văd acum, pe lângă care stau alți indivizi care îl cam ascultă și câteva fete care, oficial, lucrează la clubul de noapte. Intru în clădire cu legitimația la vedere, iar pe Sabrina o țin cu ambele mâini la spate și o împing ușor, de formă. Ajungem lângă pește, dar ăsta se ridică brusc.

-Ce mama dracului, proasto, iar te-au prins ăștia? urlă, cu privirea spre Sabrina. Scuze, domnule ofițer...
-Detectiv, îl întrerup tăios.
-Detectiv, scuzați-mă, îmi face numai probleme fata asta zice, dând din cap către Sab. Cum vă pot recompensa? îmi aruncă, crezând că și eu sunt dintre cei ușor de cumpărat.
-Asta e cea mai mică dintre problemele tale, Harris, îi replic, lăsând-o pe Sabrina și ducând mâna în interiorul hainei. În momentul acesta, își dă seama că nu sunt din poliție și aruncă un „băieți, pe el!". Primul care încearcă să-și scoată arma e atins de glonțul pornit din Glock-ul meu înainte să apuce să-și deschidă holsterul și pică într-o poziție nefirească, ca și cum i-aș fi răsucit capul cu mâinile. Harris se așază la locul lui și bate în retragere, ceilalți au înghețat, niciunul nu mai face vreo mișcare. Îi arunc peștelui geanta de umăr cu cincizeci de mii de euro, dintre care patruzeci și cinci falși, iar individul o prinde din zbor.

-Ăștia ar trebui să-ți ajungă, îi spun cu o ură care mă surprinde și pe mine. Pe Yelena o lași în pace, ba chiar ai grijă să nu pățească ceva. Dacă aflu că i s-a întâmplat ceva sau doar dacă mi se pare la telefon că ceva nu e ok, revin și următorul mort ești tu. Pricepi, boule? Omul desface geanta și bâiguie un „desigur domnule, o să am grijă ca Sabrina să fie bine", după care le face semn băieților să se retragă. Fetele care se perindau pe acolo când am intrat fugiseră deja pe o ușă laterală când i-am împușcat omul de pază, mai devreme. Sab și cu mine ne retragem cu spatele până la ieșire, apoi o luăm la fugă spre mașina de poliție parcată la vreo sută de metri de intrare. Pornesc și fac o întoarcere în scurt, cu scrâșnet de roți, în timp ce cei dinăuntru au ieșit deja, iar doi dintre ei încep să tragă în direcția mașinii. Câteva gloanțe o ating, „explain that, Albert", gândesc continuând drumul pe Limatstrasse. Sab e lângă mine, pe de o parte ușurată, pe de alta încordată. Nu mă gândesc acum la asta, șofez ca la curse pe drumuri chiar aglomerate. Întorc abia la capătul străzii și merg din nou la secția de poliție să las mașina. Să explice Albert ce e cu gloanțele, treaba lui.

-Frumusețe dragă, de acum încolo să ai grijă de tine, îi spun brunetei care a rămas la ceva distanță de secție, când mă întorc la ea. Eu chiar trebuie să plec, adaug mângâindu-i fața. Cu oarece regret, dar și cu o hotărâre tâmpită să duc la capăt ce mi-am propus, o las pe brunetă pe trotuar și eu o iau pe jos spre ieșirea din oraș, voi lua mai încolo un taxi spre aeroport. Mai am aproape trei ore până la zbor, așa că sunt în regulă. Un zbor de vreo zece ore. Fuck it all! După vreo patruzeci de minute de mers, hm, Zürich chiar are o arhitectură interesantă, fluier un taxi și mă îndrept spre aeroport. De data asta, zborul va fi unul lung, de zece ore, cu un avion A343, deci cu mai mult spațiu înăuntru. Bun așa, îmi spun, dar urăsc că trebuie să mai aștept încă vreo oră și jumătate până la decolare. Sabrinei i-am strecurat cinci mii de euro în geantă, știu că altfel nu i-ar fi acceptat. Nu e mult, dar suficient cât să se descurce măcar o lună până, sper, își găsește un rost în altceva decât făcea până acum.

Îmbarcarea decurge fără probleme, cu scanare cu tot, oricum pistolul l-am aruncat într-o zonă puțin frecventată. Măcar nu am lăsat cartușele, le-am aruncat și pe alea unul câte unul pe drum, aiurea. Uf, zece ore, poate scriu în jurnal, laptopul îl am cu mine, poate dorm, poate amândouă, deși îmi cam zboară gândurile la Ania. Încă mă intrigă că nu știu mare lucru despre ea și cu toate astea, știu clar că vreau ca ea să fie the one. Pe de altă parte e ciudat, prea mi-a dat-o Oana pe tavă, să fie monitorizare? Nu contează, oricum o vreau și simt că s-a creat o legătură specială între noi deja. Mă așez pe locul meu de la clasa business, de data asta chiar am spațiu de desfășurare, îmi place, scot laptopul și rămân cu ochii în display, pur și simplu nu știu ce să scriu, deși mi-am făcut deja legătura cu serverul meu de la El Aaiún. Mintea mi-e mai mult la Ania, la misiunea autoimpusă de acum, la Anneliese cu care trebuie să mă întâlnesc în Johannesburg, ciudată femeie și aia, la ținta pe care mi-am propus să o elimin – cred că William nu s-a imaginat niciodată în postura de țintă, deși merge numai cu gărzile după el –, la un viitor frumos în Maroc, deci din nou la mine și Ania și tot așa. N-am pace, deși deja am lăsat de ceva vreme aeroportul Flughafen în urmă. Totuși, dacă realitatea mea ar fi fost altfel, altceva, dacă nu aș fi fost recrutat? Și asta mă bântuie. Degetele încep să se miște aproape automat pe tastatură...

„Există de foarte mult timp în mintea mea o întrebare care încă mă mai frământă: cum percep oamenii Adevărul? Și, având în vedere că acest lucru se întâmplă (căci oamenii chiar percep adevărurile!), cine poate aduce argumente care să evidențieze și să susțină faptul că aceste adevăruri percepute sunt cele Adevărate?

Eu, spre exemplu, nu știu ce este Adevărat și ce nu; am doar senzația vagă că știu. Am senzația că Pământul este, probabil, rotund. Senzația că 0+1=1. Senzația că exist. Senzații... și atât.

Oare aș putea eu, om fiind, trăind în adevăruri posibil incerte sau (de ce nu?) false, avea certitudini vreodată? Există ceva în Lumea asta despre care să se poată spune: „Într-adevăr există!"? Tot ceea ce le este cunoscut oamenilor în ceea ce privește realul și abstractul (și nu numai) poate fi negat. Cu tot cu demonstrații matematice „corecte" și coerente. (Corectitudinea în sens universal a acestor demonstrații este cât se poate de relativă, însă nu trebuie uitat că totul e relativ dacă se neglijează proveniența acestui „tot".)

În fond și la urma urmei, ce înseamnă real? În principiu, tot ce se poate vedea, auzi, gusta și chiar tot ceea ce se poate ști este considerat real sau făcând parte din Realitate. Ceea ce este palpabil este considerat, de asemenea, real. Se poate spune, așadar, că tot ceea ce știu și simt oamenii este, prin definiție, Real. Cumulând toate aceste „real things" vom obține, prin urmare, Realitatea. Se deduce, astfel, că oamenii trăiesc în adevăruri verificabile. Mai mult, această „verificare a adevărurilor" se poate face numai cu ajutorul simțurilor – ceea ce, în opinia mea, agravează extrem de mult „situația". Numai că aceste „adevăruri" au fost inventate tot de oameni... Și atunci, se pune fireasca întrebare: CE este adevărat din tot ceea ce oamenii „știu și simt" într-un context universal?

O definiție concretă și coerentă a Realității este următoarea: realul reprezintă semnalele electrice percepute și interpretate de creierul uman. Această afirmație este necesară și suficientă pentru ca Realitatea să capete o „formă" oarecare, chiar dacă numai în mintea oamenilor. Evident, de aici începe diversificarea, în sensul că fiecare subiect uman percepe în felul său componentele Realității, știut fiind că organul uman denumit „creier" este un soi de „inteligență naturală" dacă putem să-l numim astfel, ceea ce face ca diferențele de interpretare ale realului să fie de cele mai multe ori incompatibile între ele, dacă nu chiar total diferite de la caz la caz, de la subiect la subiect și, de ce nu, de la specie la specie. [În cazul inteligenței artificiale, nu se poate pune problema unei astfel de diferențieri, căci toate mașinile au fost create după un tipar anume, care avea deja un mod de percepție stabilit. Din acest motiv am numit creierul uman „inteligență naturală" (sau biologică, e același lucru), pentru a nu se face confuzie între cele două tipuri de gândire.]

Eu, ca om, nu pot să fiu convins de faptul că Realitatea este „reală", ghidându-mă după bănuiala că aceasta este percepută de creierul meu! Această definiție mie nu-mi spune nimic!

Este Realitatea un Adevăr? Sau Adevărul

perceput este însăşi Realitatea?! Cu alte cuvinte, tot ceea ce este real este adevărat sau/şi invers? (Această problemă a fost profund analizată de filosofii Greciei antice, fără a se ajunge însă la o idee concretă sau care să justifice într-un fel toate aceste paradoxuri, căci sunt paradoxuri). Iată ideea principală, care îi va ajuta pe cei care o vor înţelege să afle că „Nimic nu este adevărat; totul este permis." (John Fowles – „Magicianul").

Cei care răspund afirmativ la acest gen de întrebări sunt doar nişte copii, căci numai copiii ştiu să viseze „de-adevăratelea". Oamenii vor ca Realitatea să fie adevărată, vor ca Adevărul să fie real, căci ei ştiu că, altfel, specia umană (din care fac şi eu parte – şi o spun cu regret) s-ar prăbuşi ca un castel de nisip, având în vedere că oamenii s-au obişnuit atât de bine să doarmă în poziţie verticală. (...)

[Abstractizare: dacă oamenii ar presupune că, undeva, în spatele acestei Realităţi aparente s-ar ascunde o altă Realitate? Sau dacă ar descoperi acest lucru? Eu nu am certitudinea că mai există o altă Realitate, dar intuiesc asta tocmai datorită absurdităţii acesteia, nonsensului ei; trebuie să existe o altă Realitate mult mai reală decât aceasta, unde sunt mult mai multe certitudini, unde există măcar un singur Adevăr Absolut, unde să nu existe relativitate... Şi, dacă această Realitate nu există, ea trebuie creată. Dar oamenii s-au obişnuit atât de mult cu mizeria şi suferinţa – adică s-au obişnuit cu ei înşişi – încât sunt incapabili să creadă că acest lucru este posibil. Mai mult, chiar şi în această

Realitate sunt incapabili să-şi recunoască propriile greşeli şi să îşi asume responsabilităţi în legătură cu acestea. Din astfel de motive – şi nu numai – oamenii îşi merită titulatura de laşi.]

*

Oamenii cred (sau, mai degrabă, speră), totuşi, că undeva trebuie să existe un Adevăr Absolut, unul fundamental, care să nu poată fi contestat şi care să se afle la baza tuturor lucrurilor aparţinând acestei Realităţi şi, în plus, care să definească într-un mod unic această Realitate, făcând-o evidentă. (Spun acest lucru pentru că religia, care a fost creată de către oameni pentru oameni, implică existenţa pură – dar, evident, nedemonstrabilă – a unei entităţi (numită zeu) care „cuprinde" totul (în sensul posesiunii), avându-se în vedere că, zice-se, a creat acest tot. Acest mod de a gândi este, bineînţeles, o abstractizare, nici nu se pune problema, de aceea nu voi pune accent pe astfel de modalităţi de gândire formală (şi, mai mult, impusă), căci îndoctrinarea oamenilor în legătură cu acest subiect nu îi poate face să admită faptul că acest zeu nu poate exista decât, eventual, în mintea lor, oricât ar încerca cineva să susţină sau să demonstreze o astfel de teorie de ordin religios. Mai mult, oamenii-credincioşi (religioşi, cum se autointitulează) cred în acest inexistent zeu dintr-o frică specific umană, a cărei motivaţie este chiar dorinţa de a supravieţui, căci oamenii vor să trăiască, fără să ştie de ce; ajung, invariabil, la logica ciclică: trăiesc pentru a-mi continua existenţa. Uimitor este faptul că animalele nu ştiu ce este frica, căci ele sunt exclusiv instinctuale. Și, de cele mai multe ori, frica oamenilor nu are nimic de-a face cu instinctualitatea animalelor, deoarece eu, personal, știu că frica este un sentiment indus, nefăcând parte din categoria instinctelor primare (cum ar fi acela de supraviețuire) sau, mai bine spus, din categoria reflexelor necondiționate.

Abstractul subiect denumit „zeu" nu are nimic de-a face cu rațiunea, căci asta ar însemna că oamenii-credincioși sunt cel puțin imbecili, depășind stadiul naivității, al idealismului și chiar al iraționalului. Nu se poate vorbi despre o astfel de existență ca despre ceva concret sau real, și cu atât mai puțin ca despre ceva știut.

De aceea, afirm că numai matematic – adică intuitiv – se poate construi un fel de Ecuație Universală, o formulă care să cuprindă într-însa tot Universul, cu toate ale sale; sau, mai exact, o ecuație pe care Constantin Noica a intitulat-o „Mathesis Universalis", care să reprezinte Universul, să fie Universul. Totuși, nici această ecuație nu poate fi verificabilă întru totul, chiar dacă ar exista; dar m-aș mulțumi cu așa ceva decât cu ceva mult mai abstract cum ar fi existența unui zeu, oricare ar fi acela.

Revenind la ideea de la care am plecat, care este, așadar, acel Adevăr Absolut ce nu poate fi combătut? Eu unul am senzația că nu există nici un adevăr, cu atât mai puțin unul absolut. Și, în acest sens, am elaborat o afirmație pe care urmează să o dezbat (pe care am numit-o Teorema-Paradox a Adevărului) care spune:

Singurul Adevăr Absolut este acela că nu există nici un adevăr.

Și, ca o consecință a acestei afirmații, susțin că tot ceea ce consideră oamenii Adevăr e fals; sau ar putea fi.

[Presupun că unii se vor amuza pe seama acestei afirmații; alții vor fi de-a dreptul scandalizați. De altfel, dacă m-aș pune în locul acestora, aș simți același lucru. Cum poate cineva (în acest context, eu) să infirme toate teoriile pe care oamenii s-au obosit să le conceapă printr-o atât de banală afirmație (aparent) gratuită? În primul rând, trebuie să înțelegeți că nu sunt nihilist; această afirmație o fac în deplină cunoștință de cauză și s-ar putea să înțelegeți de ce, urmărindu-mă cu atenție. În al doilea rând, pentru a putea aprofunda și, implicit, pentru a putea înțelege aceste pseudo-demonstrații, trebuie să priviți totul intuitiv (!), nu logic, deoarece Realitatea – așa cum a fost ea construită – este perfect logică, pe când Adevărul poate fi și intuitiv (dacă nu cumva este deja numai intuitiv). Așadar, nu trebuie să fiți prea șocați de această afirmație, având în vedere cele spuse mai sus.]

Deci, cum percep oamenii Adevărul? După cum am mai spus, cu ajutorul simțurilor. Dar și al... axiomelor. (Nu ar trebui să vă uimească o astfel de exprimare, dar sunt convins că s-a întâmplat asta deja. De altfel, sună bizar, e-adevărat: cum se poate simți cu ajutorul axiomelor? Orice copil știe că se poate simți (palpa) numai cu ajutorul diverselor organe ale corpului. Dar e foarte simplu. Toate senzațiile, sentimentele sau percepțiile, în general, au fost catalogate, fiecare primind câte o denumire. Spre exemplu, focul arde, apa este udă, sarea este, bineînțeles, sărată. Dar, spre exemplu, de ce sarea nu are un gust mov? Dintr-un banal motiv: pentru că acestea se numesc axiome. De fapt, au devenit axiome.

[Pentru cei care nu știu ce înseamnă, în limbaj exclusiv uman, o axiomă căreia îi voi da în continuare definiția posibilă a acesteia: orice afirmație nedemonstrabilă, impusă gândirii ca fiind evident (fără justificare, inexplicabilă) se numește axiomă. Cu alte cuvinte, toate „fenomenele" pe care omul nu și le-a putut explica într-un (eventual) context relativizat la el însuși, au fost clasificate drept axiome. De altfel, cum s-ar putea demonstra că 0+6=6 dacă nu s-ar folosi o axiomă (denumită a lui Peano) care „afirmă" că 0+n=n, oricare ar fi n un număr aparținând mulțimii {1, 2, ..., **N**} de numere naturale? Ar fi imposibilă o astfel de demonstrație fără a avea o astfel de axiomă la bază, asta în mod sigur, căci în această Lume există reguli stricte și nu numai în această privință. Sau cum se poate susține ideea că infinitul este infinit (sau, mai bine spus, s-ar putea să nu fie finit)?]

Ceea ce poate voi nu știți este faptul că toate lucrurile care ne înconjoară au la bază cel puțin o axiomă. Luați, spre exemplu, un cuvânt oarecare și încercați să-l analizați prin această prismă, căutându-i toate „rădăcinile" (din punct de vedere sintactic, morfologic sau analizându-i proveniența). Veți observa că nu se poate defini (explica) în ce fel a fost conceput acest cuvânt decât dacă este comparat cu un altul și așa mai departe. Înseși literele alfabetului sunt niște axiome: faptul că „z" nu se scrie ca „m" și nici nu se pronunță ca „o" se datorează faptului că acestea au fost axiomatizate. Sau că vocalele nu sunt consoane și nici invers. Din aceste motive, Realitatea este formală și nu pură (necondiționată) și, implicit, nu este adevărată, căci se pot construi o infinitate de astfel de Realități, toate diferite, având cu totul alte principii și reguli, diferite de la un tip de astfel de Realitate la altul. (Fiecare regiune a Lumii poate fi particularizată din aceste puncte de vedere, fiecare țară considerându-se „Realitate", existând limbi diferite, reguli diferite, și așa mai departe). Se pune întrebarea: care dintre aceste realități este cea fundamentală? Care este cea „adevărată"? Sau care este „cea mai reală"? Toate și nici una, în același timp. Adică nici una. Chiar dacă eu mi-aș construi o altă Realitate, oamenii vor considera această realitate ca fiind fundamentală și, mai mult, vor afirma că sunt – vorbind în termeni psihiatrici – schizofrenic. Pe scurt, bolnav psihic (se numește „mania persecuției"). Dar, oare, cine susține că ei nu sunt anormali? Ce înseamnă normalitate? Raportarea la majoritate? Bizară categorisire... Și dacă cei care se consideră normali sunt, de fapt, anormali? Trebuie să devin și eu anormal pentru a nu fi considerat de către așa-zișii „normali" drept anormal? Mi-e absolut indiferent cum mă privesc oamenii... Deci, dacă majoritatea oamenilor susțin că ei sunt cei normali, se poate deduce că, de fapt, aceștia sunt cei anormali. Orice nebun susține că e normal, asta o știe orice psihiatru – și nu numai.

[Eu nu sunt „normal"; așa susțin mulți dintre oamenii care nu mă cunosc decât aparent. Dar nu vreau să fiu normal, e cel mai obscur și mai inutil mod de existență. Și, cum eu doar bănuiesc faptul că exist, atunci nici măcar nu are importanță dacă sunt sau nu normal. (...) Cine a creeat separația dintre normalitate și anormalitate nu a fost om și nu a trăit printre oameni decât, eventual, pentru a-i studia, deși oamenii sunt singurele animale de pe această planetă care nu prezintă interes ca „obiect de studiu" – asta în cazul în care aș fi fost un cercetător în acest domeniu. De la oamenii prezenți nu am nimic bun sau interesant de învățat, căci aceștia sunt atât de preocupați de supraviețuire și de perpetuarea speciei (umane), încât nu se mai preocupă absolut deloc de psihicul lor, singura calitate a acestora – aceea de a fi animale raționale – fiind de mult „camuflată" de „dorințele" (numite, de fapt, instincte) pe care le au oamenii... Or, eu nu vreau să învăț să perpetuez specia, nici să supraviețuiesc, căci existența în sine mi se pare o prea mare tâmpenie pentru a-mi stârni interesul.]

Revenind la ideea de la care am plecat, oamenii – care, de fapt, și-au atribuit această titulatură, deci au axiomatizat acest lucru (că sunt oameni) – trăiesc în și prin axiome, într-o Realitate cât se poate de formală și – foarte posibil – falsă. De aceea am considerat necesar să apelez la câteva demonstrații matematice, transpuse în limbaj uzual, pentru o mai bună înțelegere a acestor noțiuni abstracte, ce pot fi înțelese cu ușurință de cei care își doresc acest lucru (deși în prezent preocupările oamenilor se îndreaptă într-o cu totul altă direcție).

Așa cum spuneam, în această Realitate este „evident" că $0+n=n$, deci această afirmație ($0+n=n$) este un Adevăr relativ la noțiunile cunoscute de oameni (sau, mai bine spus, este un potențial adevăr). De ce? Pentru că acel Peano de care vă spuneam a hotărât, în urma unor observații pe care le-a făcut, probabil, că așa este. Dacă străbunicul lui Peano ar fi axiomatizat că $0+n=t$, tot ceea ce se numește matematică (și nu numai) ar fi luat o cu totul altă întorsătură, creându-se, în baza acestei afirmații, reguli și principii care ar fi fost net diferite de cele existente în prezent, elaborându-se alte axiome, alte fundamente. Numai că în mulțimi special create, operația $0+n=t$ are sens, deci este adevărată, același lucru putându-se spune despre $0+n=m$, unde n, m și t sunt numere naturale diferite între ele.

Iată, așadar, trei adevăruri care, luate împreună, se contrazic între ele și fiecare în parte le contrazice pe celelalte două. Putem spune că fie avem trei adevăruri (potențial) false, fie fundamentele matematicii au fost definite eronat. Cum ceea ce este Fals nu poate fi Adevăr – căci altfel această Lume nu ar avea sens, anulându-se de la sine, ceea ce, se pare, e imposibil – se deduce foarte ușor că adevărul deținut de oameni este cât se poate de relativ într-un context universal. (Se va vedea că accentul pe care îl pun pe acest „context universal" este bine întemeiat, căci Pământul nu este centrul Universului, iar oamenii nu sunt singurele ființe din Univers dotate cu oarecare inteligență sau, cum obișnuiesc să o numesc, cu „rațiune irațională".)

Pe de altă parte, atunci când se afirmă că un cerc este rotund, acesta nu are cum să fie altfel, avându-se în vedere că axioma care susține acest lucru se spune că „nu poate fi combătută". Așadar, așa după cum spuneam, „cercul este rotund" este una din axiomele figurii geometrice numită „cerc". Un alt așa-numit „adevăr" elaborat despre cerc este acela că acesta nu are mai mult de 360 de grade (de parcă din centrul unui cerc nu se pot duce decât 360 de raze!). Un alt adevăr este acela că cercul nu are colțuri (care este o consecință a axiomei care afirmă că cercul este rotund). Iată alte trei adevăruri neverificabile, toate fiind relative (sau neabsolute). Care din cele trei adevăruri este „cel mai adevărat"? Eu afirm că nici unul.

Spre exemplu, vă propun să ne întoarcem în urmă cu câteva mii de ani (intuitiv, evident), înaintea lui Pitagora și a lui Thales și să dăm următoarea axiomă: „un cerc este o figură geometrică închisă ce are două unghiuri, nu este chiar așa rotund și are 720 de grade. (Evident, nici nu există o figură geometrică cu doar două unghiuri, dar o vom inventa, numind-o

cerc, ținând cont de faptul că cercul nici măcar nu fusese descoperit încă). Astfel, am dat o altă axiomă a cercului, modificând, fie și intuitiv, un Adevăr. De aceea consider că un Adevăr care poate fi modificat, modelat poate fi și fals. Dacă nu cumva este deja. Partea cea mai interesantă în toată această alegație este aceea că o dreaptă nu este altceva decât un cerc cu raza infinită. Acordând puțină atenție unei astfel de deducții logice, se poate observa lesne că universul este o mulțime de galaxii închisă, totuși nemărginită, putând fi concepută în modul descris mai sus. Se poate numi o astfel de afirmație „paradox absolut"? Rămâne de văzut...

În întuneric, albul pare negru; dacă nu cumva acel alb este negru...

Paradoxul „Eu spun adevărul; dacă el spune adevărul, el minte." (sau dualul acestui paradox: „Eu mint; dacă el minte, el spune adevărul".) spune multe în contextul de mai sus (asta pentru cei care au capacitatea de a aprofunda și de a înțelege astfel de pseudoafirmații). Într-adevăr, dacă eu spun un adevăr (oricare ar fi acela – de exemplu că $0+n=n$), iar celălalt spune un alt adevăr care să îl contrazică pe cel pe care l-am spus eu, cum ar fi $0+n=t$, el minte, deoarece adevărul fusese deja spus, prestabilit de mine, deși, așa cum am mai spus, operația $0+n=t$ are sens pe anumite mulțimi. Pe de altă parte, aceste două adevăruri ar putea fi contrazise de un al treilea ($0+n=m$), acest raționament putând fi continuat la infinit.

Iată de ce orice Adevăr este (sau ar putea fi) fals, orice fals devenind astfel un potențial adevăr.

Am justificat, dacă se poate spune așa, cel mai absurd paradox: acela că singurul Adevăr Absolut este acela că nu există adevăr, făcând o raportare la universalitate (Universul considerându-se infinit).

În legătură cu afirmația-paradox de mai sus, voi aduce un alt argument în favoarea acesteia, enunțând un paradox mai puțin cunoscut, și anume „paradoxul mulțimilor care nu se conțin pe ele însele ca elemente". (Pentru „avansați", trebuie menționat faptul că se face aici abuz de limbaj, deoarece se poate spune că noțiunea de „mulțime" este complet diferită de noțiunea de „element", mulțimile conținând elemente, nicidecum mulțimi; numai că aici, în această Realitate (sau Lume, cum vreți s-o denumiți), mulțimile conțin numai mulțimi, nu și elemente. Un exemplu concret nu se poate da, pentru că, spre exemplu, mulțimea tuturor firelor de nisip are ca elemente, în aparență, înseși firele de nisip. Numai că aceste elemente – firele de nisip în cazul de față – sunt și ele mulțimi de elemente chimice care au ca elemente, tot aparent, atomii. Acest raționament nu poate înceta niciodată, pentru că și atomii se pot descompune în submulțimi generate de protoni, electroni ș.a.m.d. Faptul că oamenii nu au reușit până acum să subdivizeze atomul într-o infinitate de particule nu înseamnă că atomul nu poate fi „spart" în această manieră. De altfel, despre acest soi de „spargere" a unui interval într-o infinitate de subintervale voi discuta la momentul oportun).

Paradoxul de care vorbeam are o idee banală care, însă, atestă nonsensul tuturor lucrurilor aparținând acestei lumi. Voi considera, pentru început, o mulțime foarte mare (pentru mai mult realism, voi considera această mulțime ca fiind însăși Lumea, făcând analogie între „mulțime foarte mare" și „Lume"). (Nu cred că e nevoie să spun că Lumea este „mare" numai dacă o raportez la mine însumi, căci, dacă aș raporta-o la Univers, aceasta ar fi nulă.) Evident, această mulțime conține o multitudine de elemente (sau submulțimi), finite ca număr, așadar, mulțimea considerată (Lumea) se cheamă că este numărabilă (finită), putându-se deduce cu aproximație, cel puțin, numărul elementelor (submulțimilor) sale.

Voi împărți acum toate aceste mulțimi în două clase (categorii): clasa (categoria) submulțimilor care se conțin pe ele însele ca mulțimi, pe care le voi numi mulțimi anormale, și mulțimi care nu se conțin pe ele însele ca elemente, numindu-le mulțimi normale. (De menționat faptul că orice submulțime este, în sine, tot mulțime. Noțiunile de „normal" și „anormal" se pot considera ca atare. Mulțimile din mulțimea cea mare – Lumea – pot fi considerate casele, copacii, oamenii etc., pentru o mai bună înțelegere a acestei generalizări.) Am obținut astfel două clase diferite de mulțimi a căror reuniune este însăși Lumea (mulțimea cea mare). Intersecția dintre cele două clase este vidă, ceea ce face ca acestea să fie clase de mulțimi complet distincte. Se pune întrebarea: din care clasă de mulțimi face parte mulțimea cea mare, adică Lumea? Este o clasă de mulțimi anormale sau una de mulțimi normale? Voi presupune, pentru început, că ar fi mulțime anormală, deci se conține pe ea însăși ca element. Acest lucru înseamnă că printre elementele sale se va afla o mulțime care să fie chiar ea însăși, adică mulțimea cea mare, ceea ce duce la o contradicție, deoarece această mulțime mai conține o clasă de mulțimi (cele normale), care nu pot fi anormale. Pe de altă parte, dacă aș presupune că mulțimea pe care am ales-o (Lumea) este mulțime normală, asta ar implica automat, conform definiției, că nu se conține pe ea însăși ca element, ceea ce ar însemna că ea nu are ca „elemente" decât mulțimi normale care nu se conțin pe ele însele ca elemente, ceea ce contrazice, fără doar și poate, ideea de la care s-a plecat, și anume că Lumea este alcătuită din mulțimi normale și anormale. Astfel, deoarece Lumea nu este nici mulțime normală, nici anormală, prin urmare, existența ei poate fi pusă sub semnul întrebării.

Lumea există? Dacă da, ce este absolut și ce nu? Dacă aceasta nu există de fapt, ce sens au toate astea? Cum nu există nici un Adevăr Absolut, cât de relative sunt noțiunile cunoscute?"

Și încă mi-a mai rămas timp să dorm. Pun laptopul înapoi în geantă și mă las pe spate.

Capitolul 14

Sunt transpirat de atât alergat. Alerg și ei sunt în urma mea. O țin pe Irina de mână, dar ea aleagă prea încet, așa că o iau în brate și continui să alerg. Nu știu cine sunt ei, dar știu că dacă ne ajung, ne vor face rău. Probabil pe mine mă vor și tortura înainte de a mă omorî. Cred că fugim așa de vreo treizeci de minute, drumul l-am lăsat de mult în urmă, iar acum ne facem loc printre crengi. Pădurea e deasă, iar ei sunt aproape, le pot vedea lanternele și-i aud îndemnându-se unii pe alții. Aproape am trecut granița, mai este puțin și ei nu ne vor urma dincolo. Trebuie că sunt mai puțin de cinci sute de metri până la graniță și vom fi liberi. Irina e așezată cumva pe umărul meu drept și își ferește fața de crengi. Și atunci, apare. În fața noastră e un perete de munte de care nu avem cum să trecem. Stâncă, cât vezi cu ochii în sus. Mă opresc și-o pun jos pe Irina, care începe să plângă încetișor. Ne ajung și suntem cu ei în față și cu peretele în spate, au armele îndreptate spre noi și singura mișcare pe care o putem face este un pas înapoi, ajungem cu spatele lipit de peretele de stâncă. Ei vorbesc într-o limbă pe care nu o știu și, ciudat, stau cam la cincizeci de metri de noi. Nu că am mai avea unde să fugim, dar nu pricep de ce nu se apropie. Și-atunci îl văd pe el. Liderul. Mă urmărise, pe rând, prin toate orașele din Serbia în care am fost. Abia acum m-a ajuns și m-a încolțit cu gașca lui. Ne-a încolțit. Mă așez în fața Irinei să o protejez, deși îmi dau seama că e degeaba. El ridică arma, îl aud cum și-o încarcă și mă țintește. Pe piept îmi pune lumina laser atașată armei. Nu spune absolut nimic, vrea doar să mă ucidă. Ce o să se întâmple cu Irina? mai apuc să mă întreb, înainte ca primul glonț să pornească din armă.

„Vă rugăm să vă puneți centurile, în cinci minute urmează să aterizăm pe aeroportul O.R. Tambo din Johannesburg."

Mama dracului de treabă, îmi spun cu ciudă, anunțul mă face să mă trezesc din coșmar, nici măcar nu am visat ceva ce s-a întâmplat vreodată. Și pe Anneliese nu am sunat-o încă. Îmi scot telefonul și o apelez, răspunde la primul sunat.

-Eu.
-Bună, Anneliese! Cum îți merge? îi arunc scurt.
-Bine... Ăăă... F... Tu cum naiba... Tu ești mort.
-Sunt, pentru cine trebuie. Mă iei de la aeroport? Sunt la...
-Ajung la Tambo în douăzeci de minute, mă întrerupe și-mi închide în nas. Cum dracu m-a localizat? Am dezactivat funcția asta la telefon.

Ies din aeroport și merg la capătul căii pietonale din față, mă așez pe iarbă și aștept, numărând în gând. Nu reușesc să număr prea mult pentru că gândul mi se duce la blonda cu ochi albaștri pe care urmează să o întâlnesc. Familia ei a venit din Danemarca, iar mama i-a murit la câțiva ani după ce s-au așezat în Africa de Sud. Fratele ei vitreg, William, este ținta mea, dar ea nu va ști asta. Eram în Botswana, nu departe de Maun, în urmă cu vreo câțiva ani. Pe atunci existam, oficial trăiam și, deși eram atât al DSC cât și al Direcției de Informații, îmi permiteam să am și zile sau chiar perioade libere. Arma ei se blocase, un cartuș îi explodase în camera de reîncărcare, iar rinocerul alerga spre locul unde era așezată frumoasa blondă. Ea a luat-o la fugă, de asemenea, spre corturile de unde plecaserăm toți la vânătoare. Aproape că a ajuns-o când i-am plasat animalului două gloanțe sub piciorul stâng, direct în inimă, urma să văd apoi. Matahala de câteva sute de kilograme a căzut cu botul și cu cornul în noroiul de care încerca să scape Anneliese și s-a mai târât câțiva metri în urma ei. Blonda s-a oprit din fugă și s-a întors la animal, s-a cățărat pe el și mi-a strigat, ca și cum nimic nu se întâmplase, „hei, F., îmi faci o fotografie?" și a început să râdă necontrolat. Se descărca. M-am dus la ea, am luat-o de talie și-am dat-o jos, i-am prins mâna în a mea și am mers spre corturile care erau la nu mai mult de trei sute de metri. Tremura. Simțeam asta în mișcarea mâinii.

-În picioare și mâinile pe cap! Acum!

Mă trezesc din amintire și văd lângă mine un negru cât toate zilele cu o Beretta îndreptată spre capul meu. Alți doi oameni sunt lângă Humvee, tot cu armele spre mine. Din mașină coboară, nu altfel decât grațioasă, Anneliese, vine spre mine, la mine, mă ia în brațe și mă pupă direct pe gură. Nu știu ce să fac, dar îmi las mâinile ușor în jos și o cuprind și eu în brațe.

-Așa îți tratezi toți oaspeții? o întreb, cu ochii la

oamenii ei. Le face semn să se îndepărteze şi se uită la mine ca la o fantomă.

-Bă, tu eşti chiar viu? Mama dracului de treabă, ai tăi te-au „omorât", sau? şi mă mai pupă o dată, aproape că mă sărută de data asta.

-Nu, domnişoară, eu am fugit. Sunt liber şi nu prea, pricepi? O iau de talie şi ne îndreptăm spre Hummer, singura ei maşină, de altfel. Am venit la tine pentru afaceri. Nu cine ştie ce, sigur ai sau poţi să faci rost în o zi cât stau pe aici.

De data asta mă ia ea de mână, aproape mă împinge în maşină şi îi spune şoferului „la Alcazaba" apoi către mine, cu un chip de înger „e al meu, acolo discutăm afaceri". „Nu te gândi la tâmpenii", adaugă, făcându-mi cu ochiul. Maşina ia viteză, O.R. Tambo nu e chiar aproape de oraş. Mâna ei o mângâie pe a mea, parcă încercând să se convingă că sunt real şi viu. Nu spune aproape nimic, iar eu nu-mi pot lua ochii de la sânii ei generoşi, lăsaţi aproape liberi în combinezonul descheiat până aproape de buric. Nu e nimic tipic la femeia asta, în alte circumstanţe nu mi-aş fi putut lua privirea de la ochii ei albastru cobalt. Nu acum, însă. Nu-mi doresc nimic sexual cu ea, o admir ca pe o operă de artă a naturii. Ajungem la hotelul Alcazaba, cam central pentru gusturile mele, dar am încredere în ea, mai ales că mi-a spus că îi aparţine. Coborâm din maşina echipată aproape militar, dar şi cu oarece confort, şi mă duce direct în sala de conferinţe. Nu văd nicio gardă, asta îmi dă o şi mai mare încredere în ea. Se aşază la un capăt de masă lungă, din imitaţie de mahon, iar eu iau loc aproape de ea, nu e şi nu a fost nimic oficial între noi, încât să nu-mi permit asta.

-Așadar, Felix, de ce ai nevoie? Nu întreba de prețuri, am o propunere. Spusele ei mă miră, însă nimic nu se mișcă pe fața mea.

-Ar putea fi dificil chiar și pentru tine, Anne, îi spun lăsându-mă pe spate în fotoliul capitonat, directorial. Poate, în același timp, simplu. Pe scurt, un dispozitiv de control de la distanță al unei arme. Prin telefon. Poate ceva de genul rifle scope, dar cu transmisie la distanță, nu știu modelul. Eu folosesc o A115L3, poate mă poți ajuta.

-Asta e tot? întreabă, cu un zâmbet larg pe față și nu pot să nu-i observ dantura perfectă. Îl ai în maxim o oră, și, nu ți-am mulțumit niciodată că m-ai salvat în Botswana, îl plătești după ce-l folosești și vezi dacă ți-e bun. Cu SIM, zici. Ok, se face, așteaptă-mă aici. Chiar nu durează mult, am așa ceva pe stoc, mai sunt și alții care vor și deh, trebuie să fiu aprovizionată. Pe unele le modific singură.

Se ridică și iese pe ușa batantă și din nou silueta ei îmi duce gândurile în alte părți. Stay focused, damn it! mă muștruluiesc în gând. Rămân singur în sala de conferințe care nu are mai mult decât o masă lungă și cel mult douăzeci de scaune. Rămân și aștept. Altceva nu am de făcut, nici nu prea pot face, nu vreau să mă expun inutil prin Johannesburg. Și-așa deja știu cam mulți că trăiesc, greșeala mea, după ce Oana mi-a oferit libertatea „omorându-mă" oficial. Mă ridic de pe scaun și încep să mă plimb în lungul camerei, de la fereastră văd ceva ce pe la noi s-ar numi birt, acolo sunt oameni de toate culorile, vârstele și probabil din mai multe clase sociale, stau liniștiți cu paharele în față, neștiind că la câteva zeci de metri de ei este cineva ce s-ar numi asasin căutat internațional. Eu. Cel care a distrus familii, înțelegeri, a deturnat cursul lucrurilor în favoarea cui i s-a spus sau, mai nou, în favoarea lui, ori, până la urmă, a nimănui anume, mai ales de când a luat decizia de a fi un fel de făcător de bine pentru cei mai mulți, distrugându-i pe cei răi. Nici dacă mă gândesc nu reușesc să-mi dau seama de ce am ales rolul ăsta când puteam, cu lejeritate, să mă retrag la El Aaiún, cu Ania sau chiar și singur. Să mă curăț de trecut, deși cred că trecutul ăsta mă va bântui multă vreme, poate chiar toată viața. Telefonul din mijlocul mesei sună îndelung, cu un ton asemănător unei alarme, gândesc că nu ar putea fi pentru mine, însă mă îndrept spre el și văd afișat pe ecran numărul Anneliesei așa că ridic receptorul. Nu am timp să spun ceva drept răspuns, că de la celălalt capăt mi se spune scurt:

-Afară. Acum. Te aștept în mașină. *Click*, ton de telefon fix închis.

Ies pe strada Albertina Sisulu și văd mașina trasă pe trotuar. Același Hummer. Anneliese mă așteaptă cu portiera deschisă și văd că în afară de ea și șofer nu este, din nou, nimeni. Urc grăbit, pentru că știu riscurile la care se expune, la care, până la urmă, mă expun și eu. Scaunele, mai bine zis fotoliile din spate sunt capitonate cu ceva moale și sunt unite între ele deși nu formează chiar o banchetă. Blonda îmi pune în mână o cutie oarecum mică în care este, îmi spune, un rifle scope Leica ERI modificat. Pun cutia jos, lângă picioare și Anne îmi ia mâna dreaptă în ale ei și după ce-i spune șoferului să meargă la aeroportul Lanseria, aud de la ea cele mai neașteptate cuvinte posibil într-o situație ca asta.

-Felix, nu am ajuns să cunosc niciodată dragostea. Involuntar, înghit în sec și pentru ea e foarte vizibil. Sper ca măcar tu să fi reușit asta, deși în branșa ta mă aștept să nu, spune, cu tristețe nedisimulată pe față.

-Da, am ajuns, chiar de mai multe ori. Și tot de atâtea ori am pierdut-o. Sper ca cea de acum să fie ultima, îi spun strângându-i mâna. Nu știu ce altceva să mai spun și continuăm drumul în liniște, un drum care deja îmi pare prea lung. Sunt, totuși, treizeci și patru de kilometri până la aeroport. După o tăcere care apasă, aproape stânjenitoare, continuă.

-Știi... Adalinde a încercat să dea de tine, te-a căutat, dar nu ești de găsit prin metode obișnuite. Adalinde, o altă participantă la acea vânătoare și femeia cu care am și făcut sex atunci. Nu era nici ea obișnuită, una dintre puținele femei din legiunea străină. Ne-am plăcut și nu am stat prea mult pe gânduri până să trecem la fapte. Irelevant, în contextul actual.

-Da, nu sunt de găsit, Anneliese. Nici nu trebuie să fiu, și-așa știu deja prea mulți că sunt în viață. Inclusiv tu. Stai liniștită, ești un contact de încredere, nu vei păți nimic. Nu din partea mea. Ai totuși grijă cu cine mai faci afaceri.

Aeroportul Lanseria, deși international, are și curse interne ca cea pe care o voi lua eu spre Cape Town. Curse chiar dese. Confort scăzut, dar cine mai ține cont de asta? A mea este în douăzeci de minute și îi spun femeii de lângă mine să nu mai aștepte. Pleacă în Hummerul ei blindat, dar confortabil în interior, fără să mai spună nimic. Nici nu ar fi ceva de spus. Îmbarcarea decurge fără probleme, chiar și fără obișnuitele scanări și verificări. Ciudat. Ăștia ori au prea mare încredere în ei, ori în oameni, ori nu știu ce se întâmplă prin lume. Intru în avion și-mi ocup locul după ce-l găsesc într-o forfotă aproape infernală, iar decolarea are loc la foarte puțin timp după asta. Avionul ăsta e un fel de autobuz, hai fie, autocar zburător, Safair a băgat pe cursele interne niște avioane de care alții s-ar feri, deși compania din Africa de Sud deține una dintre cele mai mari flote de L100 Hercules din lume. Așa că n-am ce face decât să suport cele două ore de zbor, nu pot spune altfel decât să suport, nu să mă bucur de.

Dacă nu aș fi fost recrutat în liceu? Dacă ai mei nu ar fi murit și aș fi avut și eu o familie și o viață normală? Indiferent ce ar fi însemnat normal ăsta. Nu mai trebuia să decid cine trăiește și cine nu, pentru ce și dacă, să schimb cursul unor vieți pentru că o lungă perioadă am fost pus să fac asta, iar apoi, după revolta mea împotriva celor din DSC, am făcut cam același lucru, din proprie inițiativă. Aș fi fost oare unul dintre cei mulți și liniștiți, poate chiar fericiți în neștiința lor, cu familie, copii pe care să-i pun pe primul plan cum fac cei mai mulți, cu un job plătit mai bine sau mai prost și plictisitor, cu o rutină zilnică ce m-ar fi lăsat totuși să am momente de relaxare și de bucurie chiar, când frunzele toamnei se colorează în curcubeu aruncat de aproape asupra orașului, atât de aproape încât îl poți atinge și lua cu tine? M-ar fi mulțumit statutul de „oarecare" pe care l-aș fi avut atât în societate cât și la muncă? Ok, și nu simt, nici nu gândesc a resemnare, nu a fost așa. Atunci, dacă nu aș fi ucis-o pe Lea? Am fi putut cândva să fim un cuplu normal cu o viață, desigur, anormală, atipică, ciudată pentru oricine s-ar fi uitat din afară? Dar Mia? Ar fi putut fi „the one"? Eventual și singura, nu una dintre mai multe din cauza naturii muncii noastre? Mi-aș fi permis, ne-am fi permis și ni s-ar fi acceptat să avem un copil? Oare unul dintre serviciile cărora le aparțineam s-ar fi ocupat de el, de copil, așa cum știu că se întâmplă în alte cazuri? Am fi înaintat ierarhic sau am fi fost niște executanți toată viața? I fucking hate not knowing it! Ar fi cazul să mă opresc din gândit sau să încep să mă gândesc la ținta mea din Cape Town.

„Vă rugăm să vă puneți centurile..."

Mda. Trebuie să intru în regim special, din nou. Păi așa să fie, atunci.

Aeroportul nu mă impresionează, de fapt, din ce în ce mai puține lucruri mă impresionează cu adevărat. Firma de închiriere de autoturisme, Avis, își are biroul chiar în aeroport, iar mașinile sunt undeva la vreo patru sute de metri, într-o parcare-garaj. Formalitățile de închiriere sunt simple, mai ales pentru cineva care are acte din Africa de Sud, ca mine acum, așa că am cheile în mână în mai puțin de zece minute. Opel-ul pe care l-am luat este numai bun, nu atrage atenția, dar îmi fac treaba cu el. Atât mă interesează. Urc și prima manevră pe care o fac este să dezactivez GPS-ul, nu vreau să mi se dea de urmă prin tot orașul sau pe unde oi mai ajunge cu mașina zilele astea. Pun cap compas hotel Cape Grace, pe West Quay și merg cât de liniștit pot, da, pe cât pot, căci parcă o tensiune tot mă apasă. Poate că William e frate cu Anneliese, poate altceva. În douăzeci de minute sunt la hotel, sper să găsesc ceva, căci am venit fără să-mi fac rezervare. Hotelul e înconjurat de apă și interiorul este baroc, cu tapiserie din satin și catifea gri și crem, picioarele meselor și scaunelor sculptate în forme curbe, asta în ciuda construcției ultramoderne pe care o vezi de afară. Găsesc, cu norocul meu, un apartament disponibil, singura variantă de altfel, în rest totul e dat sau cel puțin așa spune cea de la recepție. Îl accept, deși hotelul în sine este unul dintre cele mai scumpe din oraș și mă trezesc într-o cameră ce seamănă izbitor cu ce am văzut la intrare, același stil de mobilă și tapiserie, camera unui apartament cu două, legate printr-un hol mic ce are pe pereți lambriuri de lemn, și el sculptat curb și căzând peste tine, aparent. Merg în camera cea mai îndepărtată de intrare și mă trântesc într-un pat în care ar putea dormi cinci persoane, lejer. Trebuie să stau aici două sau chiar trei zile, e neobișnuit pentru mine, cel care își face toată treaba într-o singură zi, cu drumuri cu tot. Eh, probabil că o să mă simt cam singur în imensitatea asta, dar cu așa ceva sunt, totuși, obișnuit. Cu singurătatea. Îmi scot laptopul și când îl deschid, camera e inundată de „This is what it feels like", Armin van Buuren și Trevor Guthrie. La dracu, mă sperie. Trebuie că l-am lăsat așa din primul avion, mi-am pus melodia asta în căști. La volum maxim. O opresc și vreau să scriu în jurnal. Sunt, și-așa, obosit. Nu, căcat, trebuie să mai fac o plimbare. Recunoaștere. Mă ridic, ies din apartament, din hotel și mă îndrept încet spre castelul Bunei Speranțe. Mâine merg acolo ca turist. Umbrele fortăreței se aruncă fantomatic pe străzile și pe clădirile din jur. Îi dau un ocol, îmi stabilesc în minte ce am de făcut mâine și mă întorc spre hotel. E ceva distanță, dar am fost obișnuit și cu mai mult de atât. O iau înapoi spre hotel și mă felicit în gând că l-am ales, acoperirea mea în fața lui William trebuie să fie perfectă. Apartamentul mă așteaptă așa cum l-am lăsat, din păcate pentru mine, singur. Nu, un fotoliu e puțin mișcat, văd asta în covor. Și doar am specificat la recepție să nu intre nimeni, nici menajerele. Eh, nu e mare lucru sau cel puțin așa cred, mă îndrept spre camera de departe, cum îmi place să-i spun, și mă așez pe pat, după ce îmi arunc hainele aiurea. Deschid laptopul și după ce mă conectez la serverul meu de la El Aaiún, îmi verific e-mail-ul, chiar și pe cel de la DSC, văd că nu l-au desființat și știu că nu pot fi detectat. Rutarea o am prin servere din opt țări, nu las nimic la voia întâmplării. Sau, cel puțin, așa cred. Mâine am o zi lungă. Mă rog, mereu m-a amuzat sintagma asta, o zi nu poate fi mai lungă decât alta. În câteva minute închid tot și mă las pe spate în pat, deși regret vag că sunt singur, pe de altă parte e mai bine așa, chiar trebuie să mă odihnesc. Somnul mă cuprinde rapid și, ciudat pentru mine în ultima vreme, fără gânduri la trecut sau alte asemenea. Mă bazez pe ceasul meu multifuncțional ca să mă trezească.

Consulatul General al României este pe strada

Highwick, într-o zonă nu tocmai liberă de circulație, ba chiar prea aglomerată pentru gusturile mele. Asta e, trebuia să ajung aici. Porțile încă nu sunt deschise, de fapt nu știu dacă le țin vreodată deschise, mă duc la cel care păzește instituția și-i spun, simplu, în limba română.

-Bună ziua, am un pachet de ridicat de la consulat. Îi întind printre gratiile porții legitimația mea, desigur că am una, de atașat cultural, și mă întorc cu spatele.
-Desigur, verific imediat, îmi răspunde și pleacă spre clădire.

Până se întoarce durează cam mult, îmi pare, număr o sută douăzeci și cinci de mașini trecute pe un sens, dar vine cu un rucsac negru și pătrățos, exact ce-mi trebuie. Am expediat arma și un dispozitiv mobil prin curier, folosindu-mă de Alex, până la urmă da, și el știe că sunt în viață. Soldatul deschide poarta și-mi dă rucsacul și legitimația și are tendința să mă salute, dar îi fac semn că nu e cazul, până la urmă sunt civil. Mă îndrept spre Opel-ul albastru pe care l-am lăsat la ceva distanță, aproape arunc rucsacul pe bancheta din spate și, ajuns la volan, îmi consult GPS-ul din telefon pentru următoarea destinație. Darling street, la Castelul Bunei Speranțe. Punct de lucru pentru unul ca mine. Voi intra ca turist, de preferat cu un grup. Drumul până acolo îl parcurg în mai mult de treizeci de minute, traficul este insuportabil, mă rog, pot suporta multe, mai puțin ineficiența. Odată ajuns, îmi las mașina în parcarea de sud, singura de altfel, iau rucsacul și mă alătur unui grup de turiști în aparență britanici. Ce ironie, după sute de ani de ocupație olandeză și britanică, tocmai britanicii să viziteze castelul, plătind pentru asta. Văd că nimeni nu are nimic împotrivă, ba chiar intru în vorbă cu doi-trei, să nu par unul dintre indivizii aceia care sunt izolați până și în public. Care se izolează, mai bine spus. În câteva minute, grupul se pune în mișcare și eu odată cu el, și încep să aud turuitul unui ghid care începe să prezinte istoria construcției. „Construit de compania olandeză East India, între 1666 și 1679, Castelul este cea mai veche clădire colonială existentă din Africa de Sud. Acesta a înlocuit un fort mai vechi, denumit Fort de Goede Hoop, care a fost construit din lut și lemn de Jan van Riebeeck la sosirea sa la Cape of Good Hope în 1652. Două reducții, Redoubt Kyckuit și Redoubt Duijnhoop au fost construite la gura râului Salt în 1654. Scopul reglementării olandeze din Cape a fost acela de a acționa ca o stație de reaprovizionare a navelor care treceau pe coastă dincolo de Cape, pe parcursul călătoriilor lungi dintre Olanda și Indiile Orientale olandeze (acum Indonezia)...". Mai departe nu aud, pentru că mă desprind de grup și trec pe sub o bandă de plastic pe care scrie Accesul interzis. Am ajuns la cel mai vestic turn care, spre norocul meu, este în renovare. Good thing happen all the time, gândesc și mă las într-un genunchi lângă o fereastră care dă spre strada Darling și Dias Tavern Portugese, unde vreau să mă întâlnesc mâine cu William. Îmi desfac rucsacul și scot, meticulos, întâi crăcanele cu sistem de rotire a armei, apoi încep să asamblez pușca pe care o orientez spre locul de întâlnire de mâine. Îi atașez și dispozitivul primit de la Anneliese, văd prin el ca în palmă, dar mă asigur că deviația nu va fi prea mare, nu vreau să trag aiurea sau să mă împușc, ar fi culmea, tocmai pe mine. Termin de montat arma și-mi fac și conexiunea cu dispozitivul de acționare de la distanță așa, pentru testare. Văd perfect pe telefonul meu zona unde vom fi, eu și William. E bine. Ies din turn pe sub aceeași bandă care interzice accesul și, deși cu întârziere, mă alătur grupului. Ghidul își continuă prezentarea, nimeni nu pare să-mi fi observat absența. „În 1664, tensiunile dintre Marea Britanie și Țările de Jos au crescut pe fondul zvonurilor de război. În același an, comisarul Zacharias Wagenaer, succesor al lui Jan van Riebeeck, a fost instruit de comisarul Isbrand Goske să construiască o piatră pentagonală. Prima piatră a fost pusă pe 2 ianuarie 1666. Munca a fost întreruptă frecvent, deoarece compania olandeză din India de Est era reticentă să cheltuiască bani pentru proiect. La 26 aprilie 1679, cele cinci bastioane au fost numite după titlurile principale ale lui William III de Orange-Nassau: Leerdam la vest, Buuren, Katzenellenbogen, Nassau și Orange, în sensul acelor de ceasornic. În 1682, intrarea închisă a înlocuit vechea intrare, la care ajunsese marea. Un turn de clopot, situat deasupra intrării principale, a fost construit în 1684 – clopotul original, cel mai vechi din Africa de Sud, a fost turnat la Amsterdam în 1697 de clopotarul East-Frisian Claude Fremy și cântărește puțin peste 300 kilograme. Acesta a fost folosit pentru a anunța timpul, precum și pentru avertizarea cetățenilor în caz de pericol, deoarece putea fi auzit la 10 kilometri distanță. De asemenea, a fost făcut să cheme locuitorii și soldații atunci când erau necesare anunțuri importante". Mi s-a luat de tur, așa că mă retrag discret spre ieșire și mă îndrept spre mașină. Nu mai am nimic de făcut astăzi, ba da, să-l contactez pe Will. O voi face mai încolo. Acum plec spre hotel, doar. Forfota de pe străzi mă tentează să agăț pe cineva așa, pentru o noapte, dar mă abțin. Poate ies mai încolo... Ajuns în cameră, las rucsacul, acum gol, pe jos și mă duc la laptopul care a rămas pe pat. Sunt frământat, ceva am în minte și nu știu exact ce. Degetele încep să se miște pe keyboard.

„Nefericirea-ncepe din durerea pe care nu am acceptat-o sau poate din faptul că am aflat că nimeni nu mă poate înțelege. Fericirea?!... Tristețea?!.. Nimeni nu știe cu adevărat când sunt fericit. Cine gândește că cel ce și-a ales singurătatea lui, universul său, viața din spatele vieții și din fața ei, cel care nu deosebește imaginea sa despre ziua de astăzi de realitatea relativă, este un om fericit? Mi se reproșează mereu că sunt o fire tristă, dar atunci când ei mă numesc trist, eu sunt doar departe, departe de ce-i uman, real și poate chiar de ceea ce iubesc. Sunt în lumea din mine. E o lume puternică, cu frământări, cu bătăi de aripi de porumbel, cu durere și fericire. E lumea sufletului meu, o lume-n care e pace pentru o secundă, în care gândurile năvălesc repede, puternic. Totul devine nimic, secunda devine eternă, memoria e uitată. Se adună, se gândește, se simte într-o clipă cât într-o viață. Lumea crede că stau sau visez cu niște ochi mari, deschiși, să îmbrățișez golul din jur, dar se înșală. Nu e frumusețe inutilă. Nu mă-nchid în mine pentru mine, ci pentru alții.Vreau să fac ca ceea ce e în mine să devină palpabil – creație, un cuvânt de alinare, o punte de sprijin sau o motivație pentru un alt început. Nu cred în frumusețe inutilă. Singur în lumea din mine, rupt din scumpa mea natură. Nu mai trăiesc din zâmbetul prietenilor, ci trăiesc în liniște, la absolutul sufletului meu. Unii mă plâng, alții mă cred rece și melancolic. Pentru mine este doar o eternitate caldă a timpului, un spațiu fără limite, fără întrebări și răspunsuri, fără viață, dar și fără moarte. Apoi fericirea, fericirea și veselia ieșite din comun, pe care toți le admiră și apoi le critică... Nu este decât veșnica mea dramă. Mă bucur de întoarcerea la lumea mea, apoi descopăr că am pierdut lumea din mine, că a apărut realul, mizeria și durerea întregii omeniri. Mă bucur, plâng în suflet, mă lupt cu sentimentele, cu mine, mă distrug. Vreau din nou acasă-n suflet. Vorbesc cu oameni ca mine, încercând să găsesc un sprijin, un gând, un suflet asemănător și... Singur! Pentru unii sunt superficial, pentru alții sunt „superior" și, deci, cineva îngâmfat, iar o discuție cu mine le-ar produce răni în personalitatea lor încă neformată, pentru alții sunt imitarea unei cărți de filosofie, cu citate memorate, cu coperți spoite. Eu – copia nereușită a lipsei de egoism și de modestie, o încercare de a atinge un nu se știe ce. Un visător, un copil ce bate câmpii fără să știe că e desculț. Lumea nu poate să mă înțeleagă, dar nici nu mă poate ignora, nu mă poate uita sau considera o enigmă. Fiecare mă judecă cu asprime. Am ajuns să uit sau să vreau să uit ceea ce sunt. Dar, ca orice ființă care trăiește doar o singură dată-n verbul „a fi", nu pot să fiu altfel, altul. Sunt tot eu și tot neînțeles. Vreau să-i ajut. Îi ajut, nu vreau mulțumiri, o fac doar din dragoste, deși nimeni nu crede că n-am nici un scop. Toți cred că o fac pentru a mă scoate în evidență sau pentru a le atrage recunoștința. Dar ce contează?... Am învățat să suport și singura suferință pe care sufletul meu nu o acceptă. Și toate astea din dorința de a-i face fericiți pe alții. Fericirea mea?!.. Singurul lucru care m-ar face fericit ar fi să fiu înțeles. Dar de cine? Și de unde atâta înțelegere? Mă simt bine acolo, în lumea din mine, chiar dacă sunt singur și nu ajung stelele, iar când mă trezesc încerc să mă apăr de nefericire. Acolo este casa mea, este tot ceea ce a fost frumos în viața mea, acolo e nufărul plutind pe lacul de argint, visele mele, sinceritatea. Aici sunt oamenii pe care îi iubesc, îi înțeleg și nu mă înțeleg. Pentru ei sunt rece și desprins de tot. Nu e adevărat! Mă doare durerea fiecărui fir de iarbă, iubesc iubirea din ochii fiecărei flori, admir ambiția și calmul din ochii tăi. Gândesc la voi mai mult decât vă gândiți la voi. Doresc fericirea voastră. Știu!.. Lumea e altfel și eu sunt o persoană care nu poate exista, dar... exist. Exist și am momente de fericire umană, vorbesc despre fericirea dulce și gingașă, dar doar atunci când uit și din uitare mea se naște speranța și veselia. Nu știu ce fel de fericire iubesc mai mult, fericirea rece, pură și impersonală sau acea clipă de căldură și uman. Oricum, sunt un om binecuvântat fiindcă pot să gust din fiecare, chiar dacă-n inima mea știu că fatalitatea a făcut din mine un neînțeles. Îmi joc rolul, încerc să mai schimb câte o replică, dar nu pot să fiu în afara universului din mine decât pentru câteva clipe."

Termin de scris în jurnal și încep să-mi fac acoperirea de care am nevoie. Chiar trebuie, William nu lasă nimic la întâmplare. Profiluri de Facebook, unul de om de afaceri, altul al firmei, import-export fructe exotice. Site-ul îmi ia puțin mai mult, dar, nefiind cine știe ce companie, îl termin rapid. Pagina principală, pagina de contact, una cu produse și opțiune de comandă și asta e tot. Iau telefonul și-l sun pe William. Pe numărul pe care îl știu doar cei apropiați lui, oamenii de încredere. Răspunde și-mi pare panicat. Cred și eu. A văzut un număr nou pe o linie despre care știu puțini.

-Da, răspunde sec.
-Bună ziua, Will! îi spun doar Will, să îl fac să se simtă și mai ciudat și să-l apropii. Richard Johanson mă numesc. Cred că noi doi avem de discutat oarece afaceri.
-Ne cunoaștem? întreabă cu un vădit interes după ce a auzit cuvântul afaceri. Ce te-ar interesa? Și m-aș simți mai bine dacă aș ști măcar în mare cu cine stau de vorbă.
-E suficient că te-am sunat pe numărul asta, nu crezi? Plusez. Ce mă interesează, ar fi și nu prea de vorbit la telefon. Pe scurt, arme.
-Dar eu... Nu știu ce credeți, domnule Johanson, dar eu sunt om de afaceri cu totul legal, la vedere, chiar nu știu ce vreți.

Sigur crede că încerc să-l atrag în vreo capcană. Asta și vreau, dar nu cum crede el.

-Ok, Will, linia asta e sigură. Repet, arme. Multe. Ai timp să ne întâlnim azi? Ora 18, Dias tavern portugese, strada...
-Știu unde este. Ok. Să nu te mire că vin cu gărzile.

-Ar fi imprudent să faci altfel, mă aștept la asta. Ne vedem atunci. *Click*, îi închid scurt.

Bun, deci peste două ore mă întâlnesc cu ținta mea. Restul e ca și rezolvat dacă nu intervine ceva în afara planului. Îmi închid laptopul și ies din apartament, apoi din hotel, pornesc pe jos pe West Quay către locația unde am stabilit întâlnirea, cu un mic ocol ca să mă încadrez în timp. N-am chef să-l aștept prea mult, deși l-aș aștepta oricât, până la urmă, pentru el am venit aici.

Clădirile orașului ăstuia, cele mai multe în stil colonial, mă duc cu mintea în altă parte și în alte timpuri, dar nu-mi permit acum să mă gândesc într-adevăr la altceva. O iau pe o rută ocolitoare, cam șase kilometri până la destinație. E bine. Am arma cu mine, dar sunt sigur că voi fi percheziționat și mi se va lua, temporar, până o recuperez, de gărzile amintite de William. Ajung la local cu cinci minute înainte de ora stabilită și mă bucur că au mese și afară, deși sunt doar douăsprezece grade. Mă așez la una, realizez conexiunea cu dispozitivul de țintire și văd că nu mă văd. Nu e bine. Mă mut la masa din stânga mea și mă văd perfect, când Will va fi așezat, voi vedea spatele lui. Excelent.

De douăzeci și patru de minute stau la masă, cu o cafea în față, când văd trei mașini oprindu-se aproape de local, una lângă, iar celelalte la distanța de unde vor asigura perimetrul. Ca la carte. Oamenii lui nici măcar nu se sinchisesc să-și ascundă armele. Nu e ceva neobișnuit în Cape Town. Doi vin la mine și mă roagă să mă las percheziționat. Hm, ca și cum aș putea să nu mă las, cu două M-16 îndreptate spre mine. Unul dintre ei îmi găsește Glock-ul, mi-l ia și-mi spune că îl voi primi înapoi după întrevedere. Îl înjur în gând, dar pe dinafară doar dau din cap a înțelegere. William e al treilea om care apare lângă mine, îmi întinde mâna și apoi se așază pe celălalt scaun de la masă, pus anume de mine să fie cu spatele la Castelul Bunei Speranțe.

-Ești destul de interesant, îmi spune, făcând semn oamenilor lui să se îndepărteze. Kenya, Somalia, Mali, cred că-ți merge destul de bine. Da, am făcut săpături, trebuia să știu cu cine mă întâlnesc.

-Mi se pare destul de corect, îi dau replica, în timp ce mă joc cu telefonul în fața lui. Nu e chiar joacă, am făcut conexiunea cu dispozitivul de tragere. Îi văd spatele perfect, Anneliese mi-a dat o sculă bună, observ.

-Să trecem peste formalități, domnul meu, pe scurt, ce-ți trebuie? Se lasă pe spate în scaun și acum ținta este ceafa lui. Excelent.

-Pe scurt, 2500 de M-16 complet echipate pentru asalt și 1600 de Kalasnikov, serie nouă.

Mă privește puțin șocat.

-Asta înseamnă...
-Că vând atât armatei, cât și rebelilor. Nu așa se face? îl întreb făcând cu ochiul.
-Ok, e o comandă serioasă. Când îți trebuie? Jumătatea din stânga a ecranului telefonului meu îmi arată traiectoria calculată a glonțului după ce iese

din corp. Am ales gloanțe de viteză mare, deci e cel mai probabil că cel tras va face o gaură frumoasă la ieșire.

-Deseară, ora 23, cheiul D al portului nordic. Cel de lângă West Quay.

Apăs pe comanda de tragere și nu mai apucă să îmi confirme, că glonțul a trecut deja prin el și se înfige în masa dintre noi. Mă ridic alarmat și văd că oamenii lui, în loc să mă suspecteze, îmi returnează arma și mă acoperă. Până la urmă, nu au cum să știe că eu am tras și fiind partener de afaceri cu William, mă protejează. Ajung aproape fără să vreau în una dintre mașinile lor.

-La dracu cu boii ăștia, aruncă unul dintre ei, șoferul, apoi se întoarce spre mine. Unde vă las, domnule? oh, ce drăguț, acum am și taxi.
-West Quay, oriunde acolo. Oricum va trebui să mă întorc la castel să-mi recuperez arma, dar mai bine să nu știe, să nu mă lase în zonă, de acolo s-a tras, totuși.

În câteva minute ajungem pe West Quay și sunt dat jos din mașina blindată. Nu apuc să mulțumesc, au plecat în trombă. Bine că nu am fost împroșcat cu sânge. În loc să intru în hotel, acum văd că se întinde pe toată lungimea străzii, o iau înapoi spre castel și în alte treizeci de minute ies cu arma dezasamblată și băgată într-o husă de aparatură fotografică. De fapt, în treizeci sunt înapoi la hotel și din nou mă mir că ceva e mișcat din loc, de data asta o vază. Whatever, îmi arunc în minte și îmi așez frumos arma în rucsacul aproape pătrat în care-i e locul. Deja se întunecă, mi-am îndeplinit scopul, e bine. Dau să mă aşez pe pat şi să-mi deschid laptopul când o bătaie în uşă, una destul de puternică, mă opreşte.

Merg la uşă şi mă uit pe vizor. Mă miră până şi că uşile unui hotel au aşa ceva. Mă uit şi... nimic. Negru. Cine o fi de partea cealaltă a pus mâna să acopere. Bătăile în uşă se intensifică. De data asta, cu ceva ce pare metalic. Armă, gândesc, şi-mi scot pistolul de la spate. Altcineva nu ar deschide, mie tare îmi vine să fac asta. Deschid uşa, brusc, de se trânteşte de perete şi mă trezesc cu pistolul meu îndreptat spre capul cuiva. Anneliese. Doar că mă trezesc şi cu o altă armă îndreptată spre mine.

-Lasă-l! îmi strigă blonda şi face doi paşi în faţă, închizând uşa. Automat fac şi eu doi paşi înapoi. Arma mea e încă spre capul ei.

-Lasă-l jos! spune iar, parcă mai potolită. Ştiu că n-o să tragi, nu în mine. Rămas fără opţiuni, pentru că aşa e, în ea nu aş trage, mă aplec încet şi îmi las arma pe covorul argintiu, apoi o împing cu piciorul mai încolo, ca la carte. Rămân în puterea ei.

-Dezbracă-te, îmi spune, cu ţeava armei lipită de pieptul meu.

-Nu am altă armă, îi spun defensiv.

-Fă-o şi atât, strigă, trăgând piedica pistolului. Aham, deci îl aveai asigurat... Îmi dau jos sacoul şi pantalonii, rămân în şort şi tricou. Gambele îmi ating marginea patului, nu am unde să mă dau mai înapoi de atât.

-Vezi? Nu mai am altă armă.

-De tot! spune Anne și nu pot decât să mă mir, nu pricep, dacă vrea să mă omoare de ce nu o face odată. Îmi trag tricoul peste cap și-l las pe jos, mă opresc la șort, privind-o întrebător. Tot, repetă, apăsând cu țeava pe pieptul meu. Nu pricep nimic dar, oarecum rușinat, da, sunt și așa, îmi dau șortul jos, până la glezne.

-Și-acum vrei să mă omori și livrezi cuiva? o întreb, mai mult uimit decât cu vreun pic de teamă.

-Așază-te, spune și-mi împinge arma și mai tare în piept. Mă așez pe marginea patului, iar ea îmi pune pistolul pe frunte. De ce?

Întreabă fără o continuare, nu știu ce să-i răspund, de ce ce, de ce l-am omorât pe William, de ce ce, femeie, mă întreb, uimit în continuare. În momentul ăsta, face cel mai ciudat și mai puțin probabil gest cu putință. Se lasă în genunchi lângă pat, ține în continuare arma lipită de fruntea mea, îmi ia penisul în mână și începe să și-l miște. Aproape că am ajuns pe spate de cât a împins cu pistolul, sunt tensionat și nedumerit, dar încep, culmea, să fiu și excitat. Sunt absolut excitat și am un moment în care nu contează ce-mi face cu arma, vreau doar să nu se oprească. Nu se oprește, din contră, își continuă mișcările cu mâna și aproape că nu-mi dau seama când lasă arma deoparte și mi-o ia în gură. Adânc. Se împinge singură, să-i intre cât mai adânc în gură, iar când nu o are acolo își folosește mâna, mâinile, chiar vreau să nu se oprească. Nici nu are de gând, văd, își descheie combinezonul, același pe care îl avea în Johannesburg, trage fermoarul complet în jos și se strecoară afară din el ca și cum ar ieși din piele. Eu nu mai țin cont de mare lucru de când a lăsat arma, o prind de sub brațe și o trag peste mine. Se lasă, deși a părut tot timpul că vrea să conducă, ajunge lipită de mine, goală și cu părul în dezordine, își folosește o mână să mă bage în ea și pe cealaltă să mă prindă de ceafă, mă sărută mușcat și rapid, își mișcă mijlocul la fel, rapid și amplu, se ridică până aproape ies din ea, dar niciodată până acolo, o prind și eu cu ambele mâini de cap și o sărut lin, adânc și încet, șoldurile ei se mișcă într-un ritm amețitor și simt cum i se contractă mușchii abdomenului, la început puțin și rar, apoi din ce în ce mai repede și mai îndelung, până ajunge la orgasm, iar atunci se lasă peste mine cu totul, moale, tremurând puțin, picioarele îi tremură și ea își lasă capul pe umărul meu drept și rămâne pe mine, respirând rapid, dar din ce în ce mai lent. Îi ia, de fapt ne iau câteva minute să ne revenim și, la un moment dat îmi spune „te-am vrut de când te-am văzut prima dată, în Botswana" și continuă în cel mai neașteptat mod cu putință „ai făcut bine că l-ai omorât". Rămân paf, îmi las capul pe spate și ea face același lucru, se dă la o parte de pe mine și se întinde pe patul ăsta imens, pe spate, ca o pisică. Mă rog, acum nu îmi vine în minte cu ce altceva să o compar. Mă întind și eu lângă ea. Am capul pe umărul ei și îi mângâi încet abdomenul.

-Anne, dacă ai fi în locul meu, inexistent, oficial mort, ce ai face?
-Păi...
-Nu, dacă ai fi fost o mașină de ucis toată viața, dacă nu ai ști să faci altceva și mai ales dacă ai fi omorât femeile iubite pentru că așa a trebuit, așa a

fost mai sigur, iar la final cineva ți-ar da oportunitatea să nu mai exiști oficial, de fapt, ce ai face? Nici nu știu de ce am continuat vendetta asta stupidă, fir-ar.

Anneliese nu spune nimic și-mi mângâie în continuare fața. E departe cu gândurile, cred. Iar eu sunt încă destul de excitat. Mă ridic încet și-i iau o mână, i-o leg cu una dintre eșarfele decorative de la capul patului. Văd că nu se opune. Procedez la fel și cu cealaltă mână și abia atunci face ochii mari, dar nu protestează. O să o folosesc și atât. Am nervii întinși la maxim. Bag întâi două degete în ea și începe să geamă încetișor. Le mișc din ce în ce mai repede și-și arcuiește spatele, practic se împinge în mâna mea. O prind de mijloc și intru în ea brusc, cu o mână o țin de gât, o strâng destul de tare și mă mișc rapid, frenetic, controlându-i mișcările cu cealaltă mână, ținută pe mijloc. Nu o las să-și ia, îi dau cum am chef și cum îmi vine acum. Tare. Dur. Rapid. Adânc. Nu mă interesează plăcerea ei, ci doar a mea. O strâng și mai tare de gât și văd că își mișcă mâinile într-o tentativă de apărare, dar fiind legată nu are ce face. Îmi aparține în totalitate. Acum și aici. Nu pot spune că nu-i place, căci încep să simt mușchii pelvieni contractându-se. Eu nu mai am mult și... Nu mai am deloc, de fapt, termin în ea și, din nou, ajunge la orgasm odată cu mine. Măcar atât, îmi spun în gând și mă întind din nou lângă ea, fără să-i vorbesc. Nici nu vreau să știu de ea deși abia am... folosit-o. Mi-e somn, dar mi-e mai mult trist și gol. Constat că nu mai sunt doar mașină eficientă, și asta de când cu Ania. Desigur, nici de amintirile celorlalte nu pot scăpa. Probabil niciodată. Pistolul ei a rămas pe noptieră. E legată, ce-ar putea face? Nimic. Îl iau, îl armez și mi-l pun la tâmpla dreaptă.

-Câte cartușe ai? îi arunc, determinat să duc asta până la capăt. Două, trei? E prea ușor. Glock 43, ca al meu, ca să vezi ce preferințe au unii...
-Felix, oprește-te! spune panicată. Ai făcut un bine. The greater good, mai știi? Așa ai funcționat toată viața. Nu face ceva ce alții ar regreta. Poate și tu, de dincolo, dacă există un dincolo.
-Cum poți să mă oprești? o privesc sfidător și hotărât. Mi-am ucis două iubite. Lea, Mia, nu știu dacă în rest am făcut bine sau rău. Am fost o unealtă. Am făcut ce mi s-a spus și atât, nu știu să fac altceva. Pe ele le-am executat fără regrete. Am avut și de-astea, dar nu mai contau apoi. Dacă aș fi fost un om normal, nu s-ar fi întâmplat toate. Absolut toate pentru care sunt vinovat până în măduvă. Am sângele lor pe mâini, dar mai ales în minte. Trebuie să schimb ceva, să schimb asta. Lumea fără cei ca mine ar fi un loc mai bun. Nu trebuie decât să apăs pe trăgaci. Simplu. Lucrurile au fost simple mereu, dar eu, în egoismul meu, am ales să fiu cel care trăiește. Cel care conduce, manipulează, ucide fără regrete. Știi ce sunt alea regrete pentru fiecare viața luată, Anne? Nu-i vorbesc, toate astea îmi fulgeră prin minte în câteva secunde. Și ea se uită cu ochii mari și goi la mine, la ultimul eu pe care îl va mai vedea în viață. Atunci, acolo. Acum, aici. E capătul. Trebuie să fie. Prea mult am fost de cealaltă parte a țevii. E timpul să termin tot. Nu știu ce e dincolo și dacă există un dincolo. Acum nu contează. Nimic nu mai contează. Nu, e prea ușor, trebuie să fiu eficient. Mut arma de

la tâmplă și bag țeava în gură.

-Felix, oprește-te! urlă la mine blonda legată și fără puterea de a interveni. Nu mă mai opresc, nu de data asta. Click. Nu se poate. Click. Căcat, ăsta e gol. Și atunci ce a fost cu tot teatrul ei de mai devreme? Arunc furios arma în geam și constat că nu se sparge. Geamul, nu arma. E bine să știu că am stat într-o cameră securizată, chiar dacă aflu asta în ultima noapte aici. Ultima parte din noapte. Mă îndrept spre ea și o apuc strâns de gât. Din nou, doar că acum nu mai este pentru plăcere.

-Adică tu m-ai amenințat cu o armă goală? Goală?? urlu, și-i trag o palmă de mă ustură și pe mine și pe care o regret imediat. Proasto! Puteam să te omor! Armă goală??

Cumva a reușit să-și elibereze o mână și îmi mângâie fața.

-Nu puteam risca, cu tine. Haide, liniștește-te, îmi spune și mă trage să-mi afund din nou fața între sânii ei. Haide, ieși de acolo, dragule. Fă-o pentru mine, pentru alții care încă mai au nevoie de tine. Încep să plâng, aproape un bocet de tristețe și de ură că mi-a luat șansa asta, că a fost bună cu mine, deși i-am ucis fratele și știe asta. Data viitoare, dacă mai există una, nu mai ratez, îmi spun, și-i dezleg cealaltă mână. Mă cuprinde în brațe și mă strânge de parcă ar vrea să fiu doar al ei, forever and ever. Cine să o mai priceapă? mai gândesc, înainte de a cădea într-un somn adânc despre care știu dinainte că va dura cel mult trei ore. Mâine, azi de fapt, alt job, altceva de făcut. Ca întotdeauna... Adorm, aproape ca niciodată, fără să știu de mine, mintea mă lasă în pace de data asta și dorm fără să mă mișc, măcar câteva ore.

Mă trezesc la patru și douăzeci și merg tiptil în cealaltă cameră, lăsându-mi blonda să-și continue somnul, deși așa nu m-aș fi desprins de ea... Nu apuc bine să mă întind pe pat, de data asta cu gânduri și planuri cu tot, că-mi sună, silențios, telefonul. Apelant pe care nu-l am în agendă. Număr de Maroc. Până la urmă, de ce nu?

-Ascult, răspund tăios, dar în șoaptă, ridicându-mă de pe pat și mergând în locul cel mai îndepărtat de camera în care doarme Anneliese.
-Să asculți era și ideea, îmi spune o voce baritonală. În timpul acesta, laptopul meu își face treaba de localizare. Jean-Claude. Atât. Următoarea ta țintă. Plata, jumătate acum, jumătate după ce am confirmarea că e mort. Deja am transferat prima parte în contul tău din Elveția. În cel pe care l-am găsit, știu că ai mai multe. Restul informațiilor despre țintă îți ajung pe laptop chiar în timp ce vorbim. Banii îi pot retrage, încă. Accepți sau nu? Scurt.
-Ok, se face. Mâine sunt acolo. Azi, whatever. Cum vrei confirmarea, Igor? Mașinăria mea și-a făcut deja treaba, știu cine este. Ciudat că mă sună tocmai pe mine.
-O să știu dacă ți-ai îndeplinit misiunea. Atât. Apel terminat.

Mda, se schimbă variabilele ecuației. Altceva aveam de făcut în Maroc. E bine și așa. Nu sunt, până la urmă, tot un fel de mercenar? Hm, ce chestie, în punctul ăsta nu credeam că o să ajung. Why not, after all? De dincolo se aud pași de pisică și Anne apare în cadrul intrării în cameră, încă goală.

-Hei, de ce nu mai dormi? Sau măcar să stai cu mine... spune, ajungând la mine și mângâindu-mi, din nou, fața. Ce se mai ascunde în căpșorul ăsta, ce te chinuie noaptea?
-E dimineață, Anneliese, îi spun strângându-i mâna și sărutându-i-o. În palmă. Acum nu mă chinuie nimic, kid. Îmbracă-te și hai să mergem.
-Unde mă duci, dragul meu? What?? Și ea? Nu trebuie, și-așa am destule schelete în dulap, ca să spun așa. Nu-mi mai trebuie încă una îndrăgostită de mine.
-Nu te duc, dulce dragă. Tu mă duci. La Ysterplaat. Plec spre Maroc. Trebuie. Se bosumflă puțin dar ascultă, se duce dincolo și reapare, repede, de data asta îmbrăcată. Eu m-am îmbrăcat de când am schimbat camera, am să-mi iau rucsacul și sunt bun de drum.
-Nu am venit cu mașina, F. Cum te duc? Și parcă îți place să conduci situația, așa am văzut azi-noapte, îmi spune făcându-mi cu ochiul.
-Ok. Conduci tu mașina luată de mine de la aeroport. Am prea multe în minte, Anne.

Ieșim împreună din hotel și urcăm în mașina mea, vorba vine a mea, Anneliese la volan, iar eu lângă. Cu nelipsitul rucsac pe bancheta din spate. Plecăm și văd că Anne conduce destul de bine, traficul la ora asta e cam aglomerat, dar se descurcă. Drumul până la aerodromul Ysterplaat are doar opt kilometri așa că îl parcurgem relativ repede şi în absolută linişte. Niciunul dintre noi nu vrea să distrugă legătura creată. Sau ce-o fi asta. Odată ajunşi. o rog să ducă maşina la aeroport, oricum de acolo va pleca înapoi spre Johannesburg şi mă mai sărută o dată, acum aproape cast şi clar a despărţire de cineva drag. Uf, n-ar trebui... Cu John Sutherford, contactul de la baza Ysterplaat am vorbit încă dinainte de a ajunge în Africa de Sud, îl văd la poartă, îmi deschide şi-mi spune că ar trebui să ne cam grăbim. Nu e normal ca unul ca mine să intre în bază. Mergem spre o pistă secundară, constat că tot de astea am parte în ultimul timp şi văd un Piaggio Avanti II cu două rezervoare suplimentare. Numai bun cât să ajung la Marrakech. Nu şi să mă întorc, nici nu am de gând, iar despre recuperarea avionului se va ocupa John, mi-a spus în treacăt. Avionul e bun, cu patru locuri, unul cu un loc mi-ar fi fost de ajuns, dar ar fi fost mai greu să am combustibil pentru opt mii de kilometri. Urc şi, măcar ca să mă îmbărbătez, îmi spun că nu poate fi prea diferit de simulatorul de zbor în care am învăţat şi în care am fost de zeci de ori. Da, e o premieră pentru mine să operez o maşinărie ca asta, dar mă voi descurca. Sigur. Trebuie. Dacă trebuie, reuşesc. Mereu. Îl salut pe John şi pornesc motoarele avionului, chiar văd că mă descurc cu modelul ăsta. Bun, şi-acum spre nord-vest. Nu ştiu cât durează, dar voi fi acolo la timp, până la urmă am un contract de onorat. Deşi iniţial am vrut să mă duc la El Aaiún, acum voi ajunge la Marrakech. Pas de probleme, îmi spun, şi mă ţin de manşa avionului de parcă ar fi un pai de care se agaţă un înecat.

Capitolul 15

O să ajung în câteva ore la Marrakech, ore bune, lungi, totuși, avionul ăsta atinge aproape șapte sute cincizeci de kilometri pe oră, iar distanța este de aproape opt mii de kilometri. Așadar, zece ore, given or taken. Încă nu știu cum de a dat Igor de mine și mai ales de ce m-a ales, având în vedere că a fost coleg cu tatăl Aniei, pe care l-am omorât eu. Bine măcar că știu cine e și mai ales cum să dau de el dacă ceva nu merge cum trebuie. Nu banii mă interesează, nici măcar nu știu de ce am acceptat chestia asta. Până la urmă, e ca de obicei, doar că pentru altcineva. Ok, haide să las asta la o parte, deși încă mă sâcâie, ceva nu-mi pare tocmai în ordine, iar la mine totul trebuie să fie organizat, structurat pe capitole și la liniuță, dacă se poate. Vorba vine. Până una-alta, nu am decât să zbor peste Namibia, Angola, Camerun, ținând-o cât mai spre coasta Atlanticului apoi să o tai peste Nigeria, Mali și Mauritania, de preferat cât mai jos posibil, ca să fiu sub radar, n-am chef de avioane de vânătoare pe coada mea. Oricum, va trebui să cobor dinspre vest pe aeroportul din Marrakech, are două piste amărâte, e internațional, dar îmi pare mic, de parcă ar fi pentru uz intern. Așa cum la orașul ăla ajunge o singură linie de cale ferată, din nordul țării. Oricum, va trebui să aterizez pe vreo pistă secundară și, după planurile mele, să las avionul abandonat pe undeva, cât mai retras. Mai departe se va ocupa John, așa mi-a zis. Chiar dacă e o treabă hit and run, îmi rezerv totuși o cameră de hotel. Să fie. Cine știe ce apare, sper să nu, dar mai bine așa. Întotdeauna e mai bine să-mi iau măsuri de precauție. Mai am două țări și o parte din ocean de străbătut și va trebui să întorc spre est, pentru aterizare. Apăs pe butonul pilotului automat și avionul trece singur pe viteză de croazieră și ia înălțime. E ok și așa. Merg în partea din spate și iau laptopul din rucsac, geantă, ce-o fi, că pot să îl transform oricum, și-l deschid. Nimic nou în adresele mele de e-mail, dar oarece gânduri nu-mi dau pace. Și nu știu de ce, după atâția ani. Mereu ea. Chiar și când am fost, vorba vine, cu Lea, apoi cu Mia, mereu mi-a stat undeva în creier și în gânduri. Deși știu, știu tot sau am știut până la un moment dat.

„Nu știu dacă îți voi trimite vreodată această scrisoare, nici măcar dacă e o scrisoare sau parte din jurnalul meu și atât. Nu știu nici dacă vreau să îți ajungă, am mai încercat să iau legătura cu tine și a fost în zadar. De fiecare dată și n-au fost puține. Tu ai rămas în mine punct de reper și etalon pentru relațiile mele următoare. Deși nu ai fost ceva extraordinar, dacă privesc strict detașat și din afară, ai fost cea mai cea. În același timp, cea mai bună și cea mai rea. În același timp, tot și nimic pentru mine, pentru mine cel de atunci și cel de apoi, aș minți și m-aș minți dacă aș spune că nu este așa. Am vrut să te uit, am vrut să-ți fac rău, dar nu am putut pentru că, așa cum cineva mi-a spus odată, iubirile nu se termină, ci se transferă la următorul partener, întotdeauna încercând să găsești trăsături ale fostului în cel nou. Da, așa e, te port în mine și nu de azi, de ieri, ci de când mi-ai trimis acel mesaj prin care ai pus capăt, un semn de lașitate aș spune, eram la Budapesta și nu puteam ajunge la tine imediat. Doar știi că și dacă ne certam, fiecare revedere era o împăcare și, într-un fel, o luam de la capăt sau de unde o lăsasem înainte de ceartă. Știu că ar trebui să te uit, pur și simplu să te arunc în negura uitării, hai că am început să fiu și dramatic acum, dar, din nou îți spun, și știu că deja știi, nu am putut niciodată asta. Nu știu dacă voi putea vreodată să scap de tine din mine, să te scot din sistem și să merg mai departe cu totul curat și nealterat de noi. Noi, în care credeam mai mult eu decât tine, noi, pe care mi-l construisem și de care aveam mare grijă, deși mi-l dărâmai sistematic, copilărește aș spune. Tu te-ai jucat de-a iubirea. Cu mine, cu alții, mereu ai făcut asta până, deh, ți-ai găsit și tu nașul. Cu el nu aveai nimic deja construit, ai ajuns mai jos de zero și ai acceptat situația, nu am știut niciodată de ce. Până la urmă..."

Biip! Biip! Biip! Ok, vin acum, la naiba. Avertizorul pilotului automat îmi spune că sunt deja deasupra Atlanticului și simt și începutul de viraj la dreapta pe care îl face avionul. Mă așez în scaunul pilotului, hm, ce chestie, abia acum observ cu adevărat că este doar unul, deși era normal, nu faci curse comerciale cu Avanti II, iau manșa în mâini și împing puternic înainte, acul altimetrului o ia razna de cât de rapid cobor, aproape în picaj. Ajuns la o mie două sute de metri, cam prea jos, iau legătura cu turnul de control de la Marrakech-Ménara și mi se acordă permisiunea să aterizez pe pista patru. Cum mă așteptam, o auxiliară. E bine și așa, ba chiar mai bine decât să fiu trecut prin toate filtrele posibile, poate și cu o întâmpinare grandioasă din partea autorităților. Low profile e mereu bine. Oricum, am la îndemână actele de acreditare de la Națiunile Unite. Sunt cam departe de capitala Rabat, ce-i drept, dar nu mă aștept la întrebări prea multe din partea nimănui, poate la ajutor, dacă e nevoie la o adică. Aterizez, ce-i drept, aproape razant, pe pista indicată de turnul de control și trag cât de repede pot avionul într-un spațiu de servicii, unde am de gând să îl și las. De tot. Mă întorc în cabina călătorilor, îmi închid laptopul și-l bag înapoi în geanta-rucsac, de data asta va fi geantă de umăr. Ies din avion și adulmec aerul, miroase a nisip și a ploaie recentă. Nici temperatura nu este prea ridicată, așa că mă hotărăsc să o iau pe jos spre hotelul Riad Cinnamon, tocmai pe Derb el Hajra. Cam departe, dar nu foarte, nu suficient încât să vreau să iau o mașină de la aeroport. În rest, o să folosesc taxiuri, dacă e cazul. Low profile all the time. Ăsta sunt eu. Până la hotel fac aproape o oră și jumătate, deși sunt doar patru kilometri și ceva, nu merg susținut, ci încet, să mă obișnuiesc cu locurile, să le învăț, deși nu îmi prea ajută la nimic. Merg pe tot felul de străzi, străduțe și bulevarde cu nume ba arab, ba francez, ba arab franțuzit. Normal, după ocupație. Ajung la hotel după ce admir câteva clădiri în stil maur care-mi aduc aminte de Zürich și după ce trec pe lângă un parc imens, cum la noi sau oriunde în Europa nu găsești. Mă ghidez doar după GPS-ul telefonului. Odată ajuns la hotel, mă cazez fără probleme, în mai puțin de cinci minute, și sunt chiar condus la camera mea de cineva de acolo. Când îmi deschide ușile duble ale camerei, mai să-mi pice fața la cât de mult seamănă cu cea din Cape Town. Aproape același gen de finisaje, patul mai mic dar, fiind dublu, oricum mare. Nu știu de ce aleg aproape de fiecare dată camere duble în care știu că, în primul rând, mă simt singur. Mai singur decât mă simt oricum în viața asta ascunsă și în joaca de-a inexistentul. Intru, cel care m-a condus închide ușile retrăgându-se cu spatele, după ce mă salută în franceză, îmi las geanta lângă pat și mă așez pe el, cu mâinile și picioarele răsfirate, să ocup cât mai mult. Stau așa, fără să fac nimic, vreo douăzeci de minute, apoi îmi scot laptopul și încep să mă documentez temeinic despre împrejurimi, despre ținta mea, Jean-Claude, cât și despre Igor Abdulov, să-i spun angajatorul meu de data asta. Ceva nu e în regulă, cu el, la el, deja mă gândesc că se prea poate să-mi devină țintă. Whatever. Cineva o să pice și nu voi fi eu ăla. De asemenea, îmi dau în continuare târcoale gânduri despre Andreea, cea despre care am scris în avion. Fir-ar, și în cazul ei, whatever. Mai mult, fuck off. Mi-a bântuit destul totul după despărțire. Ar fi cazul să pun punct. Și nu cum sunt învățat și obișnuit să pun punct, adică omorând, ci în mine, în minte și, dacă o exista, în suflet. Dacă există, al meu e oricum condamnat deja. Nu e nevoie de vreun iad, deja îl am pe al meu. Trăiesc în el în fiecare zi și mă afund în el cu fiecare viață luată. Așadar, Jean-Claude Huffington va fi mâine la centrul de conferințe Palais des congrès de pe Moulay El Hassan. Asta înseamnă... Dar mai bine văd mâine, va trebui să urc pe clădirea de vis-à-vis, hotelul Ryad Mogador Ménara și de acolo bla bla, chestiile obișnuite. Mă ocup mâine de asta, acum vreau să dorm și tare prefer să nu am gânduri sau vreun vis, așa că mă dezbrac, îmi las boarfele în dezordine prin cameră și mă arunc în pat. Patul ăsta imens. Aş fi putut fi cu cineva aici... Taci, minte, taci dracului, Felix şi dormi, îmi spun. Cu voce tare. De ar tăcea şi vocile din capul meu, ar fi bine. Andreea, Lea, Mia, Ania, Oana, dacă s-ar risipi precum fumul, aş putea să...

Ceasul şi telefonul îmi sună insistent, să mă trezesc. Mă ridic într-un cot şi reuşesc să le fac pe amândouă să tacă, mai stau cinci minute, am timp. După „cinci minute", constat că am aţipit şi am mai stat o jumătate de oră. Încă nicio problemă. Mă ridic, încep să mă îmbrac, adunându-mi hainele de prin cameră, îmi trag geanta pe umăr şi sunt gata. Cobor şi găsesc un taxi neînmatriculat ca atare, vreun localnic care vrea să facă bani de pe urma turiştilor. Cine sunt eu să-l judec? Până la urmă, am făcut şi fac lucruri mult mai rele. Sau nu. Depinde de perspectivă. Urc în maşină şi-i spun să mă ducă la hotelul Ryad Mogador Ménara, dar să mă lase pe strada perpendiculară cu cea unde se află centrul de conferinţe, pe Mohammed VI. De acolo, am câteva sute, poate doar zeci de metri de mers. Facem drumul în douăzeci de minute, cam mult, îmi pare, dar nu mă iau la harţă cu el. Îl plătesc şi cobor, îmi arunc geanta transformată din nou în rucsac în spate şi merg la intrarea hotelului. Intru şi nu mă opreşte nimeni, nimeni nu mă întreabă ceva, aşa că încep să urc scările. Desigur că are şi lift, dar pe scări e mai sigur. Cinci etaje plus încă unul ca să ajung pe acoperiş. Într-un fel, îmi convine că are acoperişul plat şi nu creneluri, am libertate de mişcare mai mare deşi, dacă ar fi fost invers, m-aş fi ascuns mai bine. Mă instalez, cu armă cu tot, pe partea nordică a acoperişului, spre centrul de conferinţe. Soarele pare să mă deranjeze puțin, însă efectul dispare când, întins pe burtă, mă uit prin luneta Delta Titanium spre intrarea sudică a centrului. Mda, asta poate fi o problemă, îmi spun, sunt trei intrări, două nordice. Nu pot decât să sper că Jean-Claude va ieși la strada principală sau să schimb planul din mers, văd eu cum mă apropii de el. Încep să număr. Când ajung la o mie, mi se ia de numărat și doar aștept să iasă. Și tot aștept, cu soarele bătând direct pe mine. Aproape că-mi vine să las totul baltă și să cobor la centrul spa. Dar eu nu fac așa ceva, eu nu renunț, nu am voie. Niciodată. Așa că aștept. O oră. Cald. Soarele deasupra, necruțător. Două ore. Stau fără să mă mișc și nu pot decât să mă rog să iasă prin față. Două ore și jumătate, și un puhoi de lume începe să iasă din Centru, la o adică va trebui să trag din mișcare. Nu a mea, a armei. N-ar fi prima dată, whatever. Sunt totuși cam prea încordat față de obicei și asta poate să-mi pună piedici. Nu e bine așa. Anestezie în suflet îmi fac. Întotdeauna fac asta înainte de a trage. Acum merge mai greu. Dar merge. Nu simt nimic. Ania, de-ai fi tu aici... Chiar și Andreea ar fi fost bună să mă liniștească. Am ce am azi cu ființa asta. Not ok. Dar Ania e viitorul meu. Doar așa vreau. În sfârșit, îl văd pe Jean-Claude ieșind, bine că iese pe aici. Cu doi bodyguarzi. Dispozitiv ciudat, unul în față, celălalt în spate. Cel din față îmi îngreunează scopul. Nu, nu se poate! Cel din față este Ania. ANIA!! La dracu, ce fac? Aproape mă blochez și-mi vine să las totul baltă, dar degetul îmi apasă automat pe trăgaci și două gloanțe pornesc spre ea. Unul sub clavicula dreaptă și unul în piept, tot spre dreapta. Doamne, sper să aibă vestă. Cade ca secerată și-mi lasă cale liberă spre Claude, însă cel din urma lui îl împinge în mașina care-i așteaptă și nu mai apuc să trag a treia oară. Ei pornesc în trombă, iar Ania stă întinsă pe spate, apăsându-și cu o mână rana de la umăr. Asta înseamnă... La dracu! Îmi demontez arma, o îndes nu prea ordonat în rucsac și încep să alerg în jos pe scări să ajung acolo. Trebuie. Treizeci și șapte de secunde, arma, un minut și cincisprezece până ajung la ea. Lumea e bulucită și nimeni nu face nimic, cineva a sunat totuși la ambulanță, care tocmai sosește. Ania e vie, doar rănită și zdruncinată de la lovitura glonțului în piept. Are vestă. E bine. Medicii sunt lângă noi deja, o urcă pe targă și o duc spre mașină. Merg în urma lor și le spun sec „merg cu voi". Unul dă să protesteze, ba chiar spune ceva ce acum nu înțeleg, dar la vederea legitimației ONU o lasă moale și urc în spate, lângă femeia cu ochii de un verde tulbure acum. Nu vorbesc, doar o țin de mână tot drumul și stau cât mai deoparte, ambulanțierii nu stau degeaba. Doar le-am spus, poruncitor, să meargă la spitalul Ibn Tofail. Este mic și asta e bine, până la urmă nu ținem să avem parte de tam tam prea mare. Pe ea o preiau alți doi și o duc spre sala de operații, va fi o simplă extragere de glonț și pansare, nu mare lucru, îmi spun. Eu aș face mai bine să plec decât să o aștept, oricum i-am zis la ce hotel stau, a fost conștientă tot timpul. Plec din spital și găsesc, culmea, tot un taxi privat care mă duce înapoi la Cinnamon. Am inima strânsă, dar nu este nimic de făcut, mâine sau poate chiar în seara asta o externează. O să fie bine, îmi repet obsesiv, o să fie bine, nu știu dacă noi o să fim bine, cu ea știind că eu am fost cel care a tras. E puternică, va înțelege. Și-acum îmi dau seama ce nu era în regulă, ce mi-a făcut mintea terci tot drumul. Igor Abdulov a încercat să facă să ne eliminăm reciproc. Nu ar fi prima dată în viața mea ascunsă dar e, cel puțin până acum, prima dată când, cred, am făcut față. Amândoi. Mă uit repetat și insistent la ceas, îmi arată de fiecare dată altă oră, normal, și-mi arată că voi fi din ce în ce mai aproape de o nouă confruntare cu Ania. Doar întâlnire nu-i pot spune, sigur, după ce i-am făcut și știe, o să mă ia la rost. Ca și cum ar avea dreptul. Ca și cum nu ea e aia care a venit prima dată la mine cu pistolul întins și cu intenția de a scăpa de viața asta, așa, amândoi, ca să fie eficientă. E deja ora nouăsprezece și aici e, de asemenea, întuneric afară, cu o mică geană de lumină spre vest. Încă nimic. Probabil o să mă duc mâine să o iau din spital și să vedem cum și ce rezolvăm cu Abdulov. Trebuie. Așa ceva nu a fost o chestie la întâmplare. Mă pregătesc să mă bag în pat când aud o ciocănitură aproape timidă în ușă. Una de aproape, n-aș fi auzit-o dacă nu mă înconjura o liniște mai mult decât apăsătoare. Una care înfige ghearele și-ți smulge gândurile cele mai ascunse, le tăvălește și ți le bagă înapoi în cap ca să te doboare. Ciocănitura se întețește, însă e în continuare slabă. Merg spre ușă și o deschid, dau de o Ania slăbită și, în alte condiții, numai bună de iubit. Acum, doar rănită și în vindecare.

-Ani, ce-ai căutat, măi copilă, acolo? De ce trebuia să fii tocmai tu?

-Nu trebuia, tocmai. Trebuia să însoțesc o coloană și-a fost o schimbare de ultim moment, îmi spune blonda așezându-se pe pat. Măcar nu o să fiu singur, îmi spun, poate o să dormim supărați, dar e mai bine decât singur. Și în tăcerea aia care-ți întoarce mațele pe dos uneori. Merg și mă las în genunchi în fața ei, lângă pat.

-Pe viu, mă, pe viu m-au tăiat și mi-au scos glonțul, pricepi? îmi spune Ania, apuncându-mă de umărul drept cât de tare poate, cu mâna pe care o poate folosi. Parcă era abator, Felix, și m-au cusut la fel, fără nicio anestezie. Vorbește revoltată dar cu fața în jos, capul lăsat spre genunchi și cu lacrimile șiroind. De ce a trebuit să tragi în mine, de ce tocmai tu? Nu mă întreabă, vorbește retoric, deși ar vrea cu siguranță răspunsuri.

-Ani, știi că nu mi-am ratat nicio țintă în toată viața asta, nu? Doar te-am rănit, draga mea, dacă trăgeam în cap, cine mă mai trăgea la răspundere acum?

Mă ridic și-o iau în brațe, dar aud un „auuu" apăsat și-o eliberez imediat. Umărul ei drept nu e prea bine. Haide, lasă-mă să mă uit, îi spun și încep să îi dau jos jacheta vișinie. Mă lasă. E prea afectată, mai mult emoțional, văd, încât să se opună. Îi scot apoi helanca, abia ridică mâna dreaptă, mai mult i-o întind eu și rămâne în sutien și cu rana la vedere. Vorba vine, acoperită de câteva pansamente pe care i le dau la o parte și iarăși aud, de la Ania cea dură, un scâncet prelung când i le dezlipesc de piele. E urât, dar se va vindeca bine. Știi, Ani, trebuie să aflăm mai multe despre Igor și să vedem ce-a vrut nenocitul ăsta de la amândoi. Tocmai de la noi.

-A fost coleg cu tatăl meu, Felix. Și da, știu că tu mi l-ai omorât. Nu ți-am făcut nimic pentru că, well, pentru că, ți-am zis cândva, parcă m-am atașat de tine în dățile alea când te-am privit prin lunetă, nu știu, tu acționezi altfel, tu ești altfel, iar Oana m-ar fi terminat dacă-ți făceam ceva atunci când m-am retras. Îmi spune toate astea calm, s-a lăsat pe spate în pat și îmi vorbește parcă de departe, deși o aud și o ascult din inimă. Cât despre Abdulov, dragul meu, urma să fie o treabă simplă și din care ieșeau bani. Nu puteam ști că dau de tine aici, presupun că nici tu de mine. Altfel ți-aș lua gâtul fără să stau pe gânduri. Probleme de conștiință avem toți, apoi. Dar atunci, în momentul critic, doar acționăm. Tu știi mai bine.

-Haide sus, frumusețe, îi spun și-mi vine să o trag cu totul în pat de subraț, însă în ultimul moment îmi dau seama că ar durea-o îngrozitor umărul și mâna dreaptă, așa că o las să urce singură. Face asta după ce-și dă jos, cu chiu, cu vai și pantalonii și se întinde cu spatele la mine, nu știu dacă e gest de refuz, de apărare sau altă aiureală feministă, dar acum contează doar că e aici și că e bine, pe cât de bine poate fi cineva împușcat cu numai câteva ore în urmă. Noapte liniștită, Ani, îi mai șoptesc și-o cuprind în brațe, evitând să-i ating umărul drept, acum deasupra. Mâine ne ocupăm de Igor, știu cum să-l găsesc. Somnul ne cuprinde pe amândoi aproape în același timp, eu mă mai trezesc uneori și văd că respirăm în același ritm, e bine, suntem în rezonanță. Pe ea o las să doarmă, eu mă chinuiesc în pat, probabil va fi așa până dimineață, așa că-mi iau laptopul lăsat lângă pat și încep să navighez pe tot felul de site-uri. Până mi se ia și de asta. Nu aș putea spune că am o stare prea bună, cu gândurile care nu-mi dau pace și cu Ania lângă mine, știind că era să-mi fie iubitavictimă numărul trei.

„Da, cel mai probabil nu-ți voi trimite asta, cu siguranță nu ai vrea să știi ce am ajuns și ce am făcut până acum, fiind în felul asta. Și mai ales cât mă chinuie totul, nu ca atunci când eram împreună, ci mult mai intens și mai râcâitor, mai aproape de disperare și de finaluri dorite și niciodată avute. Pentru că, vezi tu, pur și simplu nu-mi mai permit să nu exist, deși oficial așa este. Nu-mi permit să las în urmă durerea și disperarea altora și să nu-i ajut. O fac fără să știe, niciodată nu află, o fac pentru că, după ce am scăpat de cele două organizații am decis, contrar a ce știai despre mine, că the greater good e mai important decât egoismul meu. O fac plângând pe dinăuntru, sfâșiindu-mă cu fiecare viață luată căci da, despre asta e vorba, despre a curma vieți, ale unora care fac rău. Sau foarte rău. Sunt un înger, dar un înger al morții. M-am gândit de câteva ori, pe când egoismul era încă în floare în mine, să fac asta și cu tine, doar pentru că mă durea prea tare existența ta. Dar mi-am dat seama la timp că amândoi am fost de vină sau că nu ar trebui să existe o vină. Durerea cea mai mare a existat pentru că nu am avut parte de o încheiere. M-ai aruncat, ai pus capăt într-un mod crud, dar eficient, pentru a doua te-aș felicita dacă aș ști că pot să stau față în față cu tine sau că aș mai ajunge la asta. Într-un fel, încă mi-e frică să ajung față în față cu tine, sper să nu se întâmple asta sau da, în alt fel mi-o doresc, doar să văd cum mi-ar fi. Păcat de tot. Deși nu ajunsesem să construim aproape nimic. Dar mi-erai «acasă». Nici nu știu de ce scriu în jurnalul meu despre tine sau, ciudat, nu despre tine, ci ție, ca și cum ar urma să știi toate astea. Într-un fel, mă exorcizez de tine, n-aș vrea să afli niciodată că sunt ăla care și-a ucis două iubite pentru că a trebuit, pentru că „trebuie" era mai important decât orice altceva și era să o ucid și pe a treia. Despre această a treia nici nu știu clar dacă-mi este sau nu iubită, știu doar că viața, de fapt cineva anume, mi-a scos-o în cale la momentul potrivit și mi-a redat libertatea... pe care am ales să o trăiesc aproape la fel ca atunci pe când nu o aveam, culmea. Lucky me. Bad choices all the way..."

Telefonul se aprinde și stinge intermitent, nu îl închid aproape niciodată. Ciudat, e abia patru și jumătate noaptea și ăsta mă sună. Îmi trec laptopul în mod urmărire, cobor din pat aproape scurgându-mă, să nu o trezesc pe Ania și răspund. Pentru că știu cine este.

-Ascult.
-Ai dat greș. Așa ceva e inacceptabil, Felix.
-Shit happens, Igor, mare lucru, nu vira partea a doua din bani...
-De fapt, mai ai o zi în care să-ți duci misiunea la sfârșit. Jean-Claude mai stă în Marrakech o zi. Eu voi fi aici, cu ochii pe tine.
-Ok, să nu te miști că faci zgomot, vorba aia. Unde îl găsesc?
-O să aibă coloana oficială, atât știu și atât îți pot spune. Hai, pa.

Îmi închide în nas, dar laptopul meu l-a localizat deja, probabil de mult. Un depozit. Dépôt municipal, pe o străduță care pleacă din Bab Ahmar. Și-o să fie acolo încă mult. Omul nu se mișcă prea mult în locuri străine. Sigur. Mă bag încetișor înapoi în pat, o iau pe Ania în brațe și reușesc să adorm, într-un final. Fără gânduri. Poate le-am dat pe toate afară scriind mai devreme.

La șapte sunt trezit cu un sărut în colțul gurii de ucraineanca blondă. S-a întors pe partea cu umărul lovit, trebuie că încă o doare, dar sigur asta o îndârjește.

-Hai sus, prințe, nu lăsa domnițele la ananghie, îmi spune făcându-mi cu ochiul și coborând din pat. Mă pisicesc puțin și mă întind spre ea, dar nu o ajung, aș mai dormi, alte lucruri care trebuie făcute nu-mi permit, însă. O să fie timp și de somn. Altă dată sau altă viață. Cel mai probabil altă viață. În asta sunt condamnat. Până la urmă, am ales. Cobor din pat, o prind de talie și-o împing în perete din spatele ei, cel cu fereastra, dar nu îmi fac probleme acum de așa ceva. Îi ridic ambele mâini deasupra capului, îi văd un rictus de durere, dar nu o las și-o sărut brusc și mușcat, jucându-mă mai mult decât pătrunzând.

-Haide, domniță, la ananghie zici, a? Avem lucruri de terminat și nu ce ai crede.

-Da, știu, sau mai mult, îl vreau terminat pe nenorocitul ăla. Începe să se îmbrace și-mi aruncă un zâmbet despre care nu știu ce să cred. Felix, ce suntem noi de fapt? Haida de, la întrebarea asta chiar nu mă așteptam.

-Ani, noi... până la urmă suntem ce vrem, nu? încerc să i-o întorc frumos și să scap de o discuție stânjenitoare. Sunt pe un taburet, îmi țin capul plecat și aștept să termine cu îmbrăcatul, când mă trezesc cu ea lângă mine, în genunchi. Îmi ia capul și îmi ridică fața lângă a ei, cu mâna dreaptă, știu că se chinuie.

-Suntem iubiți, F? Suntem fuck buddies? Iubiți reali sau de conjunctură? mă întreabă toate astea cu buzele aproape lipite de ale mele și mângâindu-mi chipul oarecum malițios. Poate s-a trezit și în ea ura.

-Ani...

-Nu-mi mai spune Ani. Mă cheamă Ania. Nu vreau să mă alinți. Vreau să-mi răspunzi. Vreau să știu, pricepi? Am nevoie. Poate fi ca și când o viață depinde de asta.

-La naiba, fată, ce-i așa tragic? Da, te iubesc. Da, cu tine mă văd până la final, care-o fi ăla. Se ridică brusc de lângă mine și-și îndeasă pistolul în toc.

-Bine. Avem treabă. Hai! La așa ceva nu mă așteptam, fir-ar, e când caldă până la incandescență, când rece și distantă. Nu știu ce să cred. Mă ridic, îmi iau și eu arma și mi-o pun în holster și-i iau mâna.

-Vreau un inel aici, îi spun atingându-i degetul mâinii stângi. Și o să fie. Comentarii? Zâmbesc și îmi răspunde la zâmbet cu unul foarte ghiduș.

-Și eu. Haide. Aproape că mă trage spre ușă.

Ieșim împreună din hotel, încă nu e cald, nici n-ar putea fi la ora asta, dar am mintea în colțuri și ne hotărâm să mergem pe jos spre depozitul unde și-a stabilit Igor cartierul general. Mergem ținându-ne de mână, undeva la limita dintre iubiți și parteneri. Mă ține cu mâna dreaptă, asta e bine, înseamnă că se reface repede. Cam pare să aibă chef de joacă, uneori îmi aleargă în față și mă așteaptă cu brațele deschise sau ăsta e modul ei de a refula. Anterior unei întâmplări. Nu știu, n-am văzut-o niciodată în modul de misiune, cum spun eu.

-Pe ăsta, da? mă întreabă la un moment dat și-mi arată inelarul mâinii stângi. Apoi mai fuge câțiva metri și mă așteaptă. Ok, haide să fim serioși, Felix, îmi opresc joaca. Dar știi că va trebui să aflăm mai mult unul despre altul. Asta nu schimbă nimic, să știi, o spune ca pe o amenințare în glumă și mă sărută brusc, în ciuda celor două femei care trec pe lângă noi. Mă ia cuminte de mână și mergem spre depozit, de fapt suntem deja pe strada din fața lui. Ne apropiem din lateral și urcăm treptele până lângă ușă, apoi ea se duce mai încolo și amândoi luăm poziție de intrare în loc ostil. Sau posibil ostil. Ca la carte, fiecare într-o parte a ușii duble. Ania verifică dacă ușa are fire, posibil explozibil, în timp ce eu scrutez împrejurimile. Nimeni pe o rază de cinci sute de metri. E bine. Ea îmi face semn că totul e în regulă și se pregătește de intrare. Cu arma scoasă, ca și mine de altfel.

-La trei. Și începe să numere din degete. Când ajunge la trei, izbim amândoi cu picioarele în ușă și năvălim într-un semiîntuneric unde ea abia vede, eu văd ca în palmă. Igor la o masă și alți doi care își scot armele. Dar sunt prea aproape de noi, unul cade și mă miră cât de bine și repede a tras Ania cu mâna stângă, ambele gloanțe în cap, celălalt are norocul să facă cunoștință cu piciorul meu drept care zboară prin aer și-l izbește cu capul de muchia unei scări metalice. Am eu ceva cu izbitul oamenilor de pereți, îmi spun în gând. Igor a înlemnit, acum amândoi mergem spre el, calmi, cu armele către capul și pieptul lui. Doisprezece pași până la masă.

-Oameni buni... Nu trebuie, adică... Eu doar v-am...

Nu știe ce să spună, mai ales că nu reacționăm la bâguielile lui. Se ridicase, acum se așază înapoi pe scaun, iar noi suntem în lateral, cu armele spre el. Ar fi interesant să-l împușcăm în cap în același timp. Ania preia controlul și deschide discuția.

-De ce amândoi? De ce amândoi, mă, porcule? atât spune și-i trage un pumn cu dreapta în nas. Sângele începe să curgă. Igor se face mic.
-Ania, eu, eu niciodată nu am avut intenții re... Buf, altă lovitură peste față, de data asta cu cotul. Parcă îmi place să asist, deși îmi vine să-l eviscerez pe nenorocit.
-Nici când l-ai trimis pe taică-meu în Kramatorsk, porcule? urlă Ania la el și îl strânge de gât. Rusnacul nu reușește să scoată altceva decât sunete neinteligibile, dar blonda continuă. Știi că el mi-a ucis tatăl, nu? Trebuie să știi! îi zice, arătând spre mine. Din cauza ta!

Fata e dusă, văd, îi apucă mâna dreaptă și i-o duce la spate până auzim amândoi un pocnet clar care spune că a sărit din umăr. Același lucru îl fac și eu mâinii lui stângi. Acum amândouă îi atârnă nefolositoare pe lângă corp și el se schimonosește de durere. `Tu-ți gâtu tău de... Văd că Ania vrea să-l lovească cu patul pistolului și o opresc.

-Ania, nu încă. Nu-l vrem inconştient. Blonda se opreşte, dar îi ia ambele mâini şi i le duce la spate, îşi scoate cătuşele şi i le leagă de scaun.

-O să mai trăieşti, vită, dar doar cât vreau eu, auzi?? Acum zi cum mama dracului ne-ai făcut aproape să ne omorâm unul pe altul! De ce noi? Auch, lovitura asta trebuie că i-a dislocat maxilarul. Igor ne priveşte rugător, umil, nu ştie ce să spună să o oprească pe cea care-l torturează cu lovituri. Nici eu nu aş şti cum s-o opresc, nu îi cunosc mecanismele. Aşa că doar asist, privesc, am grijă doar, când e prea furioasă să nu-l termine de tot. Nu încă.

-Vă plătesc triplu, pe amândoi. A, nu, asta a fost prea de tot pentru ucraineancă, brusc devine calmă, se duce în spatele lui, îi prinde un deget şi i-l trosneşte, îl rupe pur şi simplu.

-Triplu, a? Marş în mă-ta, vită! Şi-i ia al doilea deget, trosc. Tu, ce, n-ai tupeu să-l atingi pe ăsta? Mă întreabă pe mine cu o ură pe chip, una pe care nici nu mi-aş fi putut-o imagina. Îi ascult „sfatul", aşa că merg şi eu în spatele lui Igor, îmi scot pumnalul Solingen şi încep să-l crestez pe faţă. Încet, câte puţin, metodic. Îi desenez pe obrazul stâng o stea cu cinci colţuri. O stea din sânge. Igor nu mai poate face altceva decât să urle. Din păcate pentru el, hala e goală, iar cea mai apropiată stradă circulată e la vreo şapte sute de metri.

-`Mnezăii tăi, credeai că ne eliminăm reciproc, ha?? mai spune Ania, rupându-i ultimul deget rămas neatins până acum. Uite că nu-i aşa, monstrule.

-Ani, eu îl împuşc, dă-l dracu, ne enervează degeaba, îi spun femeii înfuriate.

-Nu! Să nu cumva să îndrăzneşti! O să moară,

dar nu așa, vreau să se gândească în fiecare clipă rămasă că o să moară și nu poate să facă nimic. Nu știu de unde, Ania scoate o grenadă defensivă și i-o pune în mâna dreaptă, în palmă, îi scoate cuiul și-mi spune calmă, deși încă plină de ură.

-Ar fi timpul să plecăm, iubire. Ăsta o să fie făcut bucăți.

Îmi dau seama că e așa și că Igor nu va putea să țină prea mult pârghia grenadei, așa că-i fac semn fetei mele și o luăm amândoi la fugă, ieșim pe ușă într-un soare arzător și ne continuăm fuga până la cealaltă stradă, cea umblată. Atunci auzim explozia și știm că Igor Abdulov e de domeniul trecutului.

-Te rog, F, ia-mă în brațe, te rog... O prind și-o strâng în brațe înainte să dea în plâns și să se prăbușească. N-am mai făcut niciodată asta, continuă plângând de-a binelea și sprijinindu-se de mine. Își afundă fața în bluza mea, dar termină repede cu plânsul și mă ia din nou de mână, de parcă nimic nu s-ar fi întâmplat. Doamne, ce putere în ea, gândesc, și-o prind bine de mână, nu-mi mai arde de nimic altceva decât să o duc în siguranță înapoi la hotel și de acolo, vedem. Drumul până la hotel pare mai lung decât la venire, Ania merge mai mult trasă de mine și pare sfârșită. Cred și eu, după demonstrația de mai devreme. E cu mintea departe, trebuie să o țin aici și acum.

-So, pe când nunta? arunc, pe cât în serios, pe atât în glumă.

-Felix, știi că nu putem să facem așa ceva, suntem morți, remember? Deși mi-ar plăcea. Oftează. Adânc.

Cine nu și-ar dori o nuntă și nu doar o cununie civilă, și aia pe ascuns?

Mergem spre hotel mai mult poticnit, o înțeleg, până la urmă nu a mai făcut ce a fost mai devreme, a fost lunetist, ca mine. De departe vezi altfel lucrurile, îți par aranjate de la sine.

Ajungem la Cinnamon și ne ducem direct în cameră, deși mi-a spus pe drum că are poftă de o ciocolată caldă sau de un ceai verde. O să comand la room service. Mai încolo. Cum intrăm, o iau de ceafă și-o sărut adânc și îndelung, mâinile ei caută să mă dezbrace, vrea, probabil, să se curețe de ce tocmai a făcut, fie și prin sex. Și eu fac asta uneori, n-ar trebui să mă mir. Cumva se împiedică în toate cataramele mele și ajunge goală înaintea mea, se așază pe pat, patul ăsta imens chiar și pentru doi, stă acolo cuminte.

-Te rog, ajută-mă! Fă-mă să uit. Măcar pentru moment, îmi spune și mă trage spre ea încet, ezitant. Asta mă miră, parcă nu e Ania pe care am cunoscut-o. Acea Ania era mai hotărâtă. Te rog, fă dragoste cu mine, nu sex, curăță-mă de tot ce-a fost azi. Nu voi uita niciodată, asta știu, dar acum am nevoie de tine, de noi, fii echilibrul meu.

Am rămas doar în helancă și în boxeri, o împing încetișor pe spate și-mi bag capul între picioarele ei pe care le desface cât de mult poate, o sărut acolo, o dezmierd, îmi bag limba în ea și încep să aud primele gemete. De data asta de plăcere, nu de suferință, ca mai devreme. Continui să fac asta până simt că începe să tremure ușor, își înfige mâna în părul meu și mă trage peste ea, o pătrund deja în timp ce încep să o sărut, mă mișc încet și îi sorb lacrimile care au început să curgă, simt cum are primul orgasm fără să mă strădui esc prea mult și cu mine încă în ea, mă mușcă de buza de jos de-mi dau lacrimile și-mi spune „nu te opri, nu acum". Îi pun o mână pe șoldul stâng și încep să mă mișc în ea din ce în ce mai repede și mai tare, cu mâna cealaltă îi frământ sânii, nu îi mângâi, nu stau acum de romantisme, fac sex cu ea dur, așa cum știu că-i place de dățile trecute, și din nou simt cum vibrează sub mine, iar mușchii abdomenului se contractă, terminăm amândoi odată și rămân mult timp înăuntrul ei, până o văd zâmbind a plăcere și a satisfacție. Mă las pe o parte lângă ea, apoi pe spate și-i prind mâna stângă. Stăm amândoi întinși pe spate și privim tavanul, fiecare cu mintea în altă parte, probabil.

-Să nu mai faci asta niciodată, Ani, îi spun, deși nici eu nu cred că ar mai putea să fie ca mai devreme. Ești prea fragilă pentru asta.

-Felix, începe ridicându-se deasupra mea, nu știu ce a fost cu mine, n-am mai simțit ura aia niciodată, trebuia să fie așa, pricepi? Măcar tu să înțelegi, tu să-mi fii aproape și să mă conduci când o iau razna... Se lasă înapoi pe spate, iar eu mă ridic, îmi trag ceva de formă pe mine și sun la recepție să ne aducă ceai verde și eclere. Ania îmi zâmbește frumos, parcă mai frumos ca niciodată, de sub pătură. În șapte minute vine room service-ul, iau tava și i-o duc femeii mele. Da, așa o să îi spun în minte. Femeia mea. Ania savurează ceaiul privind absentă pe fereastră, nu prea are ce să vadă, aici doar apusurile sunt fenomenale.

-Și-acum ce facem, frumusețe? o întreb, așezându-mă lângă ea și bându-mi ceaiul. Uite, de data asta alegi tu, deși știi că mai am lucruri în plan.

-Mergem acasă? întreabă, sperând la un răspuns afirmativ din partea mea. Nu, nu spun să rămânem acasă încă, măcar câteva zile, totuși? Și... pot să-ți spun iubitul meu?

-Doamne, copilă, sigur că poți să-mi spui. Asta vreau să fiu, să-ți fiu. De tot. Și da, mergem acasă. Stăm, ne revenim, apoi, sorry, încă un timp fiecare cu ale lui. Și sper să nu te mai bagi în nimic, oricât de tentant ar părea. După care mergem la „acasă" pe care o vreau și-o pregătesc de atât timp. De tot. Fără misiuni și fără ținte. Sper să-ți placă deșertul marocan...

Mă strânge de mână a „da" și începem să căutăm curse de avion spre casă. Casa temporară din București. Găsim o cursă Air France în ziua următoare, la zece jumătate, va fi cu escală de trei ore și ceva pe Charles de Gaulle, dar măcar ne duce acasă. E bine. Eu o să ies să mă plimb o vreme, vreau să o las puțin și singură cu demonii ei. Iar eu să fiu cu ai mei de mână pe străzile din Marrakech. O să mă întorc repede. Îi spun iubitei mele că plec o vreme și ies fără să-i mai aștept reacția. Probabil ar fi fost un „stai cu mine". E bine să fie și singură puțin. Un puțin relativ, pentru că, plimbându-mă, ajung tocmai până pe Prince Moulay Rachid și în parcul pe lângă care am trecut la sosire. Trei ore. Atât e puțin ăsta, când mă întorc o găsesc la fel, goală, fără pătură de data asta, uitându-se pe un canal de știri în arabă. Al Jazeera. Ea nu știe arabă, nu ca mine, va trebui să cam învețe pentru Maroc. Se uită mai mult în gol, practic.

    -Ești bine, love? o întreb așezându-mă lângă ea.
    -Da, F, cu tine sunt întotdeauna bine, spune și-mi ia mâna între ale ei. Cu tine o să fie cel mai bine în viața asta. Să nu mă lași, da? Să ai grijă de tine pe unde mai ajungi.
    -Ooook, îmi dai drumul să îmi dau astea jos? Măcar atât. Îmi retrag mâna dintre ale ei, mă dezbrac și eu de tot și mă strecor lângă ea, înapoi. Senzația de piele pe piele e divină, adormim amândoi în mai puțin de o jumătate de oră, cu televizorul aprins. Fără demoni. Fiecare și i-a ars pe ai lui prin iubirea pentru celălalt.

Capitolul 16

Am ajuns acasă de ieri. La o casă. Temporară, dacă ar fi după mine. M-am trezit brusc mult mai devreme și o văd dormind lângă mine, goală și frumoasă. Poate frumoasă o văd eu, pentru că o iubesc sau sunt pe aproape de asta. Ieri am stat trei ore și ceva în aeroportul Charles de Gaulle, între curse. Pe mine m-au impresionat formele. Totul, dar totul, este rotund. De la terminalele la care se așază cuminți avioanele pentru îmbarcare și debarcare, până la interioarele în formă de boltă. Ea nu a avut ochi decât pentru mine. Am trecut prin multe și într-un timp relativ scurt. De la aeroport, în țară, până acasă, am făcut aproape trei ore. Și-am gândit, pe scurt, „România, deh". Am decis împreună să stăm câteva zile, dacă se poate, departe de orice înseamnă acțiune. Sau măcar o zi care să fie numai pentru noi. Eu am și alte fantome în minte și sunt sigur că și ea. Cu siguranță, nu lucruri de genul celor întâmplate în Marrakech, dar o avea. Aș vrea să le știu, însă nu mi-a spus niciodată. Probabil nici nu-mi va spune. Dacă e Ania pe care am cunoscut-o, sigur nu. Dar de această Ania am nevoie în viitor, nu de o pussy slabă de înger. Oh, și mai am atâtea de făcut... dar acum doar stau și o privesc și-mi place ce văd și ce știu că este dincolo de ambalaj. E bine așa și nu altfel.

„Mai știi cum a început relația noastră? Inițial, dar ăsta e un amănunt, ai venit la mine cu mâna întinsă și mi-ai zis scurt: «Eu sunt Ema»; mă rog, nu semănai a ceva, erai un balon pe jumătate galben și pe jumătate negru. Asta se întâmpla la un festival de modă, iar tu erai una dintre cele care prezentau.

Dar mai știi că la începutul relației noastre, în ziua unu, mi-ai spus „în vreo șase luni o să plec din țară"? – aia a fost prima dată în care am simțit pumnul în stomac și ghearele în minte – frumoase gheare, ți le îngrijeai bine. Nu pot spune, de fapt, prea multe despre „noi", de cele mai multe ori, atât atunci, cât și după, mi-a părut că nu exista un noi, era fiecare cu ale lui, deși aproape mă mutasem la tine. Fiecare era cu ale lui, eu jurnalist, tu model, de cele mai multe ori vorbeam seara ori noaptea, și nu despre dorințe ori proiecte comune. În rest, stătea fiecare la computerul lui, cu ale sale în minte.

Am încercat, am recunoscut-o și o recunosc și acum, să te modelez după mine, să-ți dau scopuri „mai înalte" decât cele pe care nu pot spune că le aveai. Te jucai cu ele, cu tine și uneori cu mine, la asta ai fost, într-adevăr, bună. Mă enerva la culme faptul că stăteai două ore să te machiezi înainte de a merge undeva împreună, dar, cumva, făceai să ajungem la timp. Dacă deschideam discuția despre asta, o dădeam în ceartă; pot spune, fără a greși, că cele mai multe conversații ale noastre erau contre ori ceartă; din mai nimic și cu siguranță din pretexte – nu le pot spune motive – lipsite de importanță. Ți-am zis de câteva ori că aproape ai depășit-o pe cea care mi-a rămas și îmi este încă în suflet și în minte, mai mult decât oricine. Și așa a fost. Mai era nevoie de câteva „praguri" emoționale pentru a fi „ea", ba chiar mai mult decât „ea". Știai, și-ți spuneam asta în față, frecvent, că tu, de fapt, concurezi cu o fostă – stupid din partea mea că am spus-o și că am simțit-o, și stupid din partea ta că acceptai. Mi-ai spus, revenind la început, că vrei să-mi fii muză; scriam, dar nu ca acum, și eram fotograf și fotoreporter, însă, indiferent ce ai făcut și cum erai, faptul că mereu ai fost într-un fel distantă nu m-a... inspirat. Știai că am lăsat pe cineva pentru a fi cu tine – nu ți-ai pus niciodată problema că aș putea proceda la fel în cazul tău? Nu am făcut-o, ai fost prea distantă, prea în lumea ta, eu prea în lumea mea, nu reușeam să ne sincronizăm, însă ne plăcea... imaginea noastră în lume. Arătam superb împreună și era, cu siguranță, unul dintre motivele pentru care eram – încă – împreună. Păream un cuplu perfect, și eram în ochii altora, uneori ne părea chiar și nouă că suntem astfel și asta ne-a ținut împreună, în ciuda plecărilor mele repetate.

Da, am plecat des, da, ți-am spus de ce, probabil ai încercat – din greu – să te schimbi puțin, doar puțin, pentru mine (pentru noi, oare?), da, am devenit, într-un fel, violent și posesiv, voiam să te știu și să te fac a mea, să ne fie clar amândurora că așa ești și că așa-ți sunt – deși eu știam că mă dăruisem total, nu știu altfel. Am plecat de multe ori, cel mai des în urma certurilor/împunsăturilor dintre noi, de fiecare dată am revenit pentru că – așa cum întotdeauna am considerat – o ceartă nu este un fel de a fi, ci o fază prin care poate trece oricine, după care revine la „normal". Întâmplător, ești singura dintre „foste" cu care vorbesc încă, dar pe care nu o mai doresc a mea – cum aș putea să vreau așa ceva când știu cum ne-a fost? Reveneam pentru că îmi erai și-ți eram, nu puteam fără tine; până la urmă, însă, te-am părăsit tocmai pentru că nu puteam fără tine. Știi, Em, practic, relația noastră a început cu un final."

-Cine e Ema? la naiba, s-a strecurat în spatele meu și...

-O fostă, Ania, nimic mai mult.

-Doar o fostă? Nu pare așa, la cum scrii despre ea.

-Ani, lasă asta. M-a bântuit și ea câțiva ani, așa e.

-Ca Andreea... Nu știu cum se face că ai avut doar legături atât de intense. După Lea și Mia nu prea pare să plângi. Culmea, au fost și colege, și recente.

-Poate m-ai vindecat tu, nu știu, îi spun după ce-mi închid laptopul și o împing încet, dar ferm către peretele din spatele ei. Nu se împotrivește prea tare, ba chiar se lasă. Încep să o sărut mușcat și-mi răspunde tandru, dar când spatele îi atinge peretele auzim amândoi un pocnet sec și mă opresc imediat. Mă uit în jos la mâna ei dreaptă. Paharul s-a spart sub presiunea strânsorii și sângele îi curge din palmă. Nu se retrage ci, dimpotrivă, își înfige cealaltă mână în părul meu și mă mușcă de buza de jos până îmi dau lacrimile.

-De-astea îmi faci tu mie? spune dându-mi o palmă în joacă și plecând spre baie să se bandajeze. O să ți-o plătesc eu. Și dacă mă omori ca pe alea, o să te bântui. Rău. Ușa se închide cu un trântit în spatele ei și mă lasă în ceață, nu știu ce să mai cred. De dincolo de ușă aud un „unde mergem azi?", dar aștept să iasă înainte de a-i răspunde. Și tot aștept. Cred că au trecut douăzeci de minute până o văd ieșind din baie, deja aranjată pentru oraș și, la mână, cu copci chirurgicale, vreo zece la număr. Nu știam că se pricepe și la așa ceva.

-Nu contează unde mergem, doar o să mă urmezi. O să fiu cu tine în locuri în care...

-Ai fost cu Andreea, probabil. Vrei să-ți înlocuiești amintiri, să le ștergi. Cunosc metoda. Ok, azi sunt a ta oricum vrei, dar după ce-mi termin cafeaua. Poate vrei și tu.

-Da, pune-mi și mie, mi-ar prinde bine, îi spun și mă întorc privind absent pe geam pe Aleea Potaisa, pe unde o să și mergem, de fapt.

Ne terminăm cafeaua și ieșim din casă, de mână, lucru care oarecum ne expune în cazul în care suntem filați. Nu cred asta, oficial suntem amândoi morți. Sau cel puțin eu. Plecăm pe Aleea Potaisa către prelungirea Ghencea, am de gând să ajungem, pe jos, în parcul Carol. N-ar trebui să facem mult până acolo, de fapt în cincisprezece minute suntem pe Calea 13 Septembrie. Aproape că nu am vorbit, deși îmi tot vine să o întreb ce a fost cu manifestarea ei din Marrakech. Nici măcar nu mi-o puteam imagina așa, cu atât mai puțin să o văd și să mi se pară normal.

-Totuși, îmi spui și mie unde mă duci? întreabă într-un final, cu o voce mică și ezitantă.

-Mi-ai spus că azi ești a mea, oricum și oriunde, îi dau o replică ce o lasă la fel de nelămurită ca și până acum. Ok, îți spun. Parcul Carol. Nu am nevoie de nimic altceva decât să fii cu mine acolo. Să ne plimbăm și să nu existe altceva.

-Mdeah, știu, Andreea. Ar fi trebuit să te descurci singur cu fantoma asta, mai ales că a trecut atât timp. Dar, crede-mă, știu cum e să fii bântuit. Te-ai întoarce oricând la ea dacă ți-ar spune că te vrea, fir-ar. Sau așa cred. Și-atunci, ce siguranță îmi dai mie? Lasă, nu contează, am trecut prin așa ceva, mai spune lăsând capul în jos și strângându-mă mai tare de mână. Se oprește brusc și mă trezesc cu brațele ei în jurul gâtului. Știi, iubitule, pot să-ți spun așa, nu? Oana mi-a spus să ai mare grijă cu și de mine și, ah, la contactele tale din Polonia. Și pe ei i-au desființat și fiecare a ales propriul drum. Deși, până la urmă, e mai sigur să lucrezi cu independenți decât cu o structură.

-Oana? răspund uimit. Ce legătură mai are ea cu mine, cu noi?

-Cu mine, are. Încă. Nu a dispărut așa, de tot. Are oamenii ei, îmi mai spune, luându-mi din nou mâna și mergând, pare-mi-se, abătută, pe lângă mine.

O luăm la dreapta și ajungem în parc. Cam gol, deși e mijlocul zilei. Sau poate tocmai de-aia. Oamenii sunt la muncă, nu ca noi, care ne alegem când și unde vom lovi. Mă rog, cel puțin eu, niciodată n-am aflat ce face Ania în multul timp liber pe care îl are. Poate e mai bine așa. Îi strâng mâna pe care și-a rănit-o mai devreme, nu protestează, văd, și mergem chiar pe centrul căii de acces către monumentul eroilor. Mă simte și asta mă face să nu-mi fie tocmai confortabil.

-Nu pe aici ai fost cu ea. Sau și pe aici, dar nu prima dată. Cred.

-Ani... Tu de când m-ai supravegheat, de fapt? Sau cine a făcut-o și ți-a spus? Într-adevăr, cu Andreea fusesem pe o alee lăturalnică, pe aici doar ne-am întors, nu ne plăceau mulțimile, deși am fost împreună la tot felul de evenimente.

-Chiar nu contează, love, a fost demult, pe când un tâmpit de la noi voia să te recruteze. Nu știa devotamentul tău față de DSC și ceilalți. So, ce-ați făcut aici? Ați stat pe bănci, privind lumea sau în gol? V-ați sărutat și nu-ți iese asta din cap? V-ați alergat precum copiii pe alei? I-ai făcut vreo ședință foto și ți-a rămas întipărit în minte? Ce sunt eu acum pentru tine în afară de un înlocuitor?

La ultima întrebare chiar nu mă așteptam, nu știu ce să-i răspund.

-Niciuna dintre ele, Ania, pur și simplu am fost aici, vreau să șterg asta, cu tine. Nu ești un înlocuitor, n-ai putea fi, ești mult mai sus decât ea. Uite, dacă vrei, ne întoarcem acasă și lăsăm baltă asta. Și tot ce mai am în minte pentru azi.
-Nu. Nuuuuu, nuu! Crezi că nu pot să suport? You'll be fuckin amazed. Oricum, cred că ești deja cu totul al meu. Ea, alta, altele, au fost și s-au dus. Toate. Nici nu mă întreb de ce. Hai să ajungem la monument și apoi ne întoarcem, frumos, mergem în altă parte. Oriunde. Dar, ține minte, doar azi ai șansa asta.

Ajungem la capătul drumului, dăm o roată în jurul monumentului și o luăm înapoi, de mână. Nici cu Andreea nu făcusem mai mult. Ba da, câteva fotografii. Whatever. Ani se oprește și mă ia în brațe, brusc.

-Iartă-mă, nu știam că încă e așa de mult în tine.

Ce-ți spun nu sunt reproșuri, doar mă miră că a fost mai adânc decât, știi, Lea și Mia. Atât. Sorry, kiddo. Unde mai mergem? Unde mă duci, bestie? Auch, nu trebuia să folosesc cuvântul ăsta...

-E un târg de tehnică militară la Romexpo. Te țin picioarele până acolo?

-Luăm un taxi. Știu că a scris pe blogul tău despre asta. Expomil, parcă. L-am recuperat și l-am citit după ce nu a mai fost activ. Interesante opinii... Așa de revoltată a fost mereu?

-Cam da. În legătură cu orice. Știi că doar pentru mine era Andreea? Mai toți ceilalți îi spuneau Vicky. N-am înțeles niciodată dualitatea asta. Eh, fuse și se duse.

-Și ca orice lucru nedus până la capăt, te-a lovit, te-a durut. De fapt poate tocmai asta te-a ținut în viață. Și ura de apoi, sigur trebuie să fi existat așa ceva, mereu se întâmplă.

Ajungem la ieșirea din parc și găsim un taxi care abia s-a eliberat, ne aruncăm în el și-i spunem șoferului să ne ducă la Romexpo. Tot drumul, Ania îmi mângâie mâna stângă, nu scoate un cuvânt. Și, cum suntem în București, până la destinație facem vreo cincizeci de minute. Nimic neobișnuit, deși anormal. Taxiul ne lasă în fața World Trade Center-ului, iar de acolo o luăm pe jos către intrarea laterală a complexului expozițional. Se intră mai ușor, mai ales că eu prezint o legitimație de presă. Ajungem în corpul principal, dar aici e o învălmășeală de nedescris. Zeci, dacă nu sute de firme producătoare de armament își etalează produsele. La standul Colt, imediat cum intri și cobori, pe stânga, mai multe persoane testează arme de mână. Arme de foc. De la adulți, la copii de cel mult doisprezece ani. Cu gloanțe oarbe, trag în ținte fixe. Exact ca în urmă cu ani, când Andreea a scris despre asta pe blogul meu ce urma să devină un site de presă pe care l-am avut mai puțin de un an. Ania se duce la unul dintre copii și-i fixează mâna cu arma, deși se vede că și ea e oarecum revoltată. Puștiul trage, mai bine decât înainte, iar Ania se întoarce spre mine.

-Crezi că pe mine nu mă supără asta, love? Noi suntem altceva, altfel, dar ei? De mici? E oribil. Acum înțeleg postarea fostei tale iubite. Nici nu ar trebui să-i mai spun așa, cred. Cum ai zis mai devreme, fuse și se duse. Trebuie să treci peste. Trebuia să fi trecut de mult timp.

-Ani, îi răspund cu gândurile cumva departe și cred că vede foarte bine asta, nu noi îi punem să facă așa ceva. Știi și tu prea bine senzația de putere pe care ți-o dă o armă chiar și dacă doar o ții în mână. Lumea noastră n-ar trebui să existe, iubire. Noi suntem, well, până și noi, n-ar fi trebuit să existăm. Nu ca acum. Suntem monștri. Nu vreau să mai stau aici, nu cred că...

Chiar în momentul ăsta îmi sună telefonul, unul dintre ele, și sunetul lui mă sperie, duc automat mâna la holsterul armei, mai-mai să o scot. Bine că mă opresc la timp. Scot telefonul din buzunarul gecii izoterme, de munte, și văd un număr pe care nu-l știu. Sunatul se oprește, dar în câteva secunde reîncepe. Ok, fie.

-Da, ascult, spun cu o voce rece, tăioasă.

-E bine că faci asta, îmi spune vocea de la celălalt capăt. Andrei Vasilescu sunt, D.G.I.A. Poți veni la sediul nostru în vreo oră? Hm, direcția de informații a armatei, ăștia de unde mai știu de mine și mai ales că nu sunt mort?

-Ani, ar trebui să mergem, îi spun blondei contrariate de convorbirea mea scurtă. Am puțină treabă, dar va trebui să te las pe afară, pe undeva prin zona Cotroceni.

-Păi? întreabă uimită și puțin încordată.

-O să-ți spun, poate, însă după. Ai încredere în mine, te rog.

Îmi iau partenera de mână și ne îndreptăm spre ieșire. Aceeași pe unde am pătruns în complex. Cam goală zona, nu-mi place, nu-mi dă siguranță. Sun un taxi și mi se spune că ajunge în cinci minute. Scot din buzunarul de la piept o țigară și mi-o aprind, voi avea timp să trag doar câteva fumuri. Nu pot să nu observ ochii mari, mai mari decât de obicei, ai Aniei.

-Hei, stai, explică-mi, tu de când...?

-De mult, love, dar foarte rar, i-o tai scurt și-mi aprind țigara cu bricheta metalică ce, la o adică, poate să emane un gaz otrăvitor. Abia reușesc să trag de cinci ori din țigară și un taxi se oprește lângă intrare. Deschid portiera.

-Comanda?

-Da, am fost trimis aici.

Urcăm amândoi în spate și-i spun șoferului să ne ducă aproape de D.G.I.A., doar că nu-i spun chiar așa, îi arunc un „La APACA". Mare lucru, de acolo am doar de traversat, iar Ania poate să rămână în părculețul de lângă politehnică. Desigur că drumul durează din nou mult, deși mașina o pornește pe niște străduțe mai puțin circulate, trece pe lângă piața Chibrit și pe lângă gara de nord, apoi o ia pe Cotroceni.

-Chiar va trebui să mă aștepți pe undeva prin zonă, Ania, îi spun celei din stânga mea, mângâindu-i mâna.
-Mda, ok, se face. Tu știi. Le ai încă pe ale tale și nu vrei să împarți. Doar tu știi de ce, dacă tot am ajuns până aici.

Odată ajunși la APACA, coborâm din taxi și Ania se duce, părând bosumflată, spre trecerea de pietoni de lângă căminul Politehnicii. Eu traversez printre mașini, aiurea, spre D.G.I.A. și mă înființez la ghereta unde voi fi legitimat și unde-mi voi lăsa bunurile. Aici nu se intră cu arme sau cu telefon mobil. Le las acolo și o voce dintr-un interfon spune că pot intra, asta după ce mi se atașează în piept o legitimație pe care scrie „vizitator". Cele două etaje pe care le urc în compania unui soldat, probabil cel de serviciu în asigurarea pazei, îmi par de parcă aș urca la etajul cincizeci al unui bloc turn din Los Angeles, pe scări. Sunt escortat până în fața unei uși deja întredeschise și mi se face semn să intru. Asta fac și înăuntru dau peste un individ care pare de constituția și statura mea, ultima o constat când se ridică și-mi întinde mâna.

-Așadar, începe fără alte introduceri și

formalități, eu sunt Andrei. Nu trebuie să-mi spui altfel, sunt civil. Șef de personal pe aici.

-Bine, dar...

-Ok, voi încerca să fiu cât mai scurt cu putință, presupun că unul ca tine are destule de făcut și nu neapărat lucruri ortodoxe, ca să spun așa. Ți-am urmărit activitatea încă de când erai la DI, ai părut unul dintre cei mai eficienți oameni pe care i-a avut Oana în subordine. Deși cam rebel, nedisciplinat, uneori aiurit, dar cu rezultate bune.

-Care e legătura cu Oana? îl întreb, scoțând un dvd cu Tudor Gheorghe dintr-un dvd holder și introducându-l în playerul de pe o masă lipită de peretele opus biroului său.

-Pe scurt, acum, niciuna. Vezi tu, Felix, ea ți-a dat în același timp șansa să ieși de tot din fosta viață și ne-a atras atenția asupra ta, ai putea fi un excelent coordonator de misiuni la noi. Și mai scurt, asta îți propun. Alătură-te nouă. Da, e o structură aparent rigidă pentru că ține de armată, însă așa se vede doar din afară. Vei avea putere absolută de decizie, resurse nelimitate, un loc destul de călduț și sigur, nu ca până acum, nu trebuie să ieși pe teren. Îmi poți da un răspuns? Măcar să știu dacă e cazul să începem o negociere.

-De ce? Pe foarte scurt. Îl întreb și mă așez, în sfârșit, pe fotoliul din fața biroului. De ce după atât timp ți-ai făcut timp de mine și m-ai luat în considerare? De când v-a spus Oana de mine și mai ales ce, cât?

-Nu contează toate astea, Felix, nu prea mult, oricum. Ți-am zis în mare care ar fi beneficiile. Astea nu se schimbă, oferta rămâne în picioare, indiferent ce altceva ceri. Și, la cum te știu și ni s-a spus despre tine, sigur vei vrea să fii parte din misiuni, uneori, poate des. Doar că vezi tu, nu ne permitem să te pierdem dacă ești cu noi.

-Nu sunt singur, Andrei...

-Știu. Îi găsim și Aniei un loc printre noi, poate nu aici, poate la minister. Eh, ce zici?

-Ce zic... Well, oriunde am fi, eu și Ania am fi din nou vânați de către DSC și nu numai. Nu există loc în lumea asta în care să nu fie așa, cu excepția celui unde...

-Siguranța vă va fi asigurată amândurora, nu e o problemă cu asta. Dacă vrei, o să ai o adevărată armată după tine tot timpul cât nu ești aici, la sediu.

-Pot spune doar că o să mă gândesc. Există un termen limită? Nu cred. Îți dau de știre zilele astea. Sau deloc. Nu te aștepta la cine știe ce, ți-o spun de pe acum. Mă ridic de pe fotoliu și mă îndrept spre ușă, fără să-l mai salut sau să-i întind mâna. Nu mă atrage nici măcar metoda de negociere. Dar chiar o să mă gândesc la propunerea lui. Ar fi ceva sigur și, cum spun unii, un loc destul de călduț. Pentru amândoi.

Cel care m-a însoțit până aici, la ușă, pare a nu se fi mișcat, dau de el imediat ce ies din birou și coboară cu mine cele două etaje, ducându-mă până la ghereta de la intrarea în clădire, de unde îmi recuperez arma, telefonul și actul de identitate. Ies pe poarta cam ruginită și o iau la dreapta spre stația de metrou ca să trec în micul parc unde, sper, încă mă așteaptă Ania. Traversez și intru în el, coborând cele câteva trepte de formă și mă trezesc cu ochii acoperiți de două mâini moi și mici. Aproape că reacționez din instinct și cotul meu drept pornește spre stomacul celui din spatele meu, dar mâinile se retrag la timp și mă trezesc în față cu o Ania încruntată și zâmbitoare în același timp.

-M-ai fi lovit, a? M-ai fi făcut să nu pot să respir, chiar în stomac, iubire? Acolo dai? Cum să te dezvăț de unele deprinderi? Uf.

Mă ia de mână și mergem înapoi pe trecerea de pietoni.

-Mergem pe jos până acasă sau luăm ceva? mă întreabă candid și îmbietor. O cuprind cu brațele și-o strâng la piept.

-Pe jos, că nu e mult. Dacă nu intri la Mall și nici nu mă duci la vreo cafea pe undeva. Cu autobuzul facem șase stații, în timpul ăsta am putea să fim în casă, poate chiar în pat, îi mai spun și-i zâmbesc, făcându-i cu ochiul.

O iau de mână, de aceeași în care a spart paharul înainte să plecăm de acasă, și începem să mergem, oarecum încet, spre Drumul Taberei, traversând Bulevardul Timișoara și, după nu mult timp, deja fiind în Parcul Moghioroș, deci aproape de casă. De casa de acum. Când ajungem la bloc, o ia înainte, deschide ușa și-o ia la goană pe scări, deși mie mi-e lene să urc până la etajul cinci și încerc s-o întrec folosind liftul. Când ies din el, Ani e deja în fața ușii, deschide și mă trage de guler după ea, înăuntru. Începe să mă sărute sălbatic și-mi îndreaptă mâinile către sânii ei bine formați, de data asta nu se mai încurcă în catarame, nu mai sunt îmbrăcat ca la Marrakech, ajunge în genunchi și în câteva clipe am pantalonii căzuți pe glezne, iar ea mă cuprinde cu buzele și începe să mă sugă fără nicio reținere, mă trage de fese să intru cât mai adânc în gura ei și, nu știu cum, reușește să mă facă să simt ceva ce n-am mai simțit de mult timp. Sunt cu totul în gura ei, am testiculele pe buzele ei și, cumva, nu se îneacă, mă trage și mă înseamnă să mă mișc amplu și adânc deși saliva îi curge, dar nu pare să țină cont de asta. În rest nu stă degeaba, în câteva momente ajunge și ea complet goală și se ridică lângă mine, îmi face cu ochiul și nu mă pot stăpâni, o iau pe sus și-o duc în camera cea mai apropiată. Mă așez în genunchi, pe jos, după ce am așezat-o pe canapea și o pătrund brusc, nici nu-mi dau seama dacă e suficient de excitată, dar acum nu mă interesează așa ceva, o pătrund și încep să mă mișc frenetic în ea, geme și aproape își înfige unghiile în spatele meu trăgându-mă mai mult, mai repede, mai adânc în ea. O prind de gât și-mi continui mișcările, practic o strâng de gât, dar nici măcar nu se apară, mă lasă și mă îndeamnă să o folosesc. Nu durează mult până îi simt contracțiile vulvei și atunci mă înfig și mai tare în ea, parcă tot corpul ei îmi spune „trage-mi-o dur", îi simt freamătul și începutul de tremur și atunci mă apucă zdravăn de ceafă și mă trage spre ea să o sărut, abdomenul i se contractă din ce în ce mai mult și repetat, îmi spune „te iubesc, te-am iubit mereu", iar atunci o invadez cu sperma mea fierbinte și-mi simt penisul strâns ca într-o menghină, cad peste ea, apoi mă dau la o parte și rămânem amândoi cu ochii în tavan, fiecare gândindu-se la ale lui, cu siguranță nu la aceleași lucruri. Nu trece mult și-mi spune, fără să mă aștept, „mulțumesc, mi-a fost dor și greu fără tine". Apoi se întoarce spre mine, oarecum deasupra mea, din lateral.

-Știi, love, trebuie să ajung la Odessa. În noaptea asta, dacă se poate. Nu mă urî. Îmi pare bine că am avut o zi doar pentru noi, sper să se întâmple mai des. Ah, fără fantomele trecutului.
-Da, fără fantome, love. Dacă mă mai chinuie, nu o să-ți spun, oricum. Le anihilez singur. Încet, în timp. Când în noaptea asta? Credeam că o avem doar pentru noi.
-Am un zbor la 4:55, la aproape nouă sunt la Odessa. Cu escală pe Ataturk, dar asta e, îmi spune blonda și se ridică de lângă mine, începând să se îmbrace oarecum lejer. Nici nu mi-am dat seama când s-a făcut trei noaptea.
-Succes, dragoste! Să te întorci întreagă. Ai grijă ce faci pe acolo. Mare grijă. Aproape că nu-mi aude ultimele cuvinte, deja iese pe ușă. Mda, trebuie să se grăbească spre aeroport. Tot mâine, adică azi deja, voi pleca și eu la Dublin. Nimic periculos pentru mine. Doar dacă intervine ceva dubios și nu cred așa ceva.

*

7:10, Aeroportul Istanbul Ataturk Havalimani

Am făcut, de la București până aici, aproape trei ore. Nimic deosebit, special va fi ce voi face în Odessa. Am aproape o oră de așteptat între zboruri, iar cafeaua asta nu e nici pe departe cea mai bună pe care am băut-o vreodată. Pe Felix l-am lăsat acasă, dar știu că va pleca și el azi. Nu știu pentru ce, doar unde. Până la urmă, conectați cum suntem, le avem, fiecare, pe ale noastre. Îl înțeleg, mai ales că nici eu nu-i spun chiar tot. O să ajung la Odessa la 8:55, iar de atunci până spre după-amiază am de luat arma de la contactul meu de acolo și de pregătit scena, ca totul să fie în ordine pentru ce urmează să fac. Ibrahim. Atât știu despre el, niciodată nu i-am știut numele complet, mai știu cum arată și atât. Fost FSB. Ca și mine și tatăl meu. Un nenorocit care a făcut mult rău celor din serviciu și acum se ocupă cu recrutarea de oameni pentru separatiștii ucrainieni. Pe scurt, nu-mi place. Nu-l mai vreau viu. La naiba, oare de câte ori o fi făcut Felix de-astea? Și sub ce motive sau, uneori, simple pretexte? Am ales arma căreia F îi spune iubita lui, Long Range Rifle, L115A3, doar că cea pe care urmează să o iau este în întregime din fibră de carbon, nedetectabilă la eventuale scanări. Am o strângere de inimă când știu că așa ceva poate pur și simplu să-mi explodeze în mâini în timp ce o folosesc. Dar când nu mi-a plăcut riscul? Zborul meu, al doilea, tocmai a fost anunțat, mă ridic și mă îndrept spre poarta patru. Nimeni pe urmele mele sau nimeni de care să-mi dau seama. E bine. Ajung, îmi fac treaba și plec. De fapt, să văd cursele înapoi, nu m-am uitat până acum. Poate trebuie să rămân o noapte acolo.

-Geanta în coș, vă rugăm.

La dracu și cu controalele astea. Dar n-am nimic aiurea în geanta de mână, așa că o așez fără grijă pe bandă, să fie scanată. Trec și de poartă și, după ce intru în avion, parcă unul mai bun și mai drăguț decât cel de la București până aici, mă așez pe locul meu de la geam. Aici am nimerit, nu-mi place în mod special să văd exteriorul când sunt în aer. Economy class. Mare porcărie, cam prea înghesuit, dar am avut parte de lucruri mai rele la viața mea. Nici nu e mult de zburat. Merge. Fie. Ora trece aproape fără să-mi dau seama, mai ales că sunt cu gândul în două părți în același timp. La Felix, damn, niciodată nu-mi iese complet din minte de când ne-am apropiat, și la ce urmează să fac sau să fie în peninsulă. Avionul aterizează lin, îmi iau geanta în care am câteva pașapoarte bine plasate în căptușeală și destui bani pentru armă și ce-o mai apărea, dacă va fi cazul.

Ies din aeroport și mă arunc în primul taxi care e la îndemână, după ce am scanat zona și mașinile cu atenție. Îi spun să mă ducă în oraș și plecăm lin, muzică rusească, dar nu ceva neplăcut, inundă automobilul și mergem așa timp de o jumătate de oră.

9:45, Strada Valea Argeșului, București

M-am trezit cu aproape o oră în urmă, dar am decis să mai lenevesc puțin, și-așa zborul meu spre Dublin e tocmai la 21:45, adică diseară. Ce-o face Ania? Mă sâcâie să nu știu, dar de fapt mai mult îmi fac griji pentru ea decât să vreau să cunosc amănunte. Mă ridic, îmi trag pe mine un tricou negru și un șort, pun de o cafea și-mi deschid laptopul. Aniei nu i-am pus dispozitiv de urmărire, chiar am încredere în fata asta. Îmi deschid fișierul cu jurnalul și, după ce-mi aduc din bucătărie cafeaua – era imposibil să nu mă ard pe buze, niciodată nu mă învăţ minte să aştept – încep să scriu. Sau vreau să scriu, dar încă nu m-am hotărât despre ce sau cine. Ema şi Andreea nu prea mă mai bântuie, parcă m-ar fi exorcizat Ania. Cred că a reuşit să le înlocuiască sau, sper, să mă vindece. Despre Lea sau Mia nu-mi vine să scriu, poate din simplul motiv că da, le-am iubit, dar m-au trădat. La dracu, era să mă omoare. Stau şi privesc display-ul albastru cu inflexiuni verzui şi sorb din cafeaua care s-a mai răcorit între timp şi în care am turnat câteva picături, poate mai multe, de whiskey. Până la urmă, de ce nu? Şi chiar aşa, apropo, de ce nu... Oricum urmează să mă retrag complet din viaţa asta murdară. Ştiu! Deschid un alt fişier, gol, va fi tot jurnal sau cine ştie ce ajunge. Ar putea fi memoriile unui agent operativ. Someday...

„Până să împlinesc şaisprezece ani, am învăţat opt metode de-a ucide cu mâinile goale. La nouă ani, părinţii mi-au murit într-un accident de maşină. Un tir pe contrasens... detalii. De când au murit ei, mă are în grijă – vorba vine, că nu prea o interesează de mine – Vera, una dintre surorile mamei. Încă nu renunţasem la şcoală. Tot de la nouă ani fumez şi fac arte marţiale. Ninjutsu. La şaptesprezece ani au venit la şcoală jandarmii şi cei de la ISU, să ne înveţe cum să ne comportăm în caz de incendiu şi cum să ne apărăm. Ştiam deja. Mă cheamă Felix Munteanu. Am un frate mai mare cu opt ani. Robert. Deja realizat, la casa lui. Mereu l-am invidiat. Ce combinaţie cretină de nume mi-au pus! Îmi bag picioarele, nu pot s-o mai schimb acum. Jandarmii – mascaţii – ne-au arătat şi armele lor. Unul m-a tras într-un colţ şi mi-a dat un Makarov. L-am armat, am tras piedica şi i l-am îndreptat spre cap.

-Nu e încărcat, mi-a zâmbit cu un aer superior.
-Ştiu, după greutate, mă crezi prost?

I l-am aruncat pe jos, nu înainte să-i scot încărcătorul. Apoi am ieşit în curte să fumez. A trebuit să mă duc în spatele şcolii, unde nu vedeau profii, dar ăsta a venit după mine.

-Vrei să ai şi tu unul? m-a întreabat de parcă ar fi vorbit despre ciocolată.
-Nu, prefer un Glock.

Văzusem destule filme ca să ştiu ce era mai bun.

-Bine, te aştept în parc după ore, mi-a răspuns şi-a dispărut, lăsându-mă cu impresia că nici nu fusese acolo şi că, într-un fel, viaţa mea avea să se schimbe.

Şi chiar s-a schimbat, atunci, la şaptesprezece ani. Am renunţat la şcoală şi am fugit de acasă cu tipul ăsta infiltrat în jandarmerie. După ore, m-am dus în parcul de unde am fost luat cu o maşină despre care nu mai auzisem până atunci, un monstru GMC care m-a dus undeva mai sus de Câmpina, la Valea Doftanei. Acolo e şi lacul de acumulare în care am învăţat să înot, mai mult din instinct de supravieţuire, nu pentru că m-ar fi pus cineva. Prin zona aia mi s-au desfăşurat toate antrenamentele fizice. Zilnic alergare cinci kilometri, flotări, ridicări de greutăți. Am continuat cu artele marțiale, doar că mai violent și nu cu același sensei. Am mâncat la ore fixe și n-am avut voie să ies din cameră fără aprobare. La final, am devenit DSC. Dynamic Systems Corporation. Mercenari. Mi-au creat până și diplome false de absolvire, în caz că-mi vor trebui pe undeva. Ceilalți, Direcția de Informații, n-am știut niciodată a cui, doar că era românească, m-au recrutat mai târziu. Numai că nu suficient de târziu. Jucam la dublu. Cel puțin la început. Și, cumva, îmi convenea chestia asta.

La nouăsprezece ani am fost împușcat în cap „din greșeală". Eram înscris la Academia Forțelor Terestre de la Sibiu. La o aplicație, un glonț rătăcit nu s-a înfipt în mine, dar m-a „șters" suficient încât să mă bage în comă pentru douăsprezece zile. DSC e încă cu ochii pe mine. M-au și vizitat. A trebuit să reînvăț să merg, îmi pierdusem complet simțul echilibrului; am fost un bebeluș de nouăsprezece ani. Bine, măcar, că nu făceam pe mine. A fost nevoie de nouă operații pe creier și de una de reconstrucție facială ca să mă pun complet pe picioare. Ah, și vizitele la psiholog. Și fizioterapie.

În spital – ce clișeu – m-am îndrăgostit de o asistentă. Și ea de mine. Larisa. A avut grijă de mine mai mult decât toți ceilalți la un loc. Am rămas împreună și după ce am ieșit din spital. Șase luni. De Academie m-am lăsat. Am început să lucrez într-un internet café – pe vremea aia încă mai existau – ca operator. Prost plătit. Îmi scoteam banii de țigări și de câte o bere, uneori."

Poc! Poc! Hm, cunosc sunetul ăsta înfundat. Ce mama naibii? Mă uit la fereastră și văd două locuri unde, dacă geamurile nu ar fi fost antiglonț, ar fi fost deja găuri. Nu se poate. Cineva, dracu știe cine, m-a găsit și mă vrea rece. Bine că nu e și Ania aici. Îmi închid laptopul, pe ăsta chiar nu pot să-l pierd, îmi trag pe mine o pereche de pantaloni aproape mulați, dar cu multe buzunare, îmi iau arma de sub pernă, dorm cu ea acolo și când sunt într-o relativă siguranță și mă îndrept spre ieșire. Zbang! Ușa e și ea lovită cu ceva ce seamănă a berbec. De mână. Doar n-au venit românii după mine, nu poate fi asta. Mă așez într-un genunchi ochind ușa și aștept să se spargă, deși mi-e greu să cred că vor reuși asta la cât de bine prinsă și solidă este. Aștept. Nu trec totuși patruzeci de secunde și ușa zboară din balamale, trântindu-se violent de perete, întâi, apoi de podea. Trag primele două gloanțe în orb prin ce reușesc să văd din ce iese din fumigena aruncată înăuntru. Ambele lovesc adversarii în cap, doi cad și sunt scoși din schemă. Mă ridic și pornesc spre ușă, apoi dincolo de ea, cei de afară nu sunt toți mascați și nici cu armele scoase. Nu toți. Primul primește o lovitură în mandibulă și aproape aud cum întreg craniul îi trosnește, pică lat pe spate. Mai mult lung, aș zice. Al doilea, deși și-a ridicat mâinile în poziție de atac, face cunoștință cu piciorul meu drept, iar asta îl aruncă direct peste balustradă, îi aud strigătul în cădere și corpul izbindu-se de tot ce întâlnește până jos, la parter. Bun. Pe al treilea îl prind de gât și-i răsucesc capul într-o parte după ce-l dau pe spate și-și pierde cu totul echilibrul. În următorul moment, gâtul îi trosnește și e scos și el din joc. Măcar de ar fi joc, gândesc în timp ce o iau la goană pe scări spre parter. Va trebui să o anunț pe Ania să nu se mai întoarcă aici, îmi spun în timp ce ies pe ușa blocului și văd nu departe nu mai puțin de trei mașini GMC cu geamuri negre. Mă arunc pe jos în iarba de lângă bloc, pentru că gloanțele au început să ricoșeze pe lângă mine, mă rostogolesc spre stânga și în opt secunde care-mi par cât facerea lumii ajung după blocul de lângă, la un relativ adăpost. Dar nu e cazul să mă gândesc că am scăpat, așa că o iau la fugă, uitându-mă des înapoi. Reușesc să le evit vigilența și urc în primul autobuz care, întâmplător, se află în stație. Nu vor trage în public, știu mai bine cu ce se mănâncă așa ceva. Autobuzul 286. Mă duce până la Universitate. E bine. Ce nu e bine, dar nu grav, e că m-am ales și eu cu o rană destul de urâtă în partea stângă, sub coaste. Lumea se uită ciudat. Eh, poate am ieșit dintr-o încăierare, lucru care n-ar fi prea departe de adevăr. Îmi ridic tricoul, îi fac niște cute pe abdomen și mi-l înod în față. Nu-s departe de imaginea unui cocalar, dar asta nu prea contează acum. Până la Universitate e destul, am făcut ruta asta de sute de ori pe când eram cu Andreea, așa că nu am de făcut decât să aștept. Mă țin de o bară de susținere și stau așa, cu privirea absentă pe geam. Drumul e destul de liber așa că destinația pare, de fapt este, din ce în ce mai aproape. Și asta e bine, rana chiar ustură, deși măcar nu sângerează abundent. Nici nu mi-am dat seama când m-am ales cu ea. Ajung și cobor pe partea cu Banca Comercială Română, mă îndrept spre primul chioșc pe care-l văd și cer un pachet de absorbante. Da, chestii feminine. Cu siguranță ciudat pentru cine mă vede. Whatever. Traversez prin pasaj, pe partea cealaltă sunt tot felul de cerșetori și oameni care vând cărți. Îmi aleg un loc printre primii, îmi ridic tricoul și-mi aplic un absorbant pe rana destul de lungă, dar nu adâncă. Probabil de-aia n-am simțit. Pe lângă adrenalina de atunci, de mai devreme. Îmi așez tricoul la loc în pantaloni și traversez din nou, de data asta pe la celălalt capăt al străzii, spre Starbucks. O să mănânc aici. Ah, și neapărat o cafea. Mare și fără zahăr. Intru, plasez comanda la desk, nu mare lucru, un hamburger, cartofi prăjiți, două porții cu sos iute și cafeaua abia așteptată. Nu durează mult și mi-o ridic de la următorul loc, urc la etaj și mă așez la singura masă liberă pe care o găsesc. Mă deranjează aglomerația, dar mna, mă descurc, ca de obicei. Măcar aici nimeni nu se uită ciudat. Am ales etajul pentru că aici încă se poate fuma într-un separeu, așa cum știam demult. Cine știe ce-mi vine, deși este una dintre plăcerile vinovate la care apelez extrem de rar. Mănânc destul de repede, nici nu mai știu de când n-am mâncat, o fi de la hotelul din Marrakech, o fi de ieri, habar n-am. La cafea îmi scot o țigară Davidoff, mi-o aprind și, trăgând din ea, mă uit la cuplurile de pe lângă mine. Parcă oamenii ăstia n-au nimic în comun, nu-mi dau seama de ce sunt împreună. Cel mai probabil, să nu fie singuri. Mda, eu n-am făcut niciodată asta. Aici am fost cu Andreea. Ne-am întâlnit în fața celor patru statui de lângă BCR și-am venit aici. Îmi amintesc perfect cum stătea în poziție oglindă cu mine, o tehnică de programare neurolingvistică pe care și eu am folosit-o de atâtea ori, apoi. Dar mult mai târziu, prea târziu, atunci m-a prins bine de tot, m-a făcut al ei în câteva zeci de minute. Apoi am mers la hotelul la care eram cazat și i-am promis, printre gâfâituri și oftat de plăcere, „cu tot și de tot" și i-am spus, prima dată, „doar al tău și doar a mea". N-a fost să fie așa, am aflat asta prea târziu ca să nu mă doară și să ies întreg emoțional din relația aia. Poate de-asta mă mai bântuie încă. Din ce în ce mai puțin și mai rar. Eh, scap eu. Cu Ania lângă mine, simt că pot face orice. Chiar orice. Îmi termin țigara și „fantasticul" meniu și plec pe jos spre fostul sediu IrisTel, una dintre casele conspirative din București. Acolo au acces chiar puțini și, cel mai bine, nu aparține de niciun serviciu, este închiriată de mine și de alții pe termen nelimitat. Până o găsi-o careva și pe asta și va trebui să o abandonez. Povestea vieții mele, ce să spun... Până la casa asta e destul de mers, e dincolo de biserica grecească și de Ambasada Greciei, pe strada Plantelor, undeva în dreapta față de drumul principal. La un moment dat mă opresc, mă retrag în ceva căruia i-ai putea spune colț și-mi schimb bandajul, desigur cu un alt absorbant. Nu-i așa grav, oricum. Totuși va trebui să-mi cos rana, cam sângerează, eventual să o ard cu ce voi avea la îndemână. Eh, mă descurc eu cumva, nu pot pleca așa cu avionul. Ah, și mi-ar prinde bine o bluză sau ceva. Mai încolo. Ajung în fața casei și aproape că nu-mi vine să intru. Aici a lucrat Andreea un timp. Îmi aduc aminte că i-am făcut o fotografie, casei, pe timp de noapte, era ceva aproape fantomatic în imaginea aia. Fața casei este de fapt în partea stângă cum intri în curte, la stradă îți oferă lateralul. Intru și bag cheia în yală să descui și mă mir că e încuiat doar o dată. O singură răsucire și ușa, nu prea lată, se lasă deschisă cu ușurință. Ceva nu e ok. Doar dacă mai este altcineva aici deși, dacă e, ar trebui să știu dinainte.

Pătrund în casă, casa asta în care cu ani în urmă am intrat de atâtea ori să-mi iau iubita, dau să urc la primul etaj, dar aud în bucătăria amenajată la parter niște sunete și aproape înghet. Aproape, pentru că în secunda următoare am deja în mână Glock-ul meu pe care l-am ținut tot timpul într-unul din buzunarele pantalonilor. Mă îndrept spre bucătărie și mă trezesc, pe cât de puțin mă așteptam tocmai la asta și tocmai la el, cu un personaj controversat care-și ține și el arma spre capul meu. Ariel. Doar ca Ariel l-am știut întotdeauna. Un om ciudat, originar din Eritrea, singura țară creștină de pe continentul african. Un creștin, dar totuși arab. Ca Ayan. Pe Ayan aproape că l-am uitat de când nu-mi mai e pilot în tot felul de misiuni impuse de alții. Sau, ca în ultima vreme înainte de „moartea" mea, în cele autoimpuse.

-As-Salaam alaikum[1]! îmi spune brunetul cu ochi migdalați și-și coboară arma încet, de parcă încă s-ar aștepta la un atac din partea mea.

-Wa-alaikum-as-Salaam[2], îi răspund și-mi bag pistolul înapoi în holster. Omule, era să ne omorâm unul pe altul. Ce mama dracului cauți aici? Ar fi trebuit să...

-N-am vrut să știi, trebuie să stau la cutie o vreme. Nu dau detalii. Ce-ai pățit la mijloc? Mă rog, rana mea nu e chiar la mijloc, ci mai sus, dar n-am chef să-l contrazic acum.

-M-au găsit dincolo. Whatever, în Drumul Taberei, precizez, pentru că avem mai multe locuri în care să ne ascundem noi, ăștia care suntem rogue.

---
[1] **As-Salaam alaikum** *expr.* formă de salut care înseamnă „pacea fie asupra ta" – Din arabă
[2] **Wa-alaikum-as-Salaam** *expr.* formă de salut care se traduce aproape cu „pacea fie și asupra ta" – Din arabă

Deraiați. Răzvrătiți. Trădătorii sistemului. Stau aici câteva ore și plec, așa că locul îți rămâne cât vrei.

-Vrei ceva de băut? mă întreabă ca și cum ne-am fi întâlnit la o cafea în oraș sau cu o ocazie specială. Nu-mi așteaptă răspunsul și toarnă whiskey în două pahare mari, prea mari pentru băutura asta. Îmi întinde unul, îl iau și aproape că îl dau peste cap la cât de repede beau. Îl golesc și-l așez pe una din cele două mese care se află aici. Mi-e bun ca anestezic pentru ce am de gând să fac.

-Te-am lăsat, man, îi spun și urc la primul etaj, spre camera rezervată mie și doar mie. Nimeni nu are acces aici, ever.

De fapt, de-a lungul timpului au mai fost oameni aici, în camera asta. De obicei, femei. Unele și-au lăsat sau uitat tot felul de chestii. Mă așez pe un scaun, îmi dau tricoul jos, iau un ac pe care-l îndoi în formă de semicerc și încep să-l încălzesc la brichetă. La vârf devine roșu, sigur e suficient sau chiar mai mult. Trec prin el un fir de gută și mi-l apropii de rana de pe care am luat orice pansament improvizat. Simt căldura, pare că arde, dar nu contează, trebuie să o fac. Îmi înfig acul rotunjit în partea cea mai din stânga a rănii și scap un sunet de durere, o combinație între strigăt și înjurătură. Pur și simplu, trag firul de pescuit prin carnea care-mi protestează la fiecare atingere, o dată, de două ori, până când toată rana este închisă complet. Tai guta cu un patent găsit pe undeva și mă las pe spate, cu mâinile atârnând pe lângă corp. Prima fază a trecut, dar nu pot spune că a fost cea mai grea. Mai am ceva de făcut, chiar o voi face, deși parcă văd că... Găsesc un ondulator pe aici pe undeva și-l bag în priză, reglându-l la maxim. Se încălzește, cred că de fapt se încinge. Înainte să-mi dezmierd rana cu el, mai iau o gură zdravănă de votcă dintr-o sticlă rămasă aici de altă dată și, fără să mai stau pe gânduri îl lipesc, așa, încins, de aproape întreaga rană. E deja închisă, dar ar fi mai bine să nu risc o desfacere.

-Aaaaa, futu... Băga-mi-aș... `Mnezăii tăi de prost, cretin! înjur când simt fierul încins pe pielea sensibilă. Mă opresc la timp, nu vreau să îl deranjez sau să-l îngrijorez pe colegul de la parter. Carnea sfârâie câteva secunde care-mi par secole, iar în urma rănii rămâne o cicatrice care ar putea fi de la orice. Ustură și doare al dracu, dar mna, trebuia să o fac și pe asta. Îmi torn din aceeași votcă pe rană, pe post de dezinfectant, mai stau cinci minute, mă șterg cu un șervețel, mai bine zis mă tamponez ușor și pe toată lungimea, pentru că ustură al dracu, îmi trag înapoi tricoul și cobor cu intenția de a ieși. Ceea ce și fac, las ușa descuiată, mă apuc să refac drumul înapoi spre Universitate. Pe la jumătate, dau de un magazin de haine, Zara. Nu mă încântă firma asta, dar intru, trebuie să-mi iau o bluză ceea ce și fac în mai puțin de zece minute. N-am cine știe ce pretenții, îmi trebuie doar ceva care să acopere mai bine. Ies și continui drumul tot pe jos și cred că așa am de gând să merg până la aeroport. Deși s-ar putea să ajung cam prea devreme, zborul meu e tocmai la 21:45 sau ceva pe acolo. Îmi țin drumul fără să mă prea uit în jur deși tocmai am fost atacat de dimineață. Fie ce-o fi. Rucsacul, nelipsit, îl am în spate, cu arma dezasamblată și cele patru jammere în interior. Nu se poate vedea la nicio scanare. De pistol nu-mi fac griji, e bine pus și pe lângă asta voi trece pe la poarta VIP, a diplomaților.

Ora 15:20, strada Pyrohovs'ka, raionul Prymors'kyi, Odessa

N-am mai fost pe aici de tare mult timp. Contactul meu, Nazar, trebuie doar să-mi dea arma, desigur că va trebui să-l plătesc, aici lucrurile nu merg altfel, indiferent de loialități. Asta deși mă cunoaște de mult și eu pe el, la fel. Tipul ăsta e o combinație între mercenar și traficant de arme și acte false. Totuși, de încredere, iar asta nu are legătură cu banii. Taxiul oprește la numărul doisprezece, plătesc și cobor aproape fără să-mi pese dacă cineva e pe coada mea, intru și dau de un individ cam de aceeași constituție cu Felix, care stă la o masă joasă, cu o lupă cu lumini led. Se ocupă, acum, de ceva acte.

-Vaaai, iubito, ce-mi mai faci tu în ultima vreme? Abia mai știe lumea de tine de când ai dispărut, îmi spune și vine să mă îmbrățișeze, mă strânge destul de puternic la pieptul lui mare și bine lucrat.
-Nazar, știi bine pentru ce am venit. Sincer, n-am timp și mai ales chef de povești. Ah, de data asta am și bani. Ochii i se măresc, se retrage, se așază înapoi pe scaunul jos și îmi face semn să mă așez și eu pe o canapea.
-Măcar puțin, Ania, după cum vezi, și eu sunt ocupat. La dracu, mereu sunt așa. Dar am ceva să-ți spun, trebuie neapărat să afli. Are legătură cu dragul tău Felix. Da, da, știu vag pe lângă cine te învârți, spune scoțând de sub biroul ticsit cu hârtii și hărți

arma de fibră de carbon pe care mi-o pune în mână. Ah, dacă nu-ți place sau nu-ți convine, mai am una, deși nu ți-o recomand.

-Ce-o fi așa de important încât să mă ții aici? îl întreb contrariată și jucându-mă cu arma care e deja asamblată. Armez, trag în gol, armez iar...

-Ani, chiar trebuie să știi, poate spre liniștea ta și a lui. Sau a voastră. Ar fi bine să-i spui și lui la un moment dat, trust me.

-Mno, haide, spune odată! îi arunc, cu privirea la arma din mâinile mele. Sper să merite. Amândouă. N-am chef să ascult povești și, mai mult, să-mi explodeze asta în mâini când o folosesc.

-Eh, e un fel de poveste, dar merită să o afli și să o ții minte. Uite, continuă turnând în două pahare câte un strop de vodcă pe care eu o dau peste cap ca pe un shot, iar el o soarbe încetișor, chiar sonor.

-Omule, chiar...

-Doar ascultă. Puțin. Îți pot da varianta scurtă, dar nu o să știi ce să crezi, apoi. Așa că ți-o dau pe cea puțin mai lungă ca să pricepi câte ceva. Ok? Ascultă, atât. Se așază mai bine pe scaun, stinge luminile led ale lupei și se îndreaptă cu fața spre mine. Uite, fată, acum doi ani, nu Felix l-a omorât pe tatăl tău. Șoc. Nu știu ce să cred și brusc mi-a trezit interesul. A mai existat un lunetist, cu același tip de armă, a fost al nostru. Mă rog, pentru mine al lor, de când nu mai am de-a face cu ei. Întâmplător, absolut întâmplător, gloanțele au pornit în același timp, așa că s-a auzit o singură împușcătură. Aceeași armă, aceleași cartușe, logic. Felix s-ar putea să creadă și acum că ți-a omorât tatăl. Și tu la fel, ai crezut asta până acum, cu siguranță.

-Băi, deci mai toarnă un pahar, nu reușesc să procesez. Nu înțeleg, pur și simplu. Vrei să spui că...

-Da. El e complet nevinovat de asta. Faza a fost că taică-tu, știi, vindea arme către separatiștii ceceni. La vremea aia, ca și acum, inamicul. Cineva de sus, asta nu știu să-ți spun, a hotărât să fie scos din joc. Scurt. Al tău – e deja al tău, nu? – a fost trimis pentru același lucru, doar că n-a apucat să-și facă treaba. Eu cred că e de bine să știi. Chiar după atât timp. Fată, să-i spui și lui, nu-l lăsa cu încă unul pe conștiință. Știu că are așa ceva. Că se îndoiește. Că unele lucruri îl dor.

-Băi, deci m-ai lăsat... Nu, n-am ce să zic, pe bune. Tu de unde știi povestea asta? De fapt.

-Ani, am fost și eu între cei de sus și lumea vorbește, n-ai ce-i face, doar știi. Ai încredere.

-Aproape că nu pot să cred. Doamne, am știut mereu că el... Am oscilat întotdeauna între lucruri calde și ură față de Felix. Tocmai de-aia. Ce mi-ai spus e chiar o poveste de... O să mă gândesc, nu pot să spun ceva așa, în scurt.

Mă ridic de pe canapea, îi las banii, poate prea mulți, pe masă și dau să plec.

-Ania, încă un lucru. Ultimul. Ai grijă, mare grijă la ce vrei să faci azi. Cum am spus, umblă vorba. Ăsta nu e o țintă ușoară. Mă rog, ești mare și vaccinată, te descurci tu. Întoarce-te întreagă la F. Omul ăla e o legendă.

16:32, strada Pyrohovs'ka, Financial and Construction Union, Odessa

JURNAL DE MERCENAR

Am venit până aici cu un taxi care abia a vrut să ia cursa, până la urmă sunt pe aceeași stradă ca mai devreme. Geanta de umăr în care am arma, de data asta dezasamblată, nu-mi dă bătăi de cap și nici nu atrage atenția. Intru în centrul financiar, prezentând o acreditare de agent de asigurări și urc fără probleme până pe acoperiș. De aici se vede foarte bine centrul de conferințe Direct Speech, la câteva clădiri mai încolo. Niciuna dintre ele nu-mi stă în față și n-ar împiedica traiectoria unui glonț pornit de aici. Intrarea se vede perfect, mai ales prin luneta atașată armei pe care între timp am asamblat-o. Îl aștept „cuminte" pe Ibrahim. Îl voi recunoaște doar după înfățișare, ceea ce poate fi un risc, la o adică, dar nu-mi bat capul cu asta. Deja armez și aștept, întinsă pe acoperiș. Cam cald, mai ales pentru zonă și pentru perioada asta a anului, dar ce să fac? Trebuie. Oare trebuie? Vax. N-am timp de așa gânduri acum. Sunt, ca și Felix, o mașină de ucis – și nu numai – și, până la urmă, mi-am ales singură așa-zisa misiune curentă. Fir-ar. Felix. Oare chiar e adevărat ce mi-a spus Nazar? Dacă e așa, va trebui să-i spun și lui Felix și am fi amândoi ușurați. Știu cât îl macină unele lucruri și, mai ales, cât m-a chinuit pe mine chestia asta, ani de-a rândul. În special după ce am ajuns, absolut întâmplător, cu F. Da, e o legendă, și asta îmi place la el, dar nu neapărat în sensul bun. Soarele mă sâcâie puțin, oricât de tratată e luneta, tot produce efectul de flare din cauza luminii de zi, puternice și încinse. Deja stau aici de treizeci și patru de minute și încă nu văd nicio mișcare la centrul de conferințe. Mă rog, niciuna interesantă pentru mine. Ibrahim nu a ajuns. Dar și când o ajunge... La naiba, ar trebui să lăsăm toate astea în urmă și să plecăm departe, așa cum mi-a tot spus Felix. N-am idee dacă ne vom putea căsători în altă țară, eu nu am altă cetățenie decât pe cele română și ucrainiană. Poate știe el vreo metodă. Pe un vas ar fi mai ușor. Am deja degetul aproape încordat pe trăgaci, asta nu e bine, nu știu de ce sunt așa, că doar am mai făcut-o. Ah, uite că a ajuns. Iese din mașină, evident blindată și rusească, nu-mi dau seama de marcă, însoțit de două gărzi de corp care stau, stupid, în fața și în spatele lui. Eu îl văd din lateral așa că nu ar trebui să am probleme. Nici nu am. Nu ezit. Glonțul pornește din arma pe care am dotat-o și cu amortizor, nu trec două secunde până îl văd la pământ cu capul de-a dreptul explodat în bucăți mari din care se scurge sânge. Ceilalți sunt cu toții agitați. Mă ridic într-un genunchi și încep să-mi strâng arma. O voi arunca pe undeva, nu mă pot întoarce cu ea acasă, la București. Nici nu știu de ce îi spun „acasă". Poate pentru că...

-La pământ! Mâinile la spate! Mișcă! Acum!

Ce naiba...?

-Morții tăi de curvă, credeai că scapi? Fața în sus și mâinile la cap! mai urlă cei de lângă mine. Au apărut fără să... Primesc un șut în burtă și îmi vine să mă chircesc, dar nu sunt lăsată nici măcar să fac asta, următorul picior îl primesc în umărul drept și asta mă face să mă lungesc din nou. Cineva, nu știu cine, pentru că toți sunt mascați, se apleacă peste mine și-mi trage o glugă neagră pe cap. Vorbesc între ei în ucraineană, nu rusă. Ce dracu? De unde au apărut?

Simt cum sunt luată pe sus și îmi pare că cel care mă ține pe umăr coboară niște scări, nu înainte să primesc un pumn în figură așa, direct prin gluga asta în care abia pot să respir și prin care nu văd absolut nimic. Ăsta e și scopul, desigur.

15:45, Universitatea București, România

Am plecat de treizeci de minute de la casa conspirativă și am ajuns deja la Universitate. La pasaj. Trec prin el și, după ce îl traversez, o iau la dreapta spre ASE, cu gândul să merg cât mai mult pe jos spre aeroport, trecând prin Piața Victoriei, Parcul Kiseleff și tot așa, Casa Presei Libere – numai liberă nu e presa în România – și să țin drumul până la destinație. Rana, mică dar a dracului, după cum am văzut mai devreme, nu mai protestează, simt o ușoară jenă sub coastele din stânga, mai mult de la arsura de mai devreme decât de la tăietură. Am destul de mers pe jos dacă vreau să ajung tocmai până la aeroport, dar, dacă nu-mi mai convine, pot lua un taxi în orice moment. Cele mai apropiate sunt, probabil, la ASE. Nicio problemă. Oare ce-o fi cu Ania? La telefon nu-mi răspunde, altfel nu am cum să dau de ea, chiar ar trebui să-i spun să nu se mai întoarcă în Drumul Taberei. Bulevardul Nicolae Bălcescu îmi pare chiar liber, nu că m-ar interesa prea tare, având în vedere că nu sunt cu vreo mașină. Merg lejer, nici nu am de ce sau de gând să mă grăbesc, las Teatrul Național și hotelul Intercontinental în dreapta, în urmă, și continui încet spre ASE. Știu locurile astea aproape ca în palmă, a fost o vreme în care mergeam pe aici frecvent, nu singur pe atunci. Vremuri de mult apuse.

Oameni lăsați în urmă. Sau poate eu am fost cel lăsat în urmă. Mai probabil așa. Totul se schimbă, omule, îmi spun în gând, deși în momentul acesta, dacă aș fi singur undeva în interior, cred că m-ar apuca plânsul după niște amintiri de care tot încerc să scap de ani buni. Și mulți. Nu știu cât de buni, de fapt, la cum am ajuns și ce am devenit. Uite, aici, în stânga, m-am întâlnit cu ani în urmă cu cineva care mi-a devenit într-un fel prietenă, deși e poate cam mult spus, am scris un timp pentru un site pe care îl administra. Merg mai departe și-mi scot telefonul, mai încerc încă o dată să dau de Ania dar, ciudat și îngrijorător, de data asta nici măcar nu sună, ci aud un ton de ocupat, după care mi se spune oribila chestie, insuportabilă acum, că abonatul nu este disponibil. Telefon închis, adică. Doamne, ține-o bine! Nu am ce să fac tocmai de aici. Ajung într-un final lângă Academia de Studii Economice și mă hotărăsc să intru la o pizzerie să-mi potolesc foamnea, a doua chestie care mă sâcâie pe lângă fosta rană care, simt, s-a redeschis într-un capăt și mi-a sângerat puțin pe tricou. Dar e sub haină, e ok. Măcar nu mai doare și cel mai important, nu se vede. Intru în local, găsesc o masă cât mai departe de ferestre și-mi comand o pizza Diavola, mereu mi-au plăcut mâncărurile picante. Peste tot în lume am încercat de-astea. Comanda îmi vine destul de repede, servirea de aici îmi place, deși sunt un mofturos și cu nasul pe sus în asemenea situații, o tai în bucăți mici și încep să mănânc încet, nimic nu mă grăbește și mai e destul până ar trebui să fiu la aeroport. Așa, încet, o termin în mai puțin de jumătate de oră, nu trag de ea nici intenționat, nici altfel, nelipsita cafea mi-o beau liniștit, privind oamenii din jur, cei mai mulți sunt afacerişti sau cupluri şi din nou mă izbeşte că oamenii ăştia care formează cupluri nu par să aibă nimic în comun. Sunt împreună ca să nu fie singuri. Cei mai mulţi. Termin, achit şi pornesc din nou la drum pe Bulevardul Lascăr Catargiu spre Piaţa Victoriei. Încet, şi de data asta făcând contrafilaj, dar nu cine ştie ce. În alte cincisprezece minute ajung lângă Guvern şi îmi cam vine să iau un taxi sau ceva care să mă ducă spre Casa Presei, până acolo măcar, sau chiar o linie expres care merge până la aeroport. Nu, e prea devreme, la naiba. La naiba cu fuga, cu ascunzişurile, cu tot ce ţine de viaţa asta secretă! Într-o zi o să fie bine, o să fim bine şi în absolută siguranţă, eu şi Ania. Doamne, sper doar ca Ania să nu-mi facă şi ea cine ştie ce, ca Lea sau Mia. Dau naibii toate gândurile aiurea şi lenea, că oboseală nu i-aş putea spune, şi continui pe jos pe bulevardul Aviatorilor spre casa presei şi Romexpo. Merg pe dreapta, am pe aceeaşi parte Muzeul Ţăranului Român, pe la jumătate trec de sediul PSD şi-i înjur în gând, amintindu-mi de repetatele proteste pe care le-am văzut numai în ultimii ani. Mai încerc o dată să dau de Ania, dar am acelaşi rezultat ca mai devreme, iar asta mă face să încep să mă îngrijorez serios.

15:55, Odessa, Ucraina

Cei patru care m-au luat prin surprindere şi acum pe sus coboară scările până la parter şi pare că nici măcar nu aud vreo mişcare din partea altcuiva, probabil îi ţin la respect cu armele. Sunt aruncată în partea din spate a ceea ce îmi pare o dubă, fără să mi se scoată gluga de pe cap. Mda, şi eu aş face la fel dacă aș răpi pe cineva. Mașina pornește, iar eu încep să număr secundele, pe cât pot. Nimeni nu vorbește și asta îmi ușurează „munca" de eventuală localizare. Nu durează mult și primesc o lovitură cu un pat de pistol în ceafă. S-a dus și numărătoarea mea, mai apuc să gândesc înainte de a leșina.

Mă trezesc în ceva ce seamănă cu o hală, fără glugă și legată de un scaun de lemn. O matahală se apropie de mine și începe să-mi taie, de jos în sus, hainele, cu un cuțit cam prea ascuțit la cât de ușor se mișcă pe materiale. Picioarele le am, de asemenea, legate. Mă trezesc nu peste mult timp absolut goală, mai puțin lenjeria care încă a rămas pe mine. N-am parte de ea prea mult, același individ îmi smulge sutienul și rămân și mai expusă. Un altul se apropie si, deși încep să mă zbat, poate-poate mi se desfac legăturile de la mâini, îmi injectează direct în gât ceva dintr-o seringă. O seringă plină, nu puțin. Un al treilea, probabil șeful, stă și privește toată scena asta, fără să scoată un cuvânt, încă. Tipul tăcut se apropie de mine într-un final și mă izbește cu pumnul în față, pe partea stângă. Capul îmi zboară spre dreapta și probabil mi-ar fi zburat de tot dacă nu ar fi atașat de corp. Mdeah, mai am și gânduri amuzante. Până la urmă, așa am fost învățată în ședințele alea de antrenament, va trebui să-mi găsesc un subiect de care să mă agăț ca să nu cedez de tot sau măcar nu prea repede. Nici măcar nu am idee cine sunt ăștia și ce vor de la mine. Nici chiloții nu scapă, îmi sunt tăiați și dați la o parte, acum sunt complet goală, expusă și legată de scaun, imobilizată chiar bine. Dacă nu cumva... Dar nu, nimeni de aici nu ar avea interesul să scap. Încă nu-mi vorbeşte nimeni, îmi ataşează de labii doi conductori de electricitate – alt loc nu or fi găsit, nenorociţii – iar cel grizonat vine în faţa mea, îşi trage un scaun şi se aşază calm, cu butonul care dă drumul la curent lângă mâna dreaptă.

-Aşadar, păpuşică, să începem. N-ar trebui să dureze mult, dacă ai de gând să cooperezi. Pentru început, o mică demonstraţie, îmi spune superior şi învârte de buton. Curentul ajunge între picioarele mele, mă face să mi le strâng, dar asta nu mă ajută la nimic şi simt cum curentul trece prin mine, mă doare şi mă ustură în acelaşi timp şi scap un strigăt de durere. Unul prelung, pentru că pare să nu se mai oprească cu butonul ăla. Până la urmă, îl pune în poziţia închis şi mă simt de parcă aş avea brusc o vacanţă.

-Deci, păpuşă, pentru cine mai lucrezi de data asta? mă întreabă, în timp ce mâna lui stângă mă loveşte scurt în gât. Pentru câteva secunde sau mai mult nu am aer, pot să expir, dar nu şi să inspir, să primesc aer. Morţii tăi de curvă, credeai că scapi la infinit? mai aruncă, în timp ce se aşază în spatele meu şi aud clar cum desface un briceag pe care mi-l pune pe obrazul drept, momentan cu partea neascuţită. Mă apucă de păr, îmi trage brusc capul pe spate şi îmi aşază acelaşi briceag sau cuţit, ce-o fi, la gât. Îl simt rece şi tare, alunecând uşor dintr-o parte în alta. Spui ceva, în morţii tăi, sau te las aici, fără suflare? urlă din spatele meu. Îmi pune imediat cuţitul pe obraz şi taie fără să ţină cont, de la bărbie până aproape de tâmplă. Sângele îmi ajunge la colţul buzelor şi-l ling cu o oarecare plăcere, iar asta mă miră. Nu ştiam că-mi place sângele meu. Trebuie să mă gândesc la altceva, să nu fiu aici cu totul, nu mereu. Nu mă las pe mâna lor, oricine ar fi. Ce o face Felix? Urma să plece și el la Dublin azi, nu știu ce va face acolo și n-am de gând să-l întreb nici când se întoarce, la noi întoarcerile sunt relative. Morții tăi! urlă cel de lângă mine și-mi aplică un pumn în stomac, lucru care mă lasă fără aer mai rău decât lovitura din gât de mai devreme.

-Cum mama mă-sii de cretină, proastă te cheamă și pentru cine lucrezi de data asta? Nu, nu o să-i dau satisfacție. Nici măcar nu știu cine sunt nenorociții ăștia. Probabil...

-La pământ! Armele jos! Cine mișcă nu mai mișcă! Acum! Cel de lângă mine e deja pe jos, doborât de un glonț. Ce naiba? Ușile au fost aruncate în aer și vreo zece oameni înarmați până în dinți pătrund în incintă, făcându-i pe cei de aici să încremenească. Nazar e unul dintre atacatori. Vine spre mine, îmi taie legăturile și-mi șoptește candid. „Nu știu ce ar fi fost dacă nu-ți puneam dispozitiv de urmărire, ljubova". Cumva, mă bucur că a făcut-o, deși mi-e aiurea să știu că am fost păcălită până și de el. Hai, ți-am adus și ceva de îmbrăcat, do it fast și să plecăm de aici, mai spune brunetul. Trag pe mine hainele, nu prea mi se potrivesc, dar decât cele sfâșiate de cuțit mai devreme, sunt bune. Ieșim din hală, nu-i pot spune altfel, și ne urcăm în cele trei mașini aduse de Nazar și de echipa lui, strânsă, cu siguranță, ad-hoc. Mai ales că nu e activ, sigur a apelat la contacte și la datornici. Hainele nu-mi plac, nici nu-mi vin prea bine, dar chiar nu e timpul să mă plâng de așa ceva. Omul ăsta mi-a adus și telefonul, îl lăsasem la el, într-o geantă, înainte de a pleca spre țintă. Îl deschid și imediat primesc opt notificări de la mesageria vocală că am avut apeluri. Toate de la Felix. Apelez și-l ascult pe primul. Mi-e suficient. Îmi spune că refugiul nostru din București, din Drumul Taberei, a fost compromis și mă îndrumă către altul. Știam și eu de casa de pe Plantelor, dar nu am avut niciodată curiozitatea să ajung pe acolo. Nici motivul. Pare că acum e singura soluție. Nici măcar nu suntem chiar în oraș, ci undeva în afara periferiei, dar până acasă la Nazar facem vreo douăzeci de minute, asta într-o goană de nedescris. Băieții au pus girofar pe fiecare dintre mașini. Va trebui să văd cum mă întorc în România. Parcă văd că...

17:20, șoseaua Pavel D Kiseleff, București

Am tot mers până aici trăgând de timp, ar mai fi ceva de mers, mai ales după ce ies din zona urbană. N-am de gând să stau cu orele în aeroport. Așa că încetinesc și mai mult. Apelez telefonul Aniei, cred că deja a opta sau a noua oară, de data asta un mesaj îmi spune că și-a ascultat mesageria, știu să fac tot felul de chestii pe care majoritatea nu le știe, așa că... Apoi sună destul de scurt și mi se răspunde, fata mea îmi pare agitată ba, mai mult de atât, îmi spune scurt că vorbim mai târziu și mă asigură că e bine. Nu știu ce să cred, dar pe moment o las așa, închid, îmi pun telefonul la loc în buzunarul de la piept și simt, ca pe o siguranță, arma în holsterul agățat în partea stângă, sub braț. E bine. Să vedem cum îl trec de vama aeriană, deși nu cred că voi avea nevoie de arme în Dublin. Deși cred că s-ar putea să îl arunc pe undeva, pot face rost de altul oricând. Legal. Arma principală am lăsat-o, oricum, la casa de pe Plantelor. Mai e ceva de mers până la aeroport, dar nu mă îngrijorează, am mers și mai mult în alte ocazii. Acolo va trebui să stau în jur de trei ore înainte de îmbarcare, din 2017 s-au schimbat regulile, probabil din motive de securitate. Oricum, n-am nimic ciudat asupra mea, în afara pistolului de care o să scap undeva pe lângă centura orașului. Parcă mi-a mai venit inima la loc de când am reușit să dau de Ania la telefon și să-i spun pe scurt noutățile. Pe aici traficul e aproape infernal, mă apropii de centură și trec pe lângă mine tot felul de mașini. Și multe. Sunt din când în când tentat să încerc să opresc una, chiar dacă mă duce și câteva sute de metri. Rana nu mai dă niciun fel de semn, e bine. Parcă văd că până la Dublin o să fie ca și cum n-ar fi existat vreodată. Deja intru în orașul Otopeni și asta mă face să mă mai relaxez, nu mai am mult.

18:10, Odessa, Ucraina

Nu știu cum face, dar Nazar e plin de resurse. Mi-a aranjat un zbor cu elicopterul din parcul de lângă casa lui până acasă. O altă casă, după cum mi-a spus Felix la telefon. Mă rog, până la București, restul nu mai contează. Cele trei mașini opresc aproape brusc lângă parc, Naz mă întreabă, ce aiureală, dacă sunt bine, deși îmi vede fața umflată de la lovituri.

-Da, îmi trebuie doar să ajung acasă și poate o baie fierbinte și cu spumă, îi răspund, deși știu că de ultima nu voi avea parte la destinație.

Elicopterul așteaptă cu motorul pornit, parcă totul e sincronizat pe aici. Mai puțin eu mai devreme, când am fost capturată. Ce stupid. Dacă o țin așa, data viitoare s-ar putea să fie ultima. Îmi iau rămas bun de la Naz și de la ceilalți doi, deși nu-i cunosc, sunt contactele lui, și mă îndrept spre mașinăria zburătoare. În opt minute nici nu știu că am fost în Odessa, sunt deja deasupra Mării Negre, cap compas București. Am scăpat și de data asta, dar cine știe de câte ori va fi așa? Eu nu știu. Nu cred că-l mai prind pe F pe acasă, o nouă casă – am început să urăsc chestia asta și să-mi doresc, ca și el, o retragere definitivă. Până la urmă, el mi-a băgat așa ceva în cap și se pare că a făcut pui pe acolo... Elicopterul se cam zdruncină, dar ce mașinărie de zbor nu o face? În avion pare mai lin, dar nu este. Doar pare.

19:10, cafeneaua Espression, zona publică, Aeroportul Henri Coandă, Otopeni

Am ajuns de zece minute, mă tot uit pe meniu și nu mă hotărăsc ce să aleg. Nu că ar fi mare lucru pe aici. Până la urmă, îmi comand un latte machiato mare care vine într-un pahar cât toate zilele – măcar atât, dacă meniul este așa de sărac, îmi scot din rucsacul pe care între timp l-am transformat în geantă de umăr, laptopul, îl deschid și ajung să mă uit, iar la ecranul albastru, fără să-mi vină să fac nimic. Pur și simplu nu știu ce să fac sau ce să scriu, deși de asta nu prea am chef. Butonez un pic și pe ecran îmi apare balanța de cont de la banca din Elveția unde îmi țin mare parte din banii trași din conturile DSC pe vremea când eram al lor. Și după, pentru că, fără să știe nimeni și fără să reușească să dea de urma viermelui plantat de mine în serverele lor, am tras bani în continuare de acolo. 21 de milioane de euro, puțin mai mult decât atât, de fapt. Pentru o retrage definitivă, ar trebui să îmi fie de ajuns. N-am stat degeaba, am mai și investit. Nu mă duc aiurea la Dublin, aranjez una-alta. Până la urmă, încep să-mi vină idei, deși disparate, și deschid fișierul jurnal. Mai am destul de stat aici până la zborul meu.

Mă uit la textul din fața mea și totuși, nu-mi vine să adaug nimic. Nu acum. Trântesc display-ul laptopului și îmi savurez în liniște latte, mă rog, pe cât de liniște poate fi într-un aeroport, chiar și în barurile din el. Lumea din jurul meu s-a uitat la mine când am făcut gestul ăsta, dar prea puțin îmi pasă. O să aștept și atât. Poate o să cam fac ceva consumație pe aici. În ultimul timp, mai ales azi, îmi cam revine în gânduri Mia, pe vremea aia îmi părea perfectă. Așa cum îmi pare Ania acum. Deși nu se pot compara nici pe departe. Nu știu de ce mi se întâmplă asta. Parcă am un fel de presimțire și totuși nu, sunt sigur că am omorât-o în avion, și pe de altă parte, ceva mă tot sâcâie, îmi spune că m-am înșelat, că am ratat, iar Oana nu știe chiar totul despre ce s-a întâmplat atunci. Deși aș prefera să știe și să fie cum cred, ca Ayan să se fi descotorosit de cadavrul ei și poveste terminată. Timpul trece repede aici, pe cât de încet mi-a tot părut că trece pe drumul până la aeroport, poate pentru că atunci nu reușeam să dau de Ania, nu-i puteam spune de schimbările de pe aici, desigur, pe scurt, și pentru că-mi făceam griji în ceea ce o privește. Deja este mai puțin de o oră până la plecarea mea și asta mă liniștește oarecum, nu că aș avea motive reale de neliniște. Poate pretexte. Zborul e deja anunțat, ba chiar se poate face îmbarcarea, dar nu am de gând să stau cine știe cât într-un avion dacă nu se mișcă, așa că mai stau puțin pe aici. La a patra cafea. Doar primul a fost latte.

19:25, Stadionul Dinamo, București

Zborul cu elicopterul a fost scurt, au zburat ăștia de parcă viața lor – sau a mea? – depindea de asta. Cobor din Cobra și plec, fără formalități, de data asta spre strada Plantelor, unde mi-a zis Felix să ajung și să mă stabilesc. E destul până acolo, dar nu mă grăbește nimic în afară de niște dureri la față, ar trebui să-mi pun niște gheață, măcar, pe umflăturile astea. Nu știu cum va fi în noua casă și ce intimitate voi avea, mai ales că acolo, momentan, mai stă cineva. Tot de-al nostru. Vorba-vine, nu l-am întâlnit niciodată dar, dacă am primit asigurări de la F, e de bine. Pe el îl cred în orice. Lumea se cam uită la mine, după ei oi fi victima violenței domestice, dar nu contează. Sau nu trebuie să conteze. Și, la naiba, nu cred că mă mai duc să fac ceva de una singură, nu pentru mult timp. Și eu mă vreau întreagă, totuși. La Odessa am fost pur și simplu proastă, pentru că nu m-am asigurat mai bine. A doua greșeală. Prima nu vreau să mi-o amintesc. Nu mai vreau.

21:55, Aeroportul Henri Coandă, Otopeni

Avionul are deja o întârziere de zece minute, trebuia să plece la și 45 și iar mă apucă dracii pe România, deși compania e Ryanair, nu e de la noi. Noi... De unde mai suntem noi, de unde mai sunt eu, de fapt, după o asemenea viață? Care nu s-a încheiat încă. Așa presimt. Măcar e cursă directă, fără escale. Bun așa. În jucăria asta, nu-mi pot scoate nici măcar laptopul să scriu ceva sau să fac orice altceva pe el, e prea înghesuit. Aș spune că e o clasă mai jos decât economy. L-am ales ca să ajung repede, nu să am confort. My choice, acum trag. Bine măcar că sunt doar vreo patru ore. N-am ce face și mă cuprind iar gândurile. De data asta, din nou, la moralitatea faptelor mele, deși the greater good a fost întotdeauna pe primul loc. Cum ar fi fost viața mea dacă nu l-aș fi cunoscut pe Avramescu? Dacă n-aș fi abandonat școala pentru ceva ce pe atunci mi se părea un vis fantastic? Cum ar fi fost dacă aș fi stat într-un birou, nine to five, ca să zic așa, căsătorie, copii, bla bla? Dacă binele suprem pentru mine ar fi fost să le asigur lor sau lui, dacă ar fi fost unul, un viitor mai bun? Deși, în lumea asta cretină, ce înseamnă mai bun? Ce poate însemna mai bun când știu atâtea din culise? Eh, dar nu aș fi știut și aș fi fost din turma care merge cu metroul sau cu o mașină pentru care aș fi plătit rate ani de-a rândul și aș fi fost pur și simplu fericit în ignoranța mea. Și-a ei. O ea normală, la fel ca mine în acele condiții. Probabil mi-ar fi plăcut pentru că nu aș fi știut altceva. Așa cum, acum, nu știu altceva decât să manipulez, să ucid când e cazul sau mai mereu, pentru că așa am fost învățat, antrenat, instruit. Desigur, asta a fost cu mult timp în urmă, dar nu mi-a trecut, nu știu altceva. Oare voi fi în stare să am o viață relativ normală după retragerea care se tot amână? Sau pe care o amân eu? Eh, aici e buba. Eu o amân? Cred că da. Sunt aproape sigur că da. Mi-a intrat în sânge ceea ce fac de atâția ani...

„Vă rugăm să vă puneți centurile de siguranță..."

Nici nu știu când au trecut patru ore, dar mă bucur că scap de înghesuiala asta. Și că ajung într-un oraș care-mi place și relativ drag mie. La naiba, Felix, lasă amintirile! Mi-e drag pentru că aici am fost cu Diana. Hăt, la începuturile mele în branșă. One time story. Avionul aterizează, rulează pe pista infinit de lungă și ajunge într-un final la poarta de debarcare. Abia am așteptat asta. Ies din avion și încerc să mă orientez, nu mi-e greu pentru că am mai fost pe aici dar, parcă, de fiecare dată când plec dintr-un loc, mi se șterge din memorie aproape tot despre el. Aproape. Nu chiar tot.

Am ales să stau la Clayton Hotel Dublin Airport așa că o iau ușurel spre el, nici nu e departe de ieșire. E aproape ora zero, n-am nici de data asta ocazia să dorm cine știe cât, deși mâine mă pot duce la restaurant cam oricând. Până la urmă, e al meu. Pe alt nume, dar contează prea puțin. Sunt, ca în pașaport, Brian Told. Nu prea mi-a plăcut Told, însă nu e ceva definitiv. Ce-o fi definitiv în viața asta? Până la hotel fac puțin mai mult de zece minute. E un ansamblu de trei clădiri, două joase și lungi și una înaltă din sticlă și metal, cea în care intru, de altfel.

-Bună seara! mă adresez celei de la recepție. Aș dori o cameră.

-Aveți rezervare? mă întreabă bruneta. Este ocupat cam tot. Aproape.

-Nu, nu am! răspund gândindu-mă imediat la alternative și înjurând în gând că nu am făcut asta.

-Ok, să văd ce pot face pentru dumneavoastră, domnule...

-Told. Brian. Prefer să-mi spui Brian. Îi dau replica întinzându-i pașaportul.

-Da, mai avem două camere disponibile, domnule... Aaa... Brian.

Îmi introduce datele în computer și-mi întinde o cartelă magnetică de acces, dându-mi în același timp și pașaportul. Etajul patru, continuă.

-Mulțumesc, doamnă!

-Domnișoară, spune, aruncând cel mai seducător zâmbet pe care l-am văzut în ultima vreme. Mai puțin al Aniei.

Urc la etajul patru, aleg să merg pe scări, deși văd că sunt disponibile trei lifturi. Deh, obiceiuri vechi. Ajung în fața camerei 405, ascult un moment, apoi trec cartela prin fantă. Aud un click și ușa e deblocată, apăs clanța și intru. Îmi las geanta în micul hol de la intrare și văd că aici nimic altceva nu este mic. Un pat central mai mare de doi metri pe doi, un fotoliu așezat lângă o măsuță rotundă, aproape de geamurile imense, un birou lângă care așteaptă alt fotoliu, trei lămpi rotunde, una pe birou și două în colțurile de lângă pat, totul în culori pastelate, aproape calde. Îmi arunc din mers haina pe fotoliul de lângă birou, o fi ajuns chiar pe lângă, nu mă interesează acum și aproape mă arunc în pat așa, în pantaloni și tricou. Cu mâinile sub cap. Stau așa câteva momente, lungi, îmi pare, apoi mă așez pe marginea patului și-mi ridic tricoul să-mi verific rana sau cicatricea ei. Văd că totul e în regulă, arată doar ca o arsură prelungă, îmi azvârl tricoul de pe mine, pantalonii au aceeași soartă și mă așez din nou, întins pe pat. Chiar trebuie să dorm, nu știu de când n-am mai făcut asta, îmi pare o eternitate. Nu chiar, poate pentru că am fost tensionat în București în legătură cu Ania. Cred că mâine, adică azi deja o să... Nu-mi termin gândul și sunt deja adormit.

*

24! 24, tu pricepi? Îmi urlă în față de parcă nu aș auzi-o. M-au ținut acolo legată și n-am putut să fac nimic! La dracu, știi cum e să fii dezbrăcată în fața unor necunoscuți, să te bată de parcă s-ar sfârși lumea și să te violeze ca pe o bucată de carne fără importanță? M-au ars pe spate și pe coapse, m-au lovit peste tot, m-au electrocutat. Aproape că le-am spus despre tine. La dracu, tu pricepi? Urlă în continuare și apa în care suntem amândoi până la piept continuă să urce. Deasupra sunt două cabluri electrice. Dacă apa ajunge acolo... Deși ne-ar depăși fețele înainte să ajungă. Ea strigă încă la mine, practic mă acuză că n-am salvat-o. Îmi spune că nu o s-o mai placă nimeni așa, rasă în cap. Că nu s-a putut opri, până la urmă, și le-a spus despre ea și puțin despre mine. Că suntem amândoi expuși și că din vina mea am ajuns acum în bazinul ăsta. Între noi e un grilaj și amândoi avem mâinile prinse în lanțuri, la spate, în cătușe late. N-am putea scăpa de aici nici dacă... Nu, nu se poate, ea deja bolborosește și se zbate după aer. E mai scundă decât mine, deși nu cu mult. Apa o acoperă și în curând voi avea și eu aceeași soartă.

Da, chiar acum. Pot ține aerul în mine până la patru minute, dar asta nu o să mă ajute prea mult. Prima contracție a mușchilor vine când apa atinge cablurile electrice. Restul continuă de la sine. Mă face să mă strâng, dar nu pot mai mult, pentru că am și picioarele legate de bază. Urmează să... Doar dacă... Nu, nimeni nu va interveni. Ăsta trebuie să fie sfârșitul. Nu așa mi-l imaginasem. O altă convulsie a mușchilor și scap un strigăt prelung care nu face altceva decât să îmi scoată aerul din plămâni și să lase apa să intre peste tot.

*

Cearceaful e leoarcă, ca și mine, de altfel. Mă trezesc, cu fața în sus, puțin ridicat și cu arma în mâini, gata de tragere. Țintesc capul primului, deși nu-mi dau seama cine sunt ăștia. Șapte. Toți cu armele spre mine.

-MI-5!
-Poliția!
-Serviciul vamal al... Ultimele cuvinte nu le mai aud, strig cât mă țin plămânii.
-ONU! Brian Told, și încep să cobor arma încet.

Cel mai spilcuit dintre ei lasă arma și le face semn celorlalți. Deși mai relaxați, mă țin încă la respect cu armele. De asalt.

-Arma jos! Fața la perete! urlă tipul grizonat din dreapta mea. Fac ce mi se spune. N-aș putea doborî șapte oameni înarmați nici în vis. Unul dintre ei îmi pune cătușele.

-Am pașaportul și legitimația în haină, fac un semn cu capul spre birou. Durează vreo patruzeci de secunde până îl aud pe același „e în regulă, lasă-l". Cătușele îmi sunt scoase și mă întorc din nou cu fața în sus.

-Pentru armă?

-Permis internațional. E tot acolo. Grizonatul verifică și dă aprobator din cap. Am fost puși pe pistă falsă. Doar dacă...

Scoate un telefon mobil din buzunar și formează un număr. Cam într-un minut primește confirmarea că fac parte într-adevăr din corpul Națiunilor Unite. Le face semn mascaților, iar aceștia se retrag în liniște, în formație de atac, încă, pe ușa cu inserții de mahon. Am scăpat și de asta. Bine că am avut acoperirea în regulă. De obicei o am, dar acum a fost prea mult, prea de tot. Mai aveau un pic și mă ciuruiau în pat, aproape în somn. N-am cum să mai dorm la ora asta, deși așa aș mai vrea... dar după coșmarul de mai devreme și după cele întâmplate, mai bine nu. Totuși, e prea devreme să mă duc unde vreau sau mai bine zis unde am treabă, deși s-a luminat. Ar trebui să mai treacă vreo două ore. Mă întind înapoi în pat, cu mâinile sub cap, și privesc tavanul. Mai bine zis privesc în gol, nu am gânduri de niciun fel și asta îmi face bine în anumite momente. Coșmarul ăla, la naiba, va trebui să dau de Ania la telefon și să-mi spună că e bine. Cândva azi. Sau cândva zilele astea. Așa că, pur și simplu, stau și aștept ora când se va deschide Mansion House, Fire Restaurant and Lounge, restaurantul unde vreau să ajung. Pe strada Dawson. Știu doar vag unde e asta, deși localul îmi aparține de ceva vreme. De ar ști Ania sau oricare alta că ăsta, ucigașul, e milionar în euro, mi-ar propune nunta mâine. Sau, vorba aia, ieri. Cât mai repede, adică. Nu că n-ar fi făcut asta în Marrakech, dar nu știa și nu știe ce resurse am. E mai bine așa. Un timp, nici n-am de gând să afle. Poate mult mai aproape de retragere sau chiar după, deși ar suna stupid, ca și cum aș cumpăra-o cu asta. Dar știu că nu e așa, nu Ania. Cele două ore trec fără să-mi dau seama, mă ridic, așa, gol – ce priveliște trebuie să fi avut atacatorii mei de mai devreme! – intru în baie și mă spăl complet, ies, îmi trag pe mine aceleași haine de ieri, altele nu am, dar nici mofturi n-am de ce să fac și ies din cameră. Din reflex, verific dacă ușa s-a încuiat în urma mea, deși nu e acasă sau un loc unde să stau mai mult. Cobor și găsesc taxiuri în fața hotelului, mă arunc în unul dintre ele și-i spun șoferului să mă ducă pe Downing. Din câte știu, deși vag, nu e departe, chiar dacă este aproape central. De fapt ce zic eu că nu e departe, trebuie să traversez jumătate de oraș să ajung acolo. Whatever. Nu asta e important. Am ales să am un restaurant ca să am o sursă de venit, chiar dacă cei din DSC ar găsi viermele implantat de mine în sistemele lor, deși nu cred, au mai încercat. De fapt, localul se deschide la ora 17 dar mna, ce să-i faci, sunt proprietarul și până la urmă am de rezolvat treburi administrative, chiar dacă am de gând să și mănânc acolo. Poate nu singur. Tocmai de-aia dau un telefon și las instrucțiuni să deschidă deja pentru public. Administratorului îi pare ciudat, dar se conformează, oricum personalul este deja acolo pentru că pe seară au organizată o petrecere și vor să fie totul ca la carte. Traficul prin oraș e destul de lejer, ajung în aproximativ treizeci de minute, cobor, las un bacșiș generos taximetristului și-i spun să mai treacă o dată să mă ia pe la ora douăsprezece. Îmi aranjez ținuta, adică îmi întind pe mine haina oarecum boțită de la statul pe sau pe lângă biroul de la hotel, și intru în local, fără să-mi pese de privirile indiscrete atunci când mă duc direct spre zona din spate. Aici nu fac altceva decât să las instrucțiuni ca toate fondurile să fie virate într-o bancă elvețiană, alta decât cea la care ajung banii sustrași de la DSC. Nu-mi ia mai mult de zece minute, apoi găsesc o masă liberă și destul de departe de geam, niciodată nu stau lângă geam pentru că nu se știe ce se poate întâmpla, încep să răsfoiesc meniul și mă trezesc lângă mine cu o roșcată creață și cu ochi albaștri, care mă întreabă dacă îmi aduce ceva de băut sau un aperitiv. Nu rezist tentației unei cafele așa că-i răspund că da, o cafea mare, fără zahăr, și-i mai spun ca apoi să ia loc lângă mine.

-Domnule, știți, mă scuzați dar sunt în timpul serviciului...
-Domniță, îi dau replica relativ tăios, dar nu prea, nu sunt un client oarecare și nu trebuie să mă impresionezi ca să lucrezi în continuare aici. Dă să se ducă după cafea și-o prind de încheietura mâinii. Ah, încă un lucru. Nu vreau să stai cu mine din obligație, ok?
-Da, domnule, se fâstâcește roșcata, aproape trăgându-și mâna din prinsoarea mea lejeră. În cinci minute revine, aducând cu ea cafeaua, o zaharniță, lingurița, un biscuit și apă. Ia loc lângă mine și se uită

mai mult în jos, nu știu dacă intimidată, rușinată, timidă sau altceva. Îi cuprind bărbia cu mâna, îi ridic capul încet de tot, fata este aproape paralizată, ca un iepure prins de farurile unei mașini.

-Ai cei mai frumoși ochi albaștri pe care i-am văzut în ultimii ani. Cum te cheamă?

-Louise, domnule, îmi spune și, dacă nu aș avea încă mâna pe bărbia ei, ar lăsa din nou capul în jos.

-Nu, domnule, sunt doar Brian. Atât. Te rog. Nu vreau să îi pară că-i impun ceva. Ah, ia-ți și tu ceva de băut. Din partea casei, vorba aia, îi mai spun zâmbind blând.

Louise își ia un Campari Orange și se așază din nou la masa mea, una de lângă pianul pe care îl avem aici. De data asta, pare mai relaxată și își trage scaunul mai aproape de al meu, insesizabil de puțin, totuși, pentru un ochi neformat, neantrenat.

-Îmi spui despre tine? Nu știu ce să te întreb și nu vreau să fie un interogatoriu. Din nou, dacă nu vrei să stai, poți pleca oricând, nu contează că sunt patronul localului. Sper să înțelegi.

-Nu știu să vorbesc despre mine, dom... Brian. N-aș ști să mă descriu sau asemenea. Lucrez aici, am douăzeci și opt de ani, mai sunt asistentă la spitalul Beaumont și studentă la Arte. Altceva, chiar nu știu. Nu sunt bună la conversație...

-Dar la ce ești tu cel mai bună? o întreb, așezându-mi mâna dreaptă peste a ei, pe masă. Unii dintre colegii ei se uită curioși, dar prea puțin îmi pasă. Are tendința să-și tragă mâna, dar până la urmă o lasă sub a mea, moale. I-o mângâi cu degetul mare, încet, liniștitor și o ascult. Recunosc, în mine doar, altfel o sorb. Îmi imaginez scenarii, deși nu-mi fac planuri sau vise.

-Păi... Nu știu, poate la pictură, deși mai am mult de învățat și nu mă refer neapărat la cursuri. Așa, în general, îmi spune, răspunzându-mi la mângâiere și luându-mi degetele între ale ei, cu totul. Asta mă miră deși, poate, avem amândoi nevoie de ceva cald sufletește.

-Încă o dată îți spun, nu e nimic ce trebuie. Am văzut verigheta, de-asta repet.

-Ah, el... Știți, știi, dacă mi-ar oferi atâta atenție pe cât îmi oferi tu, Brian, ar fi frumos. Știu că sunt niște clipe, niște momente de acum și aici, apoi o să pleci dar... Mi-ar putea fi dor chiar și de o mică atingere. Știu că s-ar putea să nu ne mai vedem niciodată sau să fie foarte rar și atunci să nu ai timp pentru mine, până la urmă cine sunt eu să devin importantă? Mi-e suficient aici, acum, spune din nou și îmi strânge mâna, trăgând-o puțin către ea.

Simt cum mi se contractă stomacul și parcă și esofagul, abia am luat două înghițituri din cafeaua asta și simt ceva ciudat. Nu mi se contractă a respingere sau poate, ci a stare de rău și de vomă.

-Draga mea, Louise, uite, de fiecare dată... Mâinile încep să-mi tremure insesizabil pentru alții, dar eu simt senzația foarte clar. Cine a făcut cafeaua asta, Louise?

-Nu știu, dom... Brian, unul dintre colegii din spate, eu doar am adus-o.

Tremurul se intensifică şi îmi simt şi muşchii gâtului contractându-se aproape violent. Încep să nu mai văd bine şi-i dau drumul la mână pentru că deja nu mai reuşesc să stau drept pe scaun. Cad cu totul într-o parte dar, culmea, cu faţa în sus şi tremurul mă cuprinde cu totul, îmi simt gura plină de un lichid vâscos care începe să iasă câte puţin. Nu poate să fie cafeaua, e altceva. Louise vine lângă mine şi-mi spune să stau într-o parte şi cu gura deschisă, să încerc să nu inspir. Nu-mi pierd conştiinţa – nu încă? – şi doar de-aia o aud şi o văd cum scoate ceva din geantă, un flacon galben. Ia un pahar cu apă şi toarnă tot conţinutul flaconului în el, apoi începe să agite paharul venind lângă mine. Acum, uneori văd, alteori nu, cu întreruperi, aud la fel şi-mi ţiuie ambele urechi.

-Bea-l pe tot, bea de aici, hai, te rog, Brian, înghite tot, te rog. Încep să beau ce-mi dă, gustul nu-mi e familiar, dar nu mai contează acum, înghit ce-mi dă, tuşesc şi-mi curge puţin şi pe lângă gură, pe tricou. Până la urmă, reuşesc să înghit tot sau cea mai mare parte a soluţiei date de roşcată, iar corpul nu-mi mai protestează, nu mai simt convulsiile de adineauri.

-Cărbune medicinal, Brian, asta ţi-am dat. La naiba, nu te mai atinge de cafeaua asta, îmi mai spune în timp ce mă aşază întins pe jos şi aruncă ceaşca, cu totul. Vine la urechea mea stângă. Sigur ai fost otrăvit, la naiba. Dacă nu eram aici... Îmi revin în fire, măcar în cea mai mare parte, şi mă aşez din nou pe scaun. Dar sunt foarte moale, deşi pericolul a trecut cu totul. Dacă mi-a dat soluţie de cărbune medicinal, orice otravă ar fi fost, a fost anihilată.

-Mulțumesc... îi spun cu o voce mică și de data asta eu sunt cel cu ochii în jos.

-Vreau să mai stau cu tine câteva ore, să fiu sigură că ești ok. Dacă nu ești, chiar trebuie să ajungi la spălături stomacale, cel puțin, sau chiar injecții. Asta înseamnă spital. Rezolv eu, la o adică. Dar vreau să stau cu ochii pe tine o vreme. Unde stai?

Nu am chef și putere să mă împotrivesc și, până la urmă, fata asta mi-a făcut un bine.

-La Clayton, lângă aeroport, îi spun, și văd cum face ochii mari. Mai stau o noapte și plec.

-Asta înseamnă că-mi dai liber azi, nu? mă întreabă, din nou aparent sfioasă și așteptându-se la ce-i mai rău, probabil. N-am de ce să fac altfel.

-Da, numai că trebuie să plecăm de aici la douăsprezece, vine un taxi să mă ia atunci. Adică... La naiba, în cinci minute. N-am apucat nici să mănânc. Nu mai contează... Dacă vrei, vii cu mine, ok. Dar soțul tău... Adică...

-Nu se întoarce până mâine de la Londra, îmi spune roșcata, strângându-mi din nou mâna, de data asta ușor, ca o adiere.

Mă ridic, nu înainte să verific dacă sunt în stare de asta, îi iau chipul în mâini.

-Ești sigură? Absolut sigură, Louise? Nu vreau să îți fac probleme și vorbesc serios.

-Da, o să stau cu tine. Fără discuție.

-Atunci haide, îi spun, o iau de mână și-o trag încet după mine spre ieșire unde taxiul, același de mai devreme, deja așteaptă. Urcăm împreună în mașină și începem drumul către Clayton. De data asta mai încet, pentru că traficul e mai aglomerat decât la sosirea mea aici. Louise îmi ia mâna stângă între ale ei și mi-o mângâie ciudat. De parcă i-ar fi fost teamă să mă piardă mai devreme.

-Brian, ce ești tu în afară de șeful nostru? Nu văd logica, totuși, cineva te-a otrăvit. Dacă aș crede în conspirații, aș spune că a fost o tentativă de asasinat. Ca la carte, deși nu știu cum vine asta. Ca să ai simptomele alea, trebuie minim de zece ori doza mortală de arsenic. Nu pricep nimic și asta mă scoate din minți. Iartă-mă, deformație de asistentă pe urgențe...

-Girl, n-am ce să spun despre asta, nu știu mai multe decât tine. Îți mulțumesc. Probabil acum îți sunt dator cu o viață. Doar să nu te sperii dacă mai vezi ceva ciudat, îi mai spun și-i strâng cu putere, dar cu drag, ambele mâini. Rămâne absolut nelămurită, văd asta pe fața ei și în faptul că e mai încordată decât ar fi ok. Parcurgem restul drumului în liniște și văd, simt că se simte stingherită și ciudat că merge la hotel cu un, practic, necunoscut. Ajungem și, după ce intrăm în clădirea de sticlă, urcăm la etajul patru, de data asta cu liftul. N-am văzut semne că aș fi urmărit, iar aici ar fi greu de pus capcane. Cred asta chiar dacă de dimineață m-am trezit cu toate trupele speciale posibile pe cap. Intrăm în camera 405 și o văd cum se așază, timidă și sfioasă, cu genunchii strânși, pe patul imens. Nu știu la ce se așteaptă și ce să-i ofer, așa că mă îndrept spre barul din cameră și torn un pahar de vin roșu dulce, după care mă așez în genunchi în fața ei, stând practic pe jos.

-Uite, îți mai spun încă o dată, dacă ai cea mai vagă impresie că ce faci nu e bine, poți pleca oricând. Doamne, să nu cumva să înțelegi că te dau afară sau că nu-mi placi. Dimpotrivă. Ești un copil bun, Louise, nu vreau să devii altfel sau să te consideri cine știe cum. Îmi ia paharul din mână și-l pune pe jos după ce, spre mirarea mea, bea din el aproape mai mult de jumătate, dintr-o suflare.

-Taci. Te rog, fii doar cu mine, aici și acum, îmi spune și îmi acoperă buzele cu ale ei. Sunt moi și catifelate, pline, mă sărută îndelung și ușurel, fără grabă sau pasiune dezlănțuită, adânc, dar lin în același timp. În timpul ăsta își desface nasturii corsetului care-i susțin sânii plini și se lasă pe spate trăgându-mă încet deasupra ei. Iubește-mă, îmi spune când face o mică pauză de sărut, apoi revine și-mi acoperă gura cu a ei. Nu pentru mult timp pentru că o mai aud, curând, „iubește-mă, nu face sex cu mine ca și cu oricare alta. Vreau să fie ceva special!". Ajung aproape fără să știu deasupra ei și încep să-i sărut gâtul, cobor spre sânii lăsați liberi și îi înconjor cu limba, nu urc încă pe ei, deși sfârcurile ei întărite sunt cumplit de tentante. Îi simt o mână în păr care mă îndeamnă să cobor și mai mult, o fac, îi dezmierd abdomenul și ajung la linia fustei până la genunchi al cărei fermoar nu știu când și l-a desfăcut, așa că mă ridic puțin și i-o trag în jos, complet. Constat cu uimire, dar și plăcere, că nu poartă nimic pe dedesubt și, când să merg mai departe, mai jos, cu limba, văd că mă oprește și se întoarce cu fața în jos, ridicându-și fundul. O prind cu ambele mâini de mijloc și intru cu limba direct în ea, o pătrund și mai ies uneori pentru a-i linge labiile mari și roșiatice. Nu stau degeaba nici din alte privințe, între timp mi-am dat jos tricoul și pantalonii și-acum suntem amândoi goi și dornici, nu vreau să o pătrund pe la spate, îmi pare impersonal, așa că o întorc eu cu fața în sus și reîncep să o sărut, îmi răspunde mai mult tandru decât sălbatic, așa cum mă așteptam. Ajung lângă urechea ei stângă și-i șoptesc lucruri nici de mine știute acum, nu contează, se arcuiește și caută să mă îndemne să o pătrund, lucru pe care îl fac brusc și cu forță. Geme, dar nu se retrage, simt cum mușchii i se contractă și mă cheamă mai mult în ea, îmi vine să o prind de gât, dar își dă seama de asta și-mi ia mâinile punându-mi-le pe sânii ei care acum sunt numai buni de frământat. Geme și oftează aproape în același timp, nu știu prea bine ce să cred, dar nu mă opresc. Nici ea nu vrea asta, mă răstoarnă și ajunge deasupra mea, începând să se miște din ce în ce mai repede, doar din mijloc, ținându-mi o mână pe piept. În micile pauze pe care le face simt cum își contractă voluntar mușchii vaginului, tare, mă simt prins ca în menghină dar e plăcut, apoi își reia mișcările din mijloc și mă simt din ce în ce mai aproape de orgasm. Nu durează mult până ajung să-l am și mă descarc, cu totul, în ea, căci se înfige în mine și stă fixată acolo, până simte că nu mai are ce ieși din mine. Apoi se lasă lin peste mine și-mi spune, fără să mă aștept, fără să îmi vină să cred ceea ce aud.

-Te iubesc! Acum și aici, te iubesc. Nu știu ce și dacă va mai fi un mâine, însă acum ești al meu și sunt a ta cu totul. Poate... dar mai bine nu. Să nu te schimbi și să nu mă rănești. Doamne, fata asta nici nu știe cu cine sau cu ce are de-a face, gândesc, dar o cuprind în brațe și-o țin strâns ca și cum ar fi ultima zi și nimeni altcineva nu ar exista. Încă nu pot să cred că mai există și asemenea oameni. Încă nu pot crede că sunt oameni care se dăruiesc fără reguli și așteptări, fără „mâine" și planuri în minte. Se dă la o parte de pe mine și rămâne așa, cu fața în sus și ochii în tavan, dar ținându-mă încă de mână și mângâindu-mi-o tandru. Doamne, dacă ar ști ce sunt. Ce, nu cine...

Dacă ar ști câți am ucis, la comandă sau din proprie inițiativă... Dacă ar ști că în iubirea mea pentru Ania nu poate interveni nimeni altcineva și, sper eu încă, nimic altceva. Nu, nu a fost o aventură fără sentimente, nu sunt în stare de așa ceva. Cu mici sau rare excepții. Precum Anneliese, în Africa de Sud. S-ar putea să nu ne mai vedem niciodată, până la urmă îmi pot conduce afacerile și de la distanță și, mai mult de atât, ea este căsătorită. Un mare impediment.

-Mă lași să mă ridic, girl? o întreb, oarecum ezitând să mă desprind de atingerea ei lină. Sau, continui răsucindu-mă spre ea, aproape deasupra, stai cu mine toată noaptea asta? Nu știu când vine al tău, mâine, nu mi-ai spus. Spun „al tău" de parcă scuip cu scârbă. Acum și aici e doar a mea, fără îndoială și opreliști.

-Cândva după prânz ar urma să vină. Noi nici măcar la telefon nu vorbim prea mult, știi, suflete...

-So, pe scurt, rămâi cu mine noaptea asta? o întreb iar, ducându-i ambele mâini deasupra capului și aplecându-mă să o sărut în colțul gurii. Doar, și abia atins. Cu drag. Eu plec mâine în Franța, dar până una-alta, mi-ar plăcea să mai fii cu mine. Dacă vrei.

Dacă simți. Și dacă nu-mi pui întrebări și nu te mai gândești la faza de la restaurant. A fost, mulțumesc, m-ai scăpat, dar atât. Oricum zborul meu e abia seara, dar stai liniștită, mă descurc după ce pleci, sunt mare. Sau ar trebui să mă descurc. Văd eu ce fac prin oraș.

-Da, dulce drag, rămân cu tine noaptea asta. Nu vreau sex, nu mă înțelege greșit, a fost wow, îmi doresc să dorm în brațele tale și să uit de viața obișnuită. Pe cât oi reuși, îmi răspunde și-și întoarce capul în așa fel încât buzele ei le cuprind pe ale mele, din nou. Moale și cald. Umed. Fără grabă sau pasiune. Ori, poate tocmai asta e pasiunea adevărată. Inocența. Oh, nu, nu am nevoie de asemenea gânduri, le alung cu brutalitate. De fapt, aș reuși dacă n-aș avea-o lângă mine pe Louise.

Mă ridic și dau să îmbrac ceva, doar că îmi dau seama că nu prea am ce, tricoul e la uscat în baie după ce am dat pe el substanța aia care m-a salvat, pantalonii ar fi inutili. Până la urmă, am ajuns cu Louise la un grad de intimitate care-mi permite să nu mă ascund de privirile ei. Dau drumul la muzică, în surdină și revin în pat. Între timp, ea s-a întors cu spatele, o cuprind în brațe și-și lasă capul spre spate, încercând să fie cât mai lipită de mine.

-Îmi spui și cu ce altceva te ocupi? Mă surprinde cu o întrebare pe care nu aș fi așteptat-o în veci. Nu știu ce să-i răspund, am, totuși, întotdeauna o legendă la îndemână și i-o servesc fără remușcări sau îndoială.

-Printre altele, sunt atașat al Națiunilor Unite.

De fapt, lucrez acolo, dar nu în țara asta. Pare satisfăcută de răspuns, așa că nu-mi pune întrebări suplimentare și mi se lipește și mai tare de corp.

-Deci ești un om important, s-ar putea zice...

-Nu chiar atât de important, îi replic și-i cuprind sânii în mâna dreaptă, mă rog, cât pot din ei. Tu chiar nu știi să vorbești despre tine, girl? Nu mi-ai spus mai nimic. Dar clar știi să faci, o tachinez, atingându-i ușor coapsele. Se înfioară și se întoarce cu fața la mine.

-Așa e, nu știu, nu sunt bună la așa ceva. Ți-am zis mai tot ce contează. Pe lângă asta, am rămas orfană la paisprezece ani. Din cămin în cămin am trăit sau am crescut. În rest, știi, îmi mai spune punându-și capul pe umărul meu.

-Vrei să dormi? Deja? Sau vrei să opresc muzica asta? Doar spune-mi, azi vreau să existăm doar noi și atât, așa că...

Îi spun asta, deși o parte dintre gânduri îmi sunt la Ania. Nu, nu pot să rezist fără să știu ce-i cu ea. Iartă-mă puțin, îi mai spun roșcatei și mă trag ușor de lângă ea, ducându-mă în baie cu telefon cu tot. Apelez numărul Aniei, linia noastră securizată și mă bucur că-mi răspunde. Mă lămuresc, a ajuns la casa de pe Plantelor, s-a instalat în camera rezervată mie, care e oricum mai puțin mică și-și face de cap prin București când are chef și timp. Mă întreabă când ajung acasă, dar nu știu ce să-i răspund, îi spun doar că mai am ceva treabă și în Franța și poate după, deși nici eu nu știu ce-mi rezervă următoarea zi, de obicei. I'm going with the flow. Cred că e prima dată când mă simt aiurea că mint, da, doar prin omisiune, însă, practic, mint două femei. Una, Ania, iubita mea și partenera mea uneori, și Louise, care s-a atașat de mine într-un fel ciudat de aici și acum, însă intens, mai intens decât am fost obișnuit să cunosc sau să accept până acum. Îmi închid telefonul de tot, ca să nu primesc apeluri, și mă întorc în cameră, mă reașez în pat și-o iau pe roșcata mea ciudățică în brațe. Deja e seară, soarele abia se mai vede. Nici nu știu când a trecut timpul, dar la ce s-a întâmplat, asta nu mă miră prea tare, mă pregătesc de somn cu Louise lângă mine, cu ființa asta pură și dulce, frumoasă și într-un fel inocentă, pasională și arzătoare până la incandescență. Ăștia sunt oamenii pe care îi apăram în trecut și de care am grijă acum, pe cât se poate. Doar asemenea oameni ar trebui să existe, nu monștri ca mine și alții asemenea mie, Aniei, Miei, Leei și altora. Noi suntem aberațiile. Sper să nu am vreun coșmar și să o sperii pe asta mică. Deși niciodată n-am avut când mi-a fost atât de bine ca acum. Muzica s-a terminat, adică cd-ul, asta mă scutește să mă mai ridic de aici. Bun. Noapte bună, frumusețe, îi șoptesc roșcatei lângă ureche. Încet, să n-o trezesc, căci ea deja e adormită și-i e bine, se vede și se simte asta din tot ce înseamnă ea. O ea completă. Adorm în mai puțin de o jumătate de oră, ceea ce pentru mine e ceva chiar special, mi se întâmplă asta doar când sunt foarte obosit sau, mai ales, când sunt cu cineva drag sufletului meu chinuit de viața de până acum.

Cred că toată noaptea nu m-am mișcat, nu m-am întors, căci mă trezesc în aproape aceeași poziție, cu Louise strâns lipită de mine și în brațe. Cred că i-a fost bine și ei. Asta nu poate decât să mă bucure.

Sau măcar să-mi dea satisfacție dacă mintea preia din nou controlul acela exclusiv și rece. Se trezește în același timp cu mine – care erau șansele? – și mă privește cu acei ochi de un albastru intens pe care i-am remarcat la restaurant aproape de la început.

-Ai dormit bine, dragul meu? mă întreabă, ca și cum ar fi cel mai natural lucru din lume. Mă întorc cu fața în sus, îmi pun mâinile sub cap și-i răspund în același registru.
-Mai bine ca niciodată, dor. Fiindcă ai fost cu mine.

Capitolul 17

Sunt în trenul Paris-Lyon, am constatat că fac mai puțin așa decât să iau avioane de la Dublin până acolo. Tren curat, frumos, oameni civilizați. Sau măcar aparent. În ultima zi în Dublin, am vizitat câteva muzee și m-am plimbat de aproape am învățat orașul pe de rost. Sau o mare parte a lui. A trebuit să iau o cursă aeriană de acolo până la Londra, pe Heathrow, și de acolo o alta până la Paris. Cu o pauză între ele de aproape nouă ore. Sau mai mult de atât, cine mai ține cont? În Paris mi-am făcut din nou rost de armă de la un contact al cărui nume nu-l știu complet și de obicei e mai bine așa. Doar Charlotte. Da, o femeie. Important este că am din nou în rucsac iubita mea armă. Caut online hoteluri sau pensiuni, aș prefera a doua variantă, dar până la urmă, orice e bun. Peisajul rulează prin fața mea cu o asemenea viteză de nu reușesc să fixez ceva anume, iar asta mă duce din nou cu gândurile departe. Sau în mine, prea în mine și asta mă deranjează, e periculos pentru eficiență. Pe Louise am dus-o la job, apoi am plecat aiurea. În Londra nici n-am ieșit din aeroport, mi-am petrecut timpul în tot felul de cafenele și de restaurante. Îmi pare că sunt obosit ca dracu, deși nu am patruzeci și opt de ore fără somn. Încă. Ținta mea din Lyon, acolo unde am omorât-o pe Marianne, cu foarte mult timp în urmă, parcă, este un traficant de arme și droguri, Benoît. Un tip care cu ani în urmă a făcut parte din legiunea străină, dar a fost exclus pentru acte violente asupra colegilor. Încă unul în minus, gândesc, și-mi continui privitul pe geam. Cu ăsta prefer să nu mă lupt corp la corp, sigur aş fi în dezavantaj. Mai bine ca de obicei, de la distanţă. Bum şi gata, încă unul făcut îngrăşământ. I-am studiat rutina şi încă mă miră că unii ca el sau alţii au o rutină şi nu schimbă aproape zilnic locurile şi obiceiurile. Aşa ar fi mai sigur, logic. Probabil se crede prea bun. Asta îi duce pe mulţi la pierzanie. De data asta, va trebui să trag întâi în maşina pe care o conduce şi, când iese din ea, să-l dobor. Să trag din plin în el. N-ar trebui să fie o problemă, deşi... Trenul se pune iarăşi în mişcare şi îmi dau seama, brusc, că tocmai pleacă din gara Lyon. Ce mama dracului? Mă ridic precipitat de pe locul meu, ajung la uşă şi trag semnalul de alarmă, ceea ce face trenul să înceapă să pună frână. Când se opreşte de tot, ridic maneta roşie care ţine uşa închisă, împing cu destul de multă forţă şi iată, s-a deschis. Sunt la aproape un kilometru de gară, dar marea problemă e că am fost atât de absorbit de gânduri şi în altă lume, încât era să ratez destinaţia. Sunt jos şi încep să merg înapoi către gară, oricum va trebui să ajung la Ibis, hotelul este în direcţia în care merg acum, deşi destul de departe, dincolo de râu, pe cheiul Perrache. Pe strada cu acelaşi nume. După cincisprezece minute, ajung la gara Lyon şi mă uit să văd dacă există vreun serviciu de închiriat automobile. Am noroc şi de data asta, găsesc şi, mai mult decât atât, e suficient să prezint paşaportul, fără alte acte şi formalităţi stupide. În alte zece minute sunt în maşină şi, ca de obicei, înainte de orice îi dezactivez dispozitivul GPS. După care plec spre Perrache, cu un ocol destul de mare prin nord. Odată ajuns la Ibis, las maşina în parcarea laterală, intru şi cer o cameră cât mai sus posibil, sub pretextul că-mi place să admir priveliștea. Prind una la ultimul etaj, al doisprezecelea, și urc în lift. Unul dintre ele. Se mișcă încet și se oprește la etajul unsprezece, mă uit în jur și constat că trebuie să mai urc un etaj. Asta e. Nicio problemă. Voi folosi alt lift data viitoare. Urc și ajung la camera 1045, intru și-mi așez cu grijă geanta pe jos, aproape de fereastră. Oricum aici voi folosi arma. Superb, strada de dedesubt se vede excelent, prin lunetă se va vedea ca în palmă. N-am înțeles niciodată expresia asta, îmi fac o notă mentală. Până la așa-zisa întâlnire cu ținta, mai am vreo oră, doar una, așa că încep să caut soluții. Patul nu l-aș putea mișca nici cu macaraua, vorba ceea, ca să-l așez lângă fereastră, vreo masă suficient de lungă încât să stau întins pe ea și să-mi sprijin și arma nu există așa că, deși cu risc, ca de obicei, voi folosi pușca direct din mână. O scot din geantă și încep să o asamblez, de data asta are cu o piesă mai mult, căci am cerut și ceva pentru calibru mare, care să omoare un motor. Voi trage în grilaj. Când sunt gata, scot diamantul artificial dintr-un buzunar al genții și decupez un cerc nici mare, nici mic în geamul camerei. La o adică îl pot acoperi cu perdeaua. Este, totuși, mai mare decât de obicei, pentru că va trebui să trag întâi în motor cu accesoriul atașat, care seamănă cu un aruncător de grenade pus dedesubtul țevii armei. Mă așez în poziție de tragere și aștept. Nu mult, după cum constat. Mașina lui Benoît apare și se apropie vertiginos de locul unde mi-am propus să o scot din funcțiune. Încă patru, trei, doi, unu, apăs pe trăgaci și în momentul următor pe stradă se aude o explozie înfundată. Am tras în grilajul automobilului, probabil singurul loc unde nu este blindat. Se oprește brusc și de acolo începe să iasă fum. După care se întâmplă ceva la care nu mă așteptam și pe care, clar, nu l-aș fi dorit. Din mașină sar patru indivizi, trei fiind gărzi de corp. Gloanțele mele au pornit deja, trei la număr, doar că ating doi pe care îi pun la pământ, iar al treilea ricoșează din asfaltul aproape încins la ora asta. Benoît se depărtează de mașină și o ia la fugă pe o stradă laterală, nu-l mai pot vedea. Să fie ăsta primul meu rateu? Nu accept așa ceva. Îmi strâng arma și mă așez pe patul cât pentru patru persoane, încep să gândesc intens.

Kelly's Pub. Quai Romain Rolland. Acolo își bea cafeaua în fiecare zi. Va trebui să îi strecor otravă sau să-l injunghii. Omul ăsta nu trebuie să scape. Să-l injunghii, hmm. Asta îmi aduce aminte de Marianne, cea din DSC pe care am omorât-o tot aici, în Lyon. Îmi pare o eternitate de atunci. Pe lângă asta, îmi pare josnic să fac așa ceva. Cel mai probabil voi alege otrăvirea. Asta ar fi abia mâine dimineață sau puțin după. E acolo la ora serii, de obicei. Nici măcar nu e departe. Voi face încă o plimbare până acolo. Mare lucru. Între timp am altă zi de pierdut, vorba-vine, sau de făcut nici eu nu știu ce. Sau aproape două zile. E bine că e club de noapte și asta îmi oferă o oarecare acoperire.

Laptopul mi-a ajuns în față. Aproape fără să mai știu. Deja mi-a devenit rutină să-l deschid și să privesc în gol în fața lui. „De câte ori ți-am scris, nici eu nu mai știu. Ție, altora, mie însumi sau pur și simplu ca să fie. Poate într-o zi... Nici măcar un apelativ nu mai am pentru tine, Ania mi-a șters aproape tot. Aproape.

Îmi mai apari în minte din când în când și mai că nu știu ce să fac atunci. Uite, ca acum, când am de omorât niște ore din ziua de azi și câteva din cea de mâine doar ca să ajung să îl ucid pe Benoît. Un traficant nenorocit. Nu pot sau nu-ți pot spune nici despre mine că sunt mai sus ori mai bun, până la urmă nu ar trebui să știi ce am ajuns și cu ce mă ocup. Așa că nu vei ști, dar mi-e mai ușor să scriu ca și cum aș face asta către cineva. Către tine, ancora mea de ani de zile și nopți, nopți nedormite și chinuri emoționale fără pereche. Da, am mai avut relații între timp, dar, cumva, niciuna nu a egalat-o pe cea cu tine. Sau poate una, două, și în niciun caz femeile pe care le-am iubit, dar pe care le-am omorât pentru că, stupid, trebuia. A fost eu sau ele, fără alegere, fără alternative. Știi, desigur că nu știi și am mai scris asta cândva, sunt sigur, nu ți-ar plăcea ce am ajuns și mai ales nu ai putea să accepți că există unii ca mine, că tocmai eu, cel care te iubea cu tot și de tot – mai ții minte asta? – am ajuns de cealaltă parte a baricadei. Da, este o baricadă, există un zid între lumea ta liniștită și plată și a mea, tumultuoasă și, well, trăită într-un permanent aici și acum. Pentru că nu știu dacă ziua de mâine, de cele mai multe ori nici clipa următoare, va mai exista. De multe ori nici nu cred că există și asta pentru că așa am fost învățat, format, instruit. Niciodată nu am făcut altceva și nu știu să fac alte lucruri. Nu mai știu, mai bine zis. Mi-ai fost totul dar, până la urmă, asta abia după ce am scăpat de fantoma ta, de obsesia pentru tine căci da, am avut și așa ceva și a durat ani, fiecare dintre ele mi-a fost totul. Nu știu să mă implic altfel într-o relație. Doar total, complet, până dincolo de capătul vizibil și demonstrabil. Am clipe sau perioade din astea în care încă mă gândesc la tine şi aproape te simt, deşi acel final, acele mesaje când eram la Budapesta nu mi-au oferit o încheiere. Mi-au oferit chin şi tone de întrebări cărora nu le-am găsit încă raspunsul. Timpul, poate el şi evoluţia mea, activitatea mea, de asemenea, le-au făcut să se aşeze, să se ascundă căci, sunt sigur de fiecare dată când îmi reapari în minte, nu s-au ars, nu au plecat cu totul. Într-o zi se va întâmpla şi asta, nu mă îndoiesc, sper doar să nu fie tocmai ziua în care voi pleca din viaţa asta şi, mai sper să afli şi să-ţi pui întrebări. De genul ce-ar fi fost dacă. Doar că, vezi tu, ar fi fost doar dacă nu ai fi plecat în acel fel pe care nu-l pot numi altfel decât brutal şi dacă eu nu aş fi ajuns aici, întâi în sistem, apoi în afara lui, dar pe aceeaşi linie. Uneori mă gândesc, intens, că te-aş vrea înapoi, dar apoi îmi aduc aminte cum ne-a fost de fapt, aproape fiecare cu ale lui, deşi ne îmbinam perfect şi-atunci ce aş mai putea să-mi doresc? Ce, cu tine?"

S-a făcut aproape ora douăzeci şi noaptea e aşternută peste Lyon deşi, dacă aş fi fost în partea cealaltă a hotelului, aş fi văzut ultimele urme ale apusului. Nu contează, mâine am ceva de făcut, uneori nici eu nu înţeleg de ce continui să fac asta, deşi, oarecum, pricep. Nu ştiu altceva. Restaurantul din Dublin e ceva suplimentar, adiacent, pe care îl am doar ca un capriciu şi ca o asigurare.

Închid computerul şi încep să-mi arunc hainele, de data asta mai multe, căci mi-am mai luat câte ceva din Londra, prin cameră, în jurul patului şi mă aşez pe el. Îmi stă gândul, încă, la ce am scris mai devreme, de fapt o combinație între ce am scris și ce am de gând să fac mâine. Seara, căci Kelly's e club de noapte și se deschide destul de târziu, dar asta-mi asigură un avantaj tactic. Întunericul, atât cel de afară cât și cel dinăuntru. Poate mâine pe la ora asta am terminat deja sau aproape și scap de porcăria asta. Auzi, să ratez ținta! Ce stupid! Bine că îi știu programul, deși l-am urmărit prin alte contacte pe care le mai am aici. Parcă văd că și mâine, mereu e un mâine, voi continua să scriu doar ca să-mi umplu timpul liber și, într-un fel, ca să mă descarc. Nu știu dacă voi continua cu ce am început în după-amiaza asta sau altceva. Nici nu contează, nu cred că așa ceva va ajunge la cineva, de fapt. Doar notițe de-ale mele și gânduri aiurea...

Există două Kelly's, un Irish pub și încă o discotecă sau club, nici nu știu cum să-i spun mai bine. Benoît va fi la Irish pub. E bine. Va fi mai aglomerat. Un alt avantaj tactic. Și până la urmă, cred că-mi voi folosi arma, de data asta cu amortizor, e mult mai sigur decât otravă sau altceva. Un plici și gata, doar să... La naiba, gândesc prea mult, trebuie să acționez și atât. Nu e cine știe ce misiune. De fapt, cine le-ar mai putea numi misiuni când sunt alese de mine de când am „murit" în ochii celor de la DSC? Poate doar eu, deși e impropriu. Mi le aleg și mi le impun. Oare cum va fi când, dacă, voi ajunge într-adevăr să mă retrag din activitate, poate cu Ania, la El Aaiún? O să văd atunci, n-are rost să îmi programez mintea să fie într-un fel sau altul. Ania... Poate o contactez mâine. Nu știu dacă pe zi sau seara, aproape noaptea, după ce termin cu traficantul. Sper să fie bine. Are și ea un așa talent să se bage în tot felul de chestii... Fir-ar! Îmi pun arma sub pernă și mă întorc pe o parte, sper să adorm repede, de data asta chiar am depășit 48 de ore fără somn. Pot sta mai mult, dar nu are rost. Niciunul. Nu acum.

*

-Douăzeci și patru de ore. Atât ai ca să fii la Niseko. Da, Japonia. Dacă vrei să o mai vezi în viață. Ah, și vino singur, fără echipă! Asta e între noi. Nu mi-a plăcut ce-ai făcut în Filipine și la Ierusalim.

-Dar...

-Fără dar! Nu e treaba ta să pricepi, trebuie să execuți și atât! Crezi că ai fost prea bun până acum? Să te văd cum scapi din asta. Dacă scapi, plecați împreună. Dacă nu, bad luck.

-Omule, n-am acționat niciodată împotriva voastră. Ce legătură are Ema cu toa..?

-Niciuna. De-asta e cu atât mai amuzant. Pricepi? Mă amuz. Pentru că pot. Tocmai ce nu ți-ai permis tu de la șaptesprezece ani. Doar pentru că pot. Ema e altă poveste. O pârghie și atât. Dar îți promit că va mai fi în viață doar până ești aici și reușești ce-ți spun. Crezi că degeaba am momit-o aici? Înseamnă că...

-Ok, uite, Ema nu mai reprezintă mare lucru pentru mine. Sau da. Dracu știe! Acum o am pe Ania. Și n-ai vrea să ajungem amândoi acolo... Ar fi sfârșitul...

-Ți-am zis, singur. S I N G U R! Încearcă orice altceva și veți pleca, și tu și ea, în saci de cadavre.

-Fir-ar. Ok, o fac. Vin. În mai puțin decât ai zis.

Spune-mi de ce...

-N-am timp şi chef să dau explicaţii. În plus, nu eşti în postura să-mi ceri aşa ceva. Spune-mi, Felix, cum e să joci doar după cum cântă altcineva? Poate pentru prima dată în viaţă? E plăcut? Asta ai făcut şi tu cu toate vieţile luate. Doar asta. Ai hotărât singur. Ţi se pare corect? Nu, nu răspunde, nici nu contează, vreau să te simţi ca ei toţi, deodată dacă se poate.

-Măcar spune-mi...

*

Alarma ceasului de mână sună oribil de tare sau aşa îmi pare după o noapte în care abia am dormit şi am visat nici măcar eu nu ştiu ce. În ultima vreme am coşmaruri din ce în ce mai dese şi mai ciudate, fără legătură cu realitatea. Cele mai multe, fără legătură. Cel cu Ania a avut, deşi vag şi ăla. Opresc alarma după ce abia reuşesc să ajung la ceasul pus pe noptieră şi care a căzut între timp, probabil de la vibraţii, şi-mi propun să mai stau zece minute. Doar zece. Odihnă suplimentară, indusă. Mă trezesc din nou peste două ore, cu soarele în ochi şi raze în toată camera. Dacă aş fi avut camera foto ar fi fost cadrul ideal. Poate şi cu o femeie, desigur, nud. Nu e timpul pentru vise şi dorinţe imposibile acum. Mă ridic şi încep să-mi strâng hainele de pe jos, mă îmbrac, vorba-vine, ca la armată, rapid, dar cu cât mai puţine, pentru că am de gând să ies la alergat câţiva kilometri, nu mult. Oricum, n-am mai făcut asta de un car de vreme. Ies în faţa hotelului şi o iau spre sud ca să ajung la autostrada Soarelui. Bună denumire. Măcar ăştia au la ce să dea asemenea nume. În cincisprezece minute sunt pe ea, îmi aleg banda de refugiu și încep să alerg. N-am de gând să parcurg mult, poate zece, cincisprezece kilometri dus-întors. Aplicația de pe ceas îmi spune că fac un kilometru într-un minut și jumătate, e bine. Nu sunt la sprint. Parcurg totuși opt kilometri dus și încep să mă întorc după o pauză de cinci minute, resimt o oarecare oboseală. Totuși n-am mai făcut asta chiar de mult. Poate ani. Altele m-au ținut în formă, nu exercițiile. Odată întors și ajuns în cameră, îmi pun ceilalți pantaloni, cei cu buzunare multe și încep să-mi așez în ele ce mi-ar putea trebui pentru o misiune, să-i spun, normală. Pumnalul Solingen Skean, pistolul Glock 43 și un amortizor nou cumpărat de la un localnic. Sigur îl voi folosi diseară. Nu că ar trebui să le am de acum asupra mea, până la ora optsprezece când se deschide clubul mai e destul, dar mi-e parcă mai bine cu ele la mine. Pitici pe creier. Whatever. Soarele nu mai aruncă umbre în cameră, am pierdut partea frumoasă. Eh, când am avut parte de lucruri frumoase, oare? Mă așez la birou, îmi deschid computerul, îl las așa, fără nicio intenție imediată și încerc să dau de Ania la telefon. Îmi răspunde la al treilea apel, iar mă face să-mi stea inima în loc. Mă asigură că e bine și că este încă la casa din București, de pe Plantelor. Ba chiar îmi spune că se înțelege bine cu cel care era deja acolo. „Sper că nu mai bine decât cu mine", îi arunc în glumă și începem să râdem amândoi. Îi spun că și eu sunt în parametri, chiar așa mă exprim, în parametri, de parcă sunt o mașinuță bine unsă și care funcționează ok. Apoi îi închid. Cred că e nedumerită, nu știe pentru ce mă aflu aici, nu i-am spus nici măcar că ajung în altă parte decât la Dublin, iar ea nu a întrebat. E bine așa.

Nu prea am ce face până seara, mă gândesc să mai trag o tură pe afară. Poate în Jardin Aquatique Ouagadougou, parcul de la sud. Nu, mi-ar fi mintea la Lea, la cum am omorât-o în orașul ăla uitat de lume. La chinurile de după. Poate pur și simplu să mă plimb aiurea pe străzi, deși nu mi-e confortabil cu atâtea forțe de ordine în jur. Mereu am ieșit din situațiile incomode sau aproape imposibile, n-ar trebui să-mi fac griji. Aș fi un turist și nimic mai mult. Neobservat și ignorat de cei mai mulți. Într-un fel, am o strângere de inimă în legătură cu ce voi face diseară, clubul ăla e o chestie cu decorațiuni predominant din lemn dar, mai important, parcă e un tunel în care nu ai loc de mișcare dacă e aglomerat. Sper să fie aglomerat, altfel aș trage în Benoît ca un jefuitor sau ca unul care are ceva de împărțit cu el și chiar nu am nimic. Doar că nu-mi plac cei care... mă rog, traficanții de carne vie și de droguri. Până la urmă mă hotărăsc. Îmi trag un tricou roșu pe mine, îmi schimb pantalonii – n-aș putea să fiu cu cei în care am toate armele pregătite – și cobor la sala de antrenament și fitness a hotelului. Complet utilată pentru ce vreau eu și nici măcar nu am pretenții. Văd că cineva ține și cursuri de autoapărare. Interesant. Mă întind pe o saltea și încep să fac abdomene. La început nu număr. Sau nu vreau să număr, dar mintea nu mă lasă. Din zece în zece. Trece oarece timp și văd că ajung la 180. Aproape fără efort, deși mușchii abdominali cam protestează. Ca și alergarea de mai devreme, n-am mai făcut așa ceva de tare mult. Mă ridic și nu știu de ce, poate din cauza tricoului meu roșu, câțiva se uită la mine cam insistent. Sau or fi clienți obișnuiți, iar eu cineva nou în peisaj. Mi-e totuna. Merg la ridicare de greutăți și după ce-mi pun optzeci de kilograme mă întind pe spate, apuc bara și încep să împing. Douăzeci, treizeci, patruzeci...

-As putea pune pariu că nu poți să ridici astea, îmi aruncă un oarecare și-mi mai adaugă două „roți". O sută patruzeci. Încep să ridic, într-adevăr, mai greu, dar tot nu mă las și o fac de douăzeci de ori, apoi las bara la locul ei. Mă ridic și de aici și-mi schimb tricoul cam umed cu altul pe care l-am luat cu mine, negru, de data asta. Stau și mă uit la sensei și la puștanii care-i urmează mișcările. Îmi pare simplist, dar nu mă bag. Nu e treaba mea, până la urmă. Trec așa vreo zece minute, iar el le dă o pauză sau așa îmi pare și vine spre mine. Rapid. Mi se adresează oarecum superior.

-Crezi că poți să faci măcar ce fac puștii ăștia? mă întreabă, aproape provocându-mă.

-Să vedem, îi răspund în timp ce mă ridic și îl urmez spre zona de antrenament. Nu ajung bine acolo că tipul se întoarce spre mine și încearcă să mă lovească frontal, la față și plex. Îi parez ambele lovituri și-i arunc un picior care, nici nu știu cum, îi ajunge după ceafă și-l mută câțiva metri mai încolo.

-Aaa, de-astea vrei? mă întreabă, așezându-se în poziție de atac. Următorul lucru pe care îl face e să se răsucească prin aer, cu ambele picioare țintindu-mi fața. Nu accept așa ceva, îi prind unul dintre picioare și îl trag înspre pământ în timp ce mă ghemuiesc. Pică o dată cu mine, mă arunc peste el și-i prind capul între mâini, îl duc într-o parte și încep să strâng puternic, asta după ce am reușit să-i aplic o lovitură în stomac. L-am auzit icnind. Dacă-l mai țin mult așa... Dar bate cu mâna dreaptă în podea și-l eliberez imediat din strânsoare, deși așa îmi venea să-i rup gâtul. Felix, cuminte, îmi spun, nu e inamic. Se ridică, dar eu nu mai apuc să ajung în picioare căci primesc o lovitură peste față, cad din nou și încearcă să facă aceeași priză pe care i-am făcut-o eu mai devreme, nu prea reușește pentru că mi-am strecurat o mână între ale lui, n-am de gând să renunț bătând în tatami, îl las să mă țină așa câteva zeci de secunde apoi îmi ridic picioarele, i le pun de după umeri și-l arunc de pe mine de parcă n-ar fi fost niciodată acolo.

Se ridică și spune, renunțând să mai atace:

-Ești bunicel. Ai o combinație de stiluri, una ciudată. Poate altă dată, acum scuză-mă, și se înclină în fața mea, făcându-le apoi semn ucenicilor să revină.

În gândul meu l-am înjurat deja de câteva ori, nu sunt obișnuit să se renunțe la luptă. Totuși, mă înclin și eu și mă retrag din zona asta mergând spre sacul de box atârnat, neinspirat, într-un colț al încăperii. Mi-ar plăcea să aplic loviturile pe un om, nu pe ceva umplut și fără reacție dar deh, nu mereu iese cum aș vrea. Și prefer loviturile cu picioarele, așa că mă apuc să dau cu forță, uneori din săritură, în obiectul din fața mea. Aplic uneori și lovituri cu pumnul, dar mai rar și atât de puternic încât sacul se izbește din când în când de peretele de lângă el. Prost așezat, gândesc și-mi continui tirada de lovituri încă vreo zece minute. Până la urmă îl las în pace și nu pot să nu observ că cel cu care m-am luptat mai devreme mă privește curios. Cred și eu, la câte stiluri de luptă îmbin. Mă îndrept spre o bară de tracțiuni și o prind din săritură, căci e așezată destul de sus, încep să mă ridic sprijinindu-mă în brațe până, pe la o sută și puțin, simt durere în mușchii mâinilor. De la umăr până la mână. Mdeah, gândesc, cu ciudă, dacă nu fac așa ceva mai des... Mă uit la ceasul pe care nu l-am dat jos nici măcar aici și văd că mai am vreo două ore libere la dispoziție așa că părăsesc sala, urc înapoi în cameră și mă schimb, nu înainte de un duș cu apă fierbinte. Foarte fierbinte. Mă șterg cu un prosop imens care mă cuprinde aproape în întregime, ies din baie și-mi trag pe mine ceilalți pantaloni, care au deja armele în buzunarele laterale, mai trag pe mine o helancă gri și un sacou. Ies din cameră și-o apuc pe jos spre localul unde va fi în curând ținta mea. Am timp să ajung chiar și așa, pe jos, deși trebuie să traversez un pod și înainte de asta să ajung în partea cealaltă a insulei. Nu e o insulă, la propriu, dar e încadrată de ape, așa că îmi place să-i spun așa. Măcar să mă mai amuz din când în când. Mă amuză, oarecum, că va trebui să trec tocmai podul Curții de Justiție sau mai sus, Maréchal Juin, ca să trec dincolo. Mare lucru! În Mexic m-am dat agent FBI și-a fost bine, aici nu trebuie să mă dau nimic, dar situația în sine e haioasă. Nu va trebui, chiar am ajuns pe podul Maréchal Juin, îl traversez și habar nu am de ce îmi pare unul dintre cele mai lungi peste care am trecut până acum, cel puțin pe jos, apoi o iau la dreapta pe Quai Romain Roland ca să ajung la Kelly's. Nu mai durează mult până se deschide și de obicei e plin din primele câteva minute. Asta e bine. Doar că va trebui să îl reperez pe Benoît în mulțime și eventual să-l trag deoparte sub amenințarea armei. Scot pistolul și amortizorul, îl atașez pe cel din urmă și-mi pun totul la loc, de fapt în pantaloni, dar de data asta în spate, sub sacou. Ajung la Kelly's Irish pub cu trei minute înaintea deschiderii și văd că deja e coadă formată la ușă. Ca la orice club care se respectă, deh. Nu intră oricine, dar sper ca matahala de la intrare să nu facă vreo percheziție corporală. Asta îmi mai lipsește. Încă unul pe lista de victime și, de data asta, chiar fără voia mea. Benoît e printre primii zece de la coadă, însoțit de doi bodyguarzi, dar ei vor rămâne afară. Prea au mutre de gorile, oricum. Mă așez și eu nu departe de ei și-mi aștept liniștit rândul să intru în, vai, faimosul club. O fațadă care pare de lemn, pe care scrie Kelly's pub restaurant și dedesubt Kelly's Irish pub, de fapt o combinație de aparent lemn și plastic. Whatever, n-am venit aici să redecorez. Intrarea e mică, pentru o singură persoană o dată, cel mult două dacă stau apropiate dar, când ajung înăuntru, parcă e mai mare decât pe dinafară, deși e un fel de tunel cu un bar pe aproape toată lungimea și, așa cum mă așteptam, decorațiunile sunt din lemn sau dintr-o imitație foarte bună. Nu văd separeuri. Așa că Benoît, chiar dacă ar fi client vip, trebuie să se mulțumească să stea cu „general population" – de ce mi-o fi venit în minte tocmai un termen de închisoare? – iar eu va trebui să fac o treabă hit and run. Ultima, run, cât mai rapid cu putință după ce-i înfig un glonț între omoplați sau direct în gât. Stau și eu la bar cu o apă tonică în față, măcar să-mi justific existența drept client. Nu, în gât nu se poate, sângele ar sări în toate părțile. Nu că ar fi asta ceva extraordinar, sunt, până la urmă, atâtea atentate în ultima vreme, ar putea fi încadrat drept unul. Dar e totuși riscant, o singură persoană ucisă... Nu dă bine. Lumea începe să danseze așa, de-a valma, nu pare nimeni deranjat că e plin și abia au loc să se miște. „Marrakech" este melodia. Mă face să mă gândesc la Maroc și la cineva care a fost odată în viața mea. Nu prea mult timp, ce-i drept. Dar intens. Încep și eu să mă apropii din ce în ce mai mult de Benoît, încet, îmi scot arma de la spate, când ajung lângă el, i-o înfig în spate și-i spun, scurt, „mișcă-te către colțul acela". Omul își dă seama că nu are ce face, nimeni nu-l poate apăra aici, dar îmi spune cu o voce stinsă că îmi oferă dublu față de cât mi s-a dat să-l omor. Crede că am fost angajat de vreun rival. Și asta e bine, la o adică. Ajungem în colț, aici e mai puțină lume, dar nu prea puțină totuși, îi spun că până aici i-a fost și-i bag un glonț între omoplați, exact cum mă gândisem inițial. Îl țin să nu cadă brusc, nu vreau să trezesc spaima printre petrecăreți, până ajunge cu totul la podea. Mai stau lângă el câteva zeci de secunde, lumea probabil crede că e beat mangă și-i sunt prieten, apoi mă ridic și o apuc spre ieșire cu fața aproape impietrită că am făcut-o și pe asta. Nu mi-a făcut plăcere ori ceva asemănător, când trag de la distanță e cu totul altceva. Doar de trei ori am ucis de aproape, pe Marianne, tot în Lyon, cuțit, pe Mia în avionul lui Ayan și acum pe Benoît. Sincer, sper să nu se mai strângă. Nu de aproape, adică, pentru că altfel am agenda încărcată cu încă vreo câteva zeci de indivizi. Nu-mi pot garanta nici mie că-i voi termina pe toți înainte să plec la El Aaiún, împreună cu Ania. Again, sper că împreună cu ea.

Ies și o iau la dreapta ca să fac drumul de

întoarcere, dar imediat ce traversez podul am un impuls și încep să merg mult spre sud, am de gând să ajung, totuși, la Jardin Aquatique Ouagadougou. Și dacă ar fi să bocesc pe acolo după o fostă iubire pe care, până la urmă, eu am eliminat-o. Vreau să merg, mai mult ca o probă, ca o chestie autoimpusă și de curățare. Sub orice formă ar fi asta. Merg puțin și mă răzgândesc. Nu. N-aș putea face asta. M-ar durea prea tare deși a trecut ceva timp de atunci și între timp a apărut Ania în viața mea. Într-un fel, simt și că aș trăda-o pe Ani. Deși aventura de la Dublin nu mi-a indus asta. Sunt un ciudat. Au fost atâtea de când a apărut ea și niciodată nu am simțit-o ca pe o trădare. M-am descărcat și atât. Ea are un loc special. Un rol special, poate. Practic nu a apărut, mi-a fost servită pe tavă de Oana. Deja nu mai contează asta acum, și-a câștigat locul alături de mine. Nu, o să merg frumușel la hotel și mai trag o tură bună de somn. Sper că bună, fără coșmaruri, adică. Nu pot să știu niciodată ce-mi pregătește mintea. N-am fost antrenat emoțional niciodată. Doar ca asasin. Aiurea. Aproape fără să-mi dau seama, ajung la hotel, parcă îmi apare în față fără să-l fi chemat. Intru și urc în camera mea, mă dezbrac de tot și mă bag la duș, din nou unul cât se poate de fierbinte, las apa să curgă pe mine și aș vrea să poată să mă spele pe interior. Să mă curețe de toate câte au fost ori le-am făcut până acum. Ce gânduri! Mă întreb cum ar reacționa un preot dacă m-aș duce la spovedanie. Dacă aș vărsa tot, chiar și cu unele omisiuni. Nu cu multe, totuși. Stau sub apa fierbinte până mi se înroșește pielea, ies și deschid larg geamurile, stau drept și cu mâinile ridicate în lateral să mă usuc, nu vreau să mă șterg. Ce bine ar fi dacă totul, dar totul, s-ar întâmpla absolut natural, fără forțări, planuri, variante. Stau așa cel puțin douăzeci de minute și brațele îmi protestează din nou, probabil de la antrenamentele de mai devreme. Renunț și mă așez gol în pat, un pat imens. De fiecare dată când am parte de un asemenea pat mă simt și mai singur decât sunt în viața asta semisecretă. Ca și cum ar fi normal, asta de fiecare dată, să mai fie cineva cu mine, cineva care uneori să mă strângă în brațe și să-mi spună că va fi bine. Și, mai ales, că este bine, în ciuda a tot ce-a fost până acum. Nu, chiar trebuie să dorm, prea mă chinuie gândurile în seara asta și nu pricep de ce. Îmi așez, ca de obicei, arma sub pernă și închid ochii, lăsându-mă pradă somnului care vine destul de repede. De data asta, fără coșmaruri. Fără să visez nimic, chiar. Asta constat dimineață când, după ce am făcut câteva exerciții în cameră, îmi iau micul dejun, simbolic și ăsta, la barul hotelului. Mda, chiar mă simt odihnit. E bine. Pe aici nu mai am ce face, așa că-mi caut curse aeriene spre București. Ar fi cazul să mai dau și pe acasă chiar dacă „acasă" e azi una, mâine alta. Acolo e Ania. Acolo pot fi eu.

*

Casa asta de pe Plantelor nu mi-a plăcut, de fapt, niciodată pe exterior, de când am văzut-o prima oară, când am venit să o iau pe Andreea de la job. Dar nu asta contează acum, nici măcar nu-mi mai aduce aminte de ea după ce am făcut din ea refugiu, casă conspirativă. Una dintre ele, din multele din București și din țară. Cursa cu avionul a fost directă și nu m-a obosit, poate încă sunt puțin obosit de la tensiunea din Lyon, deși parcă după ultima noapte de somn de acolo m-am curățat într-un fel. Ariel mă întâmpină cu un zâmbet larg pe față și de data asta nu mă mai salută în arabă.

-Salut, man! Ești foarte căutat în ultima vreme, așa, ca info de bun sosit.
-Căutat? mă mir, afișând cea mai inocentă figură pe care pot să o fac, dacă ceva pe fața mea mai seamănă a inocență. Sper că nu de dușmani.
-Ah, nu! îmi spune în continuare relaxat. Ai început să primești scrisori aici. Naiba știe cine o fi Oana, dar s-ar putea să o faci geloasă pe Ania ta.
-Oana? Aici? Asta chiar că e ceva...
-Yo, man, am zis scrisoare, nu e Oana aici. Ți-ai pierdut ceva pe drum, unde-oi mai fi fost și de data asta? îmi spune și-mi întinde un plic alb-rozaliu, puțin îngălbenit, probabil de la serviciile poștale.
-De fapt cum a ajuns ăsta aici? îl întreb, luându-i plicul din mână.
-Normal, prin poștă. Credeai că prin curier rapid? Hah. Nu în România, omule, m-am obișnuit cu țara asta mai mult decât tine sau ce?

Strâng plicul în mână și încep să urc spre etaj, dar, când intru în camera mea, pe care Ania nu s-a abținut să nu o redecoreze, frumos de altfel, e deja deschis și am scrisoarea în mâinile care aproape că-mi tremură. Mă așez pe pat, nu știu de ce, dar nu aș putea să stau la birou sau pe un scaun acum, despăturesc foaia și încep să citesc, oarecum cu emoție. Hai, Felix, e o scrisoare, ce dracu? îmi arunc în minte, dar aceeași minte nu mă lasă în pace și mă face să simt chestii ciudate în legătură cu bucata de hârtie din mâinile mele.

„Dragul meu Felix, – hai că mai siropos de atât nu puteam începe, și așa îmi pare că am început în tenta asta – îți spun atât, pentru început. Nu e bine ce faci. Ți-am servit-o pe tavă pe Ania, iar tu continui să te plimbi și să lovești, aproape că nici eu nu mai știu cum și unde. Deși îmi știi resursele. Sau o parte a lor. Țin să te informez că Direcția se va reînființa și, pentru că ești unul dintre cei mai buni, îți propun să faci parte din conducere. Am fi pe același nivel, asta dacă ei mă mai vor înapoi. Oricum, imaginează-ți ce șoc vor avea când o să apari, tu, un om oficial mort, un individ care nu există. Nu știu cum altfel să comunic cu tine, prea îți schimbi totul, des rău. Așa că am apelat la cea mai veche metodă posibilă. Merge și așa. Nu te întreba de unde îți știu noua adresă, repet, am încă resurse. Ar mai fi ceva. Vladimir nu a fost ultimul de pe lista DSC, unde tai un cap apar trei. Exagerez, desigur, dar ai prins ideea. Nu îi știu pe ceilalți membri, dar a trebuit să-ți spun asta. Ca idee, protejează-ți mai bine identitățile, Brian Told nu a fost una inspirată, nici afacerea cu restaurantul din Dublin, deși îți înțeleg nevoia de siguranță financiară. Dar știu că o ai și altfel. Da, știu. Nu te întreba. Până la urmă, prețurile în Maroc nu sunt așa mari și, totuși, nu înțeleg o chestie. Îți pregătești retragerea de atât timp și totuși continui să faci ce ai făcut și înainte, doar că pe cont propriu. Aș putea înțelege dacă chiar aș crede că nu știi să faci altceva sau să fii altfel dar, Felix, te cunosc mai bine de atât. Atașat ai o listă cu oamenii mei de prin lume, contacte, oameni loiali și datori, poți apela la ei oricând. Ah, scuze că te-am informat despre Polonia prin Ania, poate nu a fost cea mai bună mișcare, dar de ea, draga de Ania, dau mai ușor decât de tine. În final, ai mare grijă de amândoi și, cum ți-am spus și altă dată, o rănești, te omor cu mâna mea. Bye!"

Încă nu mi-e ok și nu-mi revin după atâtea informații pe care în mod normal le știu doar eu, dar nu mă miră că Oana le află. Nu știu cum, dar nici nu-mi bat prea tare capul, ea mi-a fost, mereu, un aliat de nădejde. Și-acum îmi oferă un loc în conducerea Direcției. Dacă se reînființează. Dacă. Ce chestie, două propuneri asemănătoare în două săptămâni... Niciuna tentantă, până la urmă sunt om de teren. Aș putrezi într-un birou. Nu vreau așa ceva. Aprind foaia roz pe care a scris și-o pun în scrumieră. Arde complet și deschid geamul să mai iasă din miros. Mă așez pe pat și mă las pe spate cu mâinile sub cap, moment în care Ania intră pe ușă și-mi aruncă un „Bună, iubitule!" apropiindu-se de mine și sărutându-mă în colțul gurii, aproape cast și într-un fel ezitant.

-Te-ai întors, așadar... La mine sau pur și simplu acasă? Cât ne-o fi și asta casă.

-M-am întors... aici. Dacă ești și tu, e cu atât mai bine. Mă dau mai într-o parte și-i fac loc să urce și ea pe pat, deși nu-și dă jos nimic de pe ea.

-Cum a fost la Dublin, love? Mă întreabă brusc și rămân uimit. Dar la Lyon? continuă, și ochii mi se fac mari, cred că toată figura mea întreabă „de unde știi?", dar nu rostesc întrebarea.

-Bine. În ambele locuri. Am rezolvat ce aveam

de făcut și atât.

-Sigur doar atât? Nicio aventură, niciun suport emoțional, nicio descărcare? Nu te trag la răspundere, încă nu am dreptul ăsta, probabil nu-l voi avea niciodată. Te-aș înțelege, e treaba mea ce simt... spune, lăsând capul în jos.

-Să zicem că a fost o tentativă, la Dublin. Știi de ce m-am dus acolo, girl? Pentru noi. Un viitor nou, pentru când ne retragem. Prefer să nu vorbesc mai mult despre asta și sper să...

-Te înțeleg. Atât. Mulțumesc! îmi spune și mi se cuibărește în brațe, deși suntem amândoi încă îmbrăcați de oraș, de afară.

Pe fundal, deși încet, se aude „Drive – The cars". Ea a dat drumul la muzică mai devreme. La cum o simt, cred că o să-mi adoarmă în brațe. Doar că n-am timp să stau aici nu știu câte ore. Mă extrag ușurel de sub mâna ei care m-a cuprins, mă ridic și dau să coborm când aud zgomote la parter. Arma o am deja scoasă. Cobor și-l văd pe Ariel certându-se cu cineva la telefon. Mă relaxez. Mai bine decât să fi fost găsiți, să trebuiască să ne mutam în altă parte. Ies și mă hotărăsc să merg până la minister. De externe. Prea m-a intrigat scrisoarea Oanei. Desigur, merg pe jos, dar ajung la timp, dacă la timp înseamnă aproape de ora închiderii. Intru și imediat se postează în fața mea doi indivizi care îmi cer să mă legitimez și să trec prin scanerul boltă pus imediat după intrarea în instituție. Prima o fac prezentând cartea de identitate cu numele real, la a doua mă cam codesc, știu că o să bipăie sau chiar o să urle căci am la mine, la spate, arma. Trec pe sub boltă și imediat cei doi își scot armele și le ațintesc spre mine. Îmi scot încetișor arma din pantaloni și o pun în tava pe care mi-o indică și mai scot o legitimație care să îi justifice prezența asupra mea. SRI. Operațiuni speciale. Băieții se mai relaxează, dar nu prea mult și-mi anunță sosirea printr-un telefon, probabil altor gealați de pe drumul meu. Nu fac mai mult de cinci pași și telefonul lor sună insistent, Alex, cel care m-a acoperit în Malta, le spune să îmi returneze arma și să mă însoțească până la biroul lui. Nu la el aveam de gând să ajung, deși ar fi cel mai potrivit om care să mă lămurească în legătură cu anumite aspecte. Ajung la etajul al doilea, în fața unei uși destul de masive care se deschide în același timp în care pun mâna pe clanță. În cadrul ei e Alex care mă invită înăuntru și mă întreabă ce vreau să beau. A mai avansat, se pare.

-Ah, nu! Mulțumesc, chiar nimic, voiam doar să aflu una, alta...

-Omule, știu că Oana ți-a propus un post de conducere. Uite, Direcția chiar se va reînființa, dar nu te văd într-un birou sau în fața computerelor. Ești... Nu știu, altfel.

-Nici eu nu mă imaginez așa, stai liniștit, îi spun și mă așez pe fotoliul din fața biroului său, fotoliu în care mă afund cu totul. Funcția de masaj ar mai lipsi, gândesc. Ah, și știu că tu ai fi celălalt ales pentru conducere, nu mă bag peste tine. Chiar sunt om de teren.

-Tu nu-ți schimbi niciodată arma? mă întreabă cu privirea la Glockul meu așezat cuminte între noi, mai aproape de mine, desigur. Știi doar, ești mort, n-ar trebui să poți fi identificat sau detectat ușor.

-Am eu grijă de asta, nu te îngrijora pentru metodele mele. Ok, deci se reînființează... O să fie altceva, altfel? Alt domeniu de activitate, ceva?

-Din păcate pentru noi, nu. La fel de underground, să zic așa. La fel ca înainte, poate un pic mai eficienți. Ăștia au de gând să bage bani mulți în ea, nu glumă. Te conduc până jos? mă întreabă detașat, făcându-mi semn că ar fi indicat să plec.

-Nu, da, nu știu. Mai bine da, dacă dau iar de puștanii de jos poate mă enervez și cine știe ce iese.

Ne ridicăm amândoi de pe locurile noastre, îmi iau arma și mi-o bag din nou la spate, ieșim din imensul birou și începem să coborâm scările. Din ce observ, Alex încearcă să evite camerele de supraveghere chiar și aici unde e ca la el acasă. Ieșim împreună din minister, iar Alex îmi arată vag spre clădirea Parlamentului.

-Pe undeva în măgăoaia aia o să fie, îmi spune scurt. Sigur ne mai întâlnim.

-Dacă zici tu... îi arunc, cu o urmă de îndoială în glas.

Urc într-un taxi și-i spun să mă ducă aproape de Plantelor, câteva zeci de metri le voi face pe jos. E mai sigur așa. Drumul durează cam treizeci de minute, nu cu mult mai mult decât am făcut de aici până în Piața Constituției, pe jos și cu metroul. Înjur în gând traficul din București și cobor după ce-i plătesc și-i las un bacșiș generos. Casa îmi pare la fel ca de fiecare dată, o fantomă, mai ales seara sau noaptea. Intru și-l văd pe Ariel la computerul lui, scriind de zor, nici nu mă mai obosesc să-l salut. Nu vreau să-l deranjez. Urc spre camera mea și am aproape un șoc de cum intru. Ania e complet goală și întinsă pe patul pe care ea l-a adus aici, un ditamai patul față de ce aveam eu înainte. De asemenea, aud, la volum mic, „You can leave your hat on". Nu știu ce-mi pregătește de data asta dar îmi pot imagina vag. Iar eu sunt atât de lipsit de chef...

-Mi-ai dus lipsa, love? mă întreabă și se ridică în genunchi, dar rămânând pe pat, aproape de margine. Probabil că nu...
-Pasiune, am fost plecat câteva ore doar.
-Mda, și înainte de asta, Dublin, apoi Lyon, cine știe ce ai făcut pe acolo și cu cine? Haide, vino, îmi spune și mă prinde de cureaua pe care o desface imediat.

Se apleacă puțin și îmi dă jos și șortul, începe să-mi lingă penisul încet, în lung, în același timp frecându-l cu mâna liberă. Cu cealaltă se sprijină de pat. Aproape că-mi vine să o prind de cap și să mă înfig cu putere în gura ei, știu că poate să ducă mult. Nu rezist prea mult și chiar asta fac, îi apuc părul în mâna dreaptă, mi-l înfășor în jurul pumnului și încep să mă mișc mai amplu și mai tare, îi aud sunetele din gât, dar asta nu mă oprește, simt cum își scoate limba ca să mă primească mai adânc, iar eu îmi continui mișcările și simt că dintr-o clipă în alta voi exploda în gura ei. Am de gând să fac asta adânc, chiar dacă saliva îi curge deja pe la colțurile gurii. Oricum văd că nu se retrage și nu protestează așa că da, mă înfig adânc în gura ei și mă descarc acolo, adânc. Sperma îi curge pe bărbie dar, spre uimirea mea, o ia cu degetele și și le linge unul câte unul până înghite tot, apoi continuă să mă lingă până amândoi știm că sunt gata să o răstorn pe spate și să o pătrund. O apuc de gât, strâns, o arunc spre spate și mă las în genunchi lângă marginea patului, îi desfac picioarele și i le urc pe umerii mei, apoi o pătrund brusc, uimit că este atât de udă fără un preludiu ca la carte. Pur și simplu, alunec înăuntrul ei și încep să mă mișc, la început încet și amplu, apoi din ce în ce mai repede, fără să-i dau drumul la gâtul subțire de care o strâng la limita dintre libertate și sufocare, coapsele mi se lovesc de fesele ei din ce în ce mai repede și mai tare și, fără să mai țin cont de nimic, explodez din nou înăuntrul ei, împingându-mă cât mai adânc și rămânând așa destul timp încât să nu iasă nimic după ce mă retrag. Apoi mă ridic și mă așez lângă ea, pe pat și mă lasă mască, cu cea mai nepotrivită afirmație pe care am auzit-o până acum de la ea.

-Știi, iubitule, aș vrea să rămân însărcinată cu tine. Spune asta atât de natural în timp ce-mi mângâie fața, încât nu știu cum să reacționez.
-Ani, sper că nu... încep, dar mă opresc când îmi pune un deget pe buze, după care mă sărută cuminte în colțul gurii.
-Nu, dragoste, știu, nu e timpul pentru așa ceva. Cândva, în viitor, știi... cuvintele rămân în aer, iar ea se întoarce cu spatele la mine și mi se cuibărește în brațe.

Seara a venit deja de mult, stomacul îmi protestează, dar nu vreau să mă desprind de frumusețea blondă din brațele mele așa că rămân aici, cu ea, o cuprind mai bine, o stâng mai aproape și aștept somnul. Ăla fără coșmaruri pe care îl am mereu când sunt cu ea. Fata asta chiar mă vindecă. De tot, îmi pare. Deși visul pe care l-am avut la Lyon încă mi-e în minte. Vag, dar e acolo și aproape că nu-mi dă pace. Niseko. Ema. Șantaj. Nici măcar nu știu cu cine am vorbit în vis. Cred că... Somnul vine pe neașteptate și mai am timp să mă întreb dacă ar fi cazul să mă îngrijorez sau dacă doar...

*

Dimineața mă face să mă trezesc brusc, frumusețea de lângă mine încă doarme, așa că mă sustrag lin de lângă ea și cobor la parter, unde Ariel a pregătit deja un mic dejun pentru trei persoane. Abia apuc să mănânc niște cereale cu lapte și telefonul îmi sună la un volum pe care nu prea îl suport, dar pe îl țin așa pentru că oricând poate fi o urgență. Nu telefonul mobil obișnuit, ci cel prin satelit. Numărul ăsta îl știu chiar foarte puțini și nu știu de ce mă aștept să fie Oana. N-am norocul ăsta. La celălalt capăt aud o voce guturală, cel mai probabil trecută printr-un sintetizator.

-So, Felix, ai primit visul pe care ți l-am trimis când erai în Lyon? Doar nu crezi că a fost așa, degeaba. Intru în stare de alertă și sunt din ce în ce mai atent. Nu-mi pot imagina cine este dincolo, iar interlocutorul parcă îmi citește gândurile. Știu că habar nu ai cu cine stai de vorbă. Nici nu contează. Ți-am zis că vreau să te simți vulnerabil? Chiar umilit?

Fără scăpare, ca toate victimele tale de până acum? Așa e. Atât. Fac asta pentru că te cunosc și pentru că pot. Rectific. Nu Niseko, Tokyo. Cât mai repede. Instrucțiuni primești pe drum.

-Dar... apuc să spun, înainte ca celălalt să-mi închidă. Ce dracu, acum am intrat într-o lume paralelă sau ce? Unde? Cine? Paranormali? Nu, ceva nu e în regulă, dar am de gând să descâlcesc toată chestia asta. N-am intenția să las un nevinovat să moară din cauza unei porcării. Am un zbor la 21:35, cu o oprire de vreo două ore pe Istanbul Atatürk. Cel mai bun, cel mai scurt, deși în total fac în jur de cincisprezece ore. O să merg cu ăsta, ajung acolo la 19:50, pe Tokyo Narita. Sper să nu fie vreo porcărie și să mă mai sune cine o fi fost. Măcar după ce ajung acolo. Dacă nu, o altă călătorie, mare lucru. Am destule la activ chiar și acum, deși mi-era mai bine când mă ducea Ayan peste tot. Dar aia implică și altceva, să ascult niște ordine, aproape orbește. Nu știu prea bine ce-o să fac până seara, probabil mă voi plimba sau ceva asemănător, aici chiar nu am ce face, nici în casa asta, nici în oraș. Îmi redirecționez apelurile de pe telefonul via satelit către cel normal, ca să-i spun așa, îmi termin mâncarea care oricum nu e multă și ies val-vârtej pe ușă. Merg spre centrul vechi, spre Unirii după ce o să trec, inevitabil, pe la Universitate. Nu vreau să o iau pe cine știe ce străduțe lăturalnice care, până la urmă, m-ar scoate tot în zona aia.

Sunt deja echipat complet, fac doar o oprire la Ambasada Japoniei să-mi trimit arma principală, cea cu lunetă, prin curier diplomatic. Pot asta pentru că încă mai am suficiente contacte, cunoștințe și datornici. Cu viața sau cu altceva. Va ajunge, oricum, înaintea mea, nu cu mult, dar suficient încât să o am. De la ambasadă mă întorc spre universitate și continui drumul spre Unirii, nu mult și nu chiar până acolo, ajuns la un punct o iau la dreapta pe strada Covaci, uitându-mă fără țintă la terasele încă deschise, deși nu e o vreme tocmai pentru așa ceva. Și la oameni. Din nou mă izbește că cele mai multe cupluri n-au ce căuta împreună, nu au nimic în comun. Poate și pentru că am un fel de invidie, deși nu sunt singur dar, până la urmă, la cât de rar și de puțin mă văd cu Ania, aș putea spune și asta...

Mă opresc și mă așez la una dintre terase, îmi comand o cafea și un fresh de portocale și încep să le savurez încet, foarte încet și în liniște. Sau o aparentă liniște, căci am toate simțurile în alertă și gândurile la Japonia și la Ema. Desigur, și la personajul misterios care încearcă să mă joace pe degete doar pentru că poate și pentru că o are pe Ema în vizor sau mai știu eu cum. Îmi permit chiar să-mi scot și să-mi aprind o țigară, a treia în ultima vreme, cam mult față de anii întregi în care nu am mai fumat. Din difuzoare se aude „Stereo love – Edward Maya și Vika Jigulina". Plăcut, dar alert oarecum. Chem încă o dată chelnerița și-i spun să-mi mai aducă o cafea mare, fără zahăr. Nu mă abțin și-i mai spun să rămână la mine la masă după ce își ia și ea orice vrea, voi plăti eu. Îmi spune că în câteva minute iese din tură, așa că se așază oarecum tacticos pe scaunul din fața mea, în partea opusă a mesei. Hm, tot o blondă. Nu-mi vine să cred că dau numai de așa ceva. Oi avea ceva cu ele sau nu știu. Are ochii de un albastru cobalt, iar uniforma de lucru, de care încă nu s-a schimbat, lasă să i se vadă sânii generoși, dar numai cât să dea bine, nici mult, nici puțin. Ei, poate un pic spre mult. Zâmbesc în sinea mea și o întreb, pur și simplu, ce-mi poate spune despre ea. Fata are chef de vorbă, văd, căci se lansează într-o tiradă verbală din care aflu că este studentă la arte – ce coincidență, și Louise e tot la arte –, are un iubit cam gelos, dar cu care se vede destul de rar, este din Craiova și locuiește într-un apartament închiriat împreună cu o colegă, fumează cam mult, după părerea ei, îi place fotografia și o mai face uneori pe modelul pentru diverși fotografi care o solicită. Și-o cheamă Elena. Deja mă plictisesc informațiile în plus, ce-i mult e mult, îi iau o mână cu stânga și o întreb dacă am vreo șansă să o mai văd și în altă parte decât aici, în timpul turelor ei. Îmi răspunde, destul de senină și ca și cum abia ar fi așteptat întrebarea asta, că da, desigur, ne mai putem vedea în oraș în altă parte și chiar că îi pot face vizite din când în când, dacă sunt cuminte. Exact așa spune, „dacă ești cuminte". Doar la cuminte nu-mi stă gândul când văd că, practic, mi se oferă. O să văd la momentul respectiv, nu acum. Nu vreau să insist și să mă trezesc cu un refuz brusc. Mai bine cu ușurelul. Bun, o să o trec pe listă. Urât sună și eu nu fac așa ceva, fiecare a avut locul ei în viața mea, dar parcă prea e o căprioară în cătarea puștii. Îmi termin și a doua țigară pe care am aprins-o între timp, îi las pe masă banii pentru consumația mea, dar și pentru a ei, un Campari Orange, îi mulțumesc, iau numărul de telefon scris de ea pe un șervețel și după ce-i urez o zi frumoasă în continuare, încercând să nu sune prea oficial, plec de la terasa asta şi mă îndrept spre spatele Băncii Naţionale. Nici nu e departe, dar merg foarte încet şi atent la mai tot ce e în jur. Deşi nu chiar, în timp ce merg îmi iau şi biletul de avion, online. În spatele Băncii Naţionale este un spectacol de teatru în aer liber, mulţimea se înghesuie să vadă, deşi are un caracter abstract. Mă amestec şi eu printre oameni, încerc să ajung cât mai în faţă, reuşesc şi este unul dintre momentele în care regret din nou că nu am o cameră foto cu mine. Este o trupă din Serbia care prezintă ceva ciudat pentru unii, fiind agăţaţi în chingi la câţiva metri deasupra solului. Toată chestia asta face parte dintr-un festival de teatru care are loc în fiecare an în Bucureşti, toate reprezentaţiile sunt outdoor şi în mai tot oraşul, abia ai timp să ajungi de la una la alta. Stau aici până la final apoi, ocolind banca, ies pe Bulevardul Regina Elisabeta şi o iau pe jos spre ASE. Nu, n-am de gând să refac drumul până la aeroport pe jos, voi lua un taxi, dar pe undeva pe la Victoriei sau poate mai devreme. Oricum traficul e, ca de obicei la ora asta, infernal. De fapt, ca mai oricând în Bucureşti. Sunt aproape golit de gânduri şi merg aşa, observând în jur, deşi nici de asta nu prea am chef, probabil o să fiu destul în stare de alertă în Tokyo. La naiba, nici nu ştiu pentru ce mă duc acolo, de fapt. Ceasul îmi arată nu mai puţin de 18:35, voi ajunge la aeroport destul de devreme, dar ce mai contează? Oricum, toată viaţa, aproape toată, am petrecut-o în aşa ceva şi în aer. Aproape fără să-mi dau seama ajung la Piaţa Romană, lângă ASE, caut din priviri un taxi şi le văd aliniate cuminţi în partea stângă, în semicercul de aici. Mă apropii de unul, privesc şoferul şi-mi convine ce văd, aşa că deschid portiera și intru în spate. Întotdeauna stau în spate, îmi pare un gest care-i spune șoferului „sunt client, te plătesc, faci treaba cum trebuie". Detașare. Îi spun să mă ducă la Otopeni, primesc aceeași întrebare care mă sâcâie de fiecare dată, dacă în oraș sau la aeroport, lămuresc și pornește făcând un ocol larg, nu fără a prinde două semafoare pe roșu chiar aici. La cum estimez, ar trebui să fiu acolo în vreo treizeci de minute sau peste. Îmi pun în urechi niște căști ale unui iPod și dau drumul la muzică, poate îmi abate gândurile. Poate. ATB, Marrakech. Merge. Am un întreg playlist cu ATB în el. După ceva timp ajungem în punctul în care trebuie să traversăm centura orașului, iar asta, la intersecție, durează nu mai puțin de optsprezece minute. Mda, exact cum credeam, mai durează ceva până la destinație. Eh, oricum nu mă grăbesc, de când e regula aia stupidă cu minim trei ore în aeroport înaintea îmbarcării, nici nu mai contează că timpul unora poate fi prețios. Voi sta ca de obicei la cafenele și în restaurante sau aiurea, n-am ce altceva să fac în incintă. Pe lângă, cu atât mai puțin. Odată ajuns, merg la înregistrări, îmi obțin biletul fizic, iar apoi mă bag în prima cafenea pe care o văd și despre care știu că permite fumatul în interior. Nu știu de ce, am și n-am de gând să fac asta a patra oară în două săptămâni dar mna, să fie acolo, îmi spun. Îmi scot laptopul, îl deschid și rămân, ca de obicei în ultima vreme, cu ochii la ecranul albastru-verzui. Am ales să stau la o masă lângă perete, lângă priză și, desigur, cu fața către intrare. Niciodată nu mă așez cu spatele spre o intrare sau fereastră. N-am rezistat și i-am pus Aniei dispozitiv de urmărire. Vorba-vine dispozitiv, i-am dat cu un spray pe haine, un spray care poate fi monitorizat o bună perioadă de timp, de obicei nu mai mult de două săptămâni. În SUA, încă se află în fază de testare, dar eu îl am. Văd că este acasă și se fâțâie peste tot. Știu că nu are stare, nici eu nu prea am între misiuni sau acțiuni. De obicei. Când sunt cu ea, totuși, parcă sunt mai liniștit. Închid programul de monitorizare și conexiunea, deschid un fișier text și încep să mă uit aproape în gol, îmi vine să scriu și nu prea știu ce. Scrisori pe care nu le voi trimite niciodată nu mai vreau. Mă răzgândesc, închid fișierul și-mi conectez căștile la computer, voi încerca, deși... Redau de câteva ori fișierul audio cu înregistrarea convorbirii dintre mine și personajul misterios de azi dimineață, mai bine zis monologul lui, aplic vreo câteva filtre, tai bucăți, redau iar și până la urmă mi-e clar că este de fapt o voce de femeie. Asta mă pune și mai tare pe gânduri și-mi confirmă că totul a fost printr-un sintetizator de voce. Nu recunosc, totuși, vocea, dar e și ăsta un pas înainte. Unul mic. Îmi termin consumația, închid computerul aproape trântind display-ul, las banii pe masă și mă îndrept spre locurile de așteptare din aeroport. Voi sta aici un timp, nu mult, doar cât să mă asigur că nu am coadă. Până la îmbarcare mai sunt douăzeci și cinci de minute, nici nu-mi dau seama, în ultima vreme, cum trece timpul. Poate din cauza tensiunii și a gândurilor ciudate despre ceva și mai ciudat pe care urmează să-l fac. Sau nu. Ar fi culmea să ajung la Tokyo și să mă trezesc că am fost pus pe drumuri așa, aiurea. Tot nu-mi dau seama cine ar putea fi în spatele poveștii. Prea puțini îmi știu numărul de telefon prin satelit, îmi spun iar. Îmbarcarea se anunță în difuzoare așa că mă ridic și merg spre poarta patru. Și nu, nu am coadă. E bine. Măcar asta e ok. Ajung la poartă, prezint biletul tipărit pe o hârtie ciudată, rozalie și sunt lăsat să trec spre ușa avionului. Înăuntru e cam înghesuit, așa îmi pare, dar voi avea de zburat doar aproape două ore până la Istanbul Atatürk, unde voi schimba. Hai că am avut parte și de chestii mai rele decât o așa-zisă înghesuială în avion. În Ryanair, spre Dublin, a fost mai rău. Îmi ocup locul, nu înainte de a-mi așeza geanta în locul destinat de deasupra capului și aștept. Până la Istanbul aș putea să și număr, să fac orice în minte, așa de scurtă e cursa asta.

De fapt, doar mi se pare că e înghesuit, este un Airbus 330 cu layout 2-4-2, am destul loc și între scaune, și în general. Cursa asta va dura o oră și treizeci de minute dacă nu vor exista întârzieri. Și, cum decolează la timp, sper să o țină așa până la Atatürk. Nu că aș avea mult de așteptat acolo, poate tocmai de-aia. Vreau să nu existe riscul să pierd celălalt zbor care, la naiba, chiar va fi lung. Totuși nu am de gând să fac nimic pe aici, doar să aștept să ajung la destinația intermediară. În alte condiții aș fi scris ceva, parcă îmi vine. Deși din ce în ce mai rar, în ultima vreme. Chiar dacă sunt încărcat cu tot felul de chestii din viața mea secretă, atât cea de dinainte, când eram cu DSC și Direcție cât și acum, când nu exist pentru niciunul dintre ei. Deși, dacă am vorbit cu Alex, deja exist, dar el a fost întotdeauna de încredere. Nu-mi fac probleme, îmi las fotoliul puțin mai pe spate și aștept. N-am altceva de făcut aici și acum. Timpul trece aproape fără să simt, ca de obicei în ultima vreme, mai ales când sunt într-o oarecare tensiune, și avionul se așază lin pe pista de aterizare, apoi la punctul de debarcare. Cobor până la urmă printre toți aceia care, nu știu de ce, se grăbesc să iasă din aeronavă și decid să iau aeroportul la pas, mai ales că am puțin până la următorul zbor. Puțin ăsta înseamnă două ore și cinci minute, totuși. Pfff, mai mult decât am făcut până aici. Pas de problème, gândesc și-o iau la pas, încet, printre pasageri, însoțitori și, îmi vine să spun, pietoni. Atatürk Havalimani nu are nimic deosebit, îmi pare, e cu interioare cam pătrățoase, clasice, fără nimic ce-ar putea impresiona privitorul. Eh, mai sunt și de-astea. Nu pot fi toate ca Charles de Gaulle, Los Angeles sau altele care impresionează prin forme sau mărime. Mai ales prin forme. Ca întindere, este destul de mare, dar asta pe dinafară și chiar nu am de gând să încep să dau ture pe acolo, pe piste sau cine știe unde. Rămân înăuntru. Mă rog, în două ore aș putea să mai și mănânc ceva, chiar dacă în următorul se poate servi câte ceva. Niciodată nu mi-a plăcut mâncarea din avion deși, în cazuri excepționale, am apelat și la asta. După o, să-i spun așa, plimbare de cincizeci de minute, aleg un restaurant, mai bine zis un fel de fast food și îmi comand o pizza și o Cola. Amândouă porcării, dar nu prea fac mofturi acum. Totuși, e un fast food cu mese, mă așez la una, îmi aștept comanda și încep să mănânc de parcă ar fi ultimul lucru pe care îl mai pot face în viața asta. Stau liniștit deși încă mă sâcâie un lucru. Și nu puțin. De ce voce de femeie? A cui? Cine mă știe atât de bine încât să mă trimită după cai verzi pe pereți și mai ales să știe că-mi pasă de Ema? Cine ar putea să mă manipuleze în felul ăsta și mai ales cine ar vrea, așa cum mi-a spus deja de două ori, să sufăr? Să sufăr ca toate victimele mele, adică? Pe scurt, cine vrea să se răzbune și mai ales de ce? Ar trebui să fie cineva din trecutul meu, dar nu reușesc să fac niciun fel de conexiune acum. N-am decât să urmez ce mi se spune și să fiu în alertă maximă atunci când va fi cazul. Dacă nu cumva deja e cazul... Nu, până la Tokyo nu mi se va întâmpla nimic, altfel nu ar fi ales un loc uitat de lume sau, mai bine, unul în care nu am fost niciodată. Poate tocmai asta e capcana, că nu am fost niciodată acolo, iar ea, da. Sau el. Sau whatever. Deși continui să cred că e vorba de o ea. Gândurile, pe lângă mâncarea la care nu m-am grăbit, totuși, au făcut să treacă și timpul de stat pe aici și aud că zborul către Tokyo este anunțat. Mă ridic, plătesc de data asta cu un card de credit care, totuși, nu poate fi depistat așa ușor și mă îndrept spre poarta doi unde este avionul meu. Vorba-vine, al meu. Al Turkish Airlines, dar ce mai contează? În el voi fi pentru următoarele unsprezece ore și patruzeci de minute. Mult. Cred că după ce mă asigur, voi încerca să dorm puțin. Sau mai mult. Sper să nu mă dea din nou peste cap schimbarea de fus orar, cum mi se întâmpla de multe ori în trecut. Tare demult, când încă zburam cu Ayan. Deși e foarte probabil, sunt totuși șase ore diferență între Istanbul și Tokyo, dacă am calculat bine. Mda, o să văd. Intru în avion și-mi ocup locul. Ciudat, ăsta nu-mi pare înghesuit, deși este același model, tot un A330, asta poate pentru că nu e atât de plin ca primul. Ca să fie și mai bine, locurile din lateralele mele nu sunt ocupate, asta mă face să mă simt cu atât mai bine. Văd că sunt locuri libere și la geam, după decolare chiar îmi schimb fotoliul și mă așez acolo. Văd că însoțitoarea de zbor nu-mi spune nimic deși a văzut și când m-am mutat, și că stau aici ca și cum ar fi absolut natural. Privesc pe geam până nu mai văd nimic dedesubt, cu excepția norilor dincolo de care am trecut, apoi mă las pe spate și îmi permit să mă cufund în somn. Sau încerc. Nu durează mult până reușesc să adorm și chiar sper să nu mă deranjeze nimeni până aproape de aterizare, cum se întâmplă de obicei.

*

„Vă rugăm să vă puneți centurile..."

Mda, știu placa asta, mă trezesc, mă mut la locul meu și-mi prind centura de siguranță, urmează în curând aterizarea pe aeroportul Tokyo Narita. Chiar am dormit ceva vreme și de data asta fără să visez sau, mai rău, să am coșmaruri. Păcat că sosirea pe Narita e seara, la 19:50, sper să mai prind ceva către oraș. Sunt mai multe opțiuni, aș prefera linia de tren Keisei, nu face așa mult până la Tokyo și are legătură cu două linii de metrou care mă pot duce aproape oriunde în oraș. Reușesc să prind, se pare, penultima cursă, bagajul trimis prin ambasadă l-am ridicat deja și e totul în regulă. N-am altceva de făcut decât să aștept să ajung în oraș, mi-am propus să mă cazez central și, cum îmi place, într-un hotel înalt, cu multe etaje. Shangri La Hotel Tokyo. Chiyoda-ku Marunouchi, 1-8-3, clădirea principală Trust Tower. Până acolo fac, cu totul, cincizeci de minute, asta incluzând cazarea. La etajul douăzeci. Pe placul meu.

Îmi închid ambele telefoane și îmi propun să dorm din nou, fantoma poate să mă sune și mâine. Aproape azi, nici nu mai contează prea mult. Ajung în cameră și găsesc un bilet pat: „vezi în seif". Atât. Îmi dau jos sacoul și merg la seiful din cameră. Nu-mi vine în minte combinația, stau puțin și privesc tastatura. Cele mai folosite butoane. Ar fi zeci de încercări dar ceva, parcă din mintea mea, îmi spune că 1803 ar fi cea corectă. Apăs pe rând și aud un declic, ușa se deschide puțin. Privesc înăuntru și iau pachetul de acolo. Mă așez la masă și-l deschid. Opt mii de dolari, un pașaport pe numele Alexander Tinder – ce ironie! – o armă care nu se compară nici pe departe cu a mea, un bilet pe care scrie „Bank of Japan, head office". Nimic mai mult. Și-mi vine un alt gând, deja a început să îmi fie ciudă pe asta. Brusc știu ce am de făcut. Las totul pe masă, încep să mă dezbrac și mă bag la duș, la fel de fierbinte ca zilele trecute, dacă nu chiar și mai și. De fapt, nu dau deloc drumul la apă rece. Ies din duș și-mi strâng hainele într-un colț, aproape de noptiera din stânga patului, apoi mă întind pe el cu fața în sus. Te rog, fără vise, îmi mai spun, înainte de a adormi buștean, dar cu mâna pe arma mea de sub pernă. Noaptea trece ca oricare alta, calmă, nu am visat nimic. Mă ridic în capul oaselor și încep să mă îmbrac încet și meticulos. Și cât de elegant se poate, având în vedere că pantalonii au vreo zece buzunare laterale. Sacoul și tricoul negru mă mai salvează totuși. Până la urmă, am de mers la o bancă și nu oricare, ci una dintre cele mai mari din orașul ăsta. Cobor, de data asta cu liftul, iar odată ieșit din clădire caut din priviri un taxi, găsesc și-i spun în engleză să mă ducă la Banca Japoniei, sediul central.

Pornim încet, mergem la fel de încet, nu știam că și aici traficul este atât de aglomerat și parcă fiecare încearcă să-l fenteze pe celălalt cu mașina. Ajung în vreo douăzeci de minute, plătesc și cobor, deși mașina m-a lăsat în partea opusă intrării. Dau roată, ocazie cu care îmi fac un contrafilaj ca la carte, mai ales că dau două ture în jurul clădirii, apoi intru calm, aparent relaxat, în sediu. Mă îndrept spre un birou, unde văd așezată o asiatică mică și plină de energie, mă așez înainte de a fi invitat și-i spun că doresc să am acces la o casetă de valori.

-Desigur, îmi răspunde, pe ce nume este?
-John Malkovich. Dar a murit, am împuternicire.
-Un act de identitate? Vă rog.
-Îi prezint pașaportul cu numele Alexander Tinder, mă introduce în sistem și primește confirmarea. Vă rog să mă urmați, domnule, îmi spune, în timp ce se ridică de pe scaun.

Merg după ea în camera casetelor de valori, intrăm împreună și se îndreaptă spre seiful respectiv. Scot frumușel arma și-i spun, scurt.

-Vreau acces la caseta 423. Nu la cea pentru care m-am autentificat.
-Dar, știți, domnule...
-Acum! îi arunc. Știu că aici, înăuntru, n-ai sistem de alarmă. O descui și stai în cameră până termin, continui, îndreptându-i arma spre cap. De afară nu s-ar auzi, am amortizorul atașat. Aproape tremurând, asiatica, Ying după cum văd pe ecuson, descuie caseta respectivă și se trage doi pași înapoi. Pun arma pe

masă, deschid caseta și, cu uimire, constat că am de furat câțiva pumni de diamante. Neșlefuite. Greu de depistat pe piață. Răstorn conținutul casetei într-un săculeț negru pe care îl am cu mine, îmi iau arma de pe masă, o bag într-un buzunar și îi spun micuței.

-Să nu cumva să ai vreo idee afară! încuviințează timid și abia perceptibil din cap, ieșim împreună din camera pe care o încuie în urma ei, o însoțesc până la biroul ei cu arma lipită de spatele ei, iar după ce se așază, mă îndrept spre ieșire. Clean job, fără probleme până acum. Nici nu prevăd vreunele.

În față găsesc un taxi și-i dau numele altui hotel decât al meu, Monterey Hanzomon, pur și simplu știu că acolo trebuie să las punguța. Ajung acolo în cincisprezece minute, intru și întreb dacă au casete de valori sau seif. Au. Nici nu mă așteptam altfel. Cer cheia pentru una dintre casete și las punga cu diamante înăuntru. Toate astea le am în minte, pur și simplu știu ce să fac, deși nu mi s-au lăsat instrucțiuni. Dacă ăsta e viitorul agenților, gândesc, noi ar fi trebuit să fim trași pe margine de mult. Abia acum îmi deschid telefonul mobil și văd că am un mesaj vocal. Apelez mesageria și ascult, deși aud un zgomot de fond chiar puternic. „Știam că ai să reușești, altfel nu te-aș fi ales pe tine. Nici măcar nu a trebuit să îți spun ce să faci. Ești excepțional, așa cum știam de la... Dar nu contează de la cine, doar știam. Îți pot garanta că ne vom mai întâlni. Bye". Click. Sfârșitul mesajului. Naiba mai înțelege. După alte șaisprezece ore de zbor cu o escală de cincizeci de minute pe Fiumicino, Roma, ajung înapoi în București și plec direct spre casa din plin centrul orașului, cea în care stau acum, mă rog. În care stăm. Eu și Ania. Și Ariel, dacă o mai fi acolo. Ajung după aproape o oră de mers cu o mașină închiriată, intru, urc în camera mea care aproape că se transformă în apartament, cu toate intervențiile Aniei și constat că sunt absolut singur. În casă la fel, Ariel o fi plecat, și așa spusese că stă o vreme. Asta poate însemna oricât. Dar unde o fi Ania? Iar încep să-mi fac griji, fir-ar! Ah, Ema e în siguranță. Dacă o fi fost vreodată în pericol sau poate a fost doar un pretext ca să fac ce mi se cere.

Capitolul 18

Sunt de aproape două ore în restaurantul ăsta. Mel and Michelle, strada Ben Yehuda, Tel Aviv. Am ajuns pe aeroportul Ben Gurion la ora 10:20, de data asta cu o cursă charter, dar tot a făcut cât un avion de linie. Cu Tarom aş fi ajuns la aceeaşi oră. Whatever. De la aeroport până aici am făcut ceva mai mult de o oră, cu un taxi în care am auzit, pe repeat, „Piu Bella Cosa" a lui Ramazzotti. Nu m-a deranjat, dar mi-a trezit oarece amintiri. Andreea, Anneliese. Am ajuns aici după ce m-am cazat la hotelul Hilton, aproape de apă, la etajul opt. Am nimerit ok. Doar ok, nu bine. Din restaurant se poate vedea, ca o linie albastră, Mediterana. În ciuda a tot ce fac de obicei, m-am aşezat la geam şi îmi savurez al patrulea frappé. N-am avut chef să iau şi de mâncare. Linia albastră a apei îmi aduce aminte de două locuri. Malta şi nordul Marocului. Aici ar trebui să fac un schimb. Vorba vine schimb, bani contra informaţii pe un stick. Exact ca în prima mea misiune din Serbia, doar că pe atunci ascultam orbeşte ordinele, acum sunt pe cont propriu şi, după mine, aş fi preferat Ierusalimul. Dar asta e, contactul, Aphra, este de aici şi i-a fost lene să-şi miște fundul până în altă parte. Până la urmă interesul este al meu, eu joc după regulile ei nu invers. Tipa asta, Aphra, e fost agent Mossad şi îmi poate da niște chestii chiar tare interesante şi mai ales utile. Cine ştie când şi pentru ce. Din câte mi-a spus, le-aş putea folosi, cu siguranţă, în viitor. De asemenea, este un contact al Oanei, aşa că nu mi-am pus prea multe întrebări. Contact, bine, dar vorba ceea, frate,

frate, dar brânza e pe bani. Îi voi da cincizeci de mii de dolari pe stick-ul ăla. Sper să merite. La o adică, poate merită și ea. Mda, tipic mie, nu pot să nu mă gândesc și la sex. Dar îmi trece dacă trebuie sau nu se poate.

Ciudat e că locul de întâlnire ales de ea e chiar camera mea de hotel, nu vreun loc public ori asemenea. Fătuca asta se expune la greu, să zic așa, și fără rețineri. Ori are un spate puternic, vreo echipă sau măcar alt om care să o vegheze. Ori, eu știu, având în vedere că amândoi avem legătură cu Oana, pur și simplu s-a aruncat pe încredere. Sper să fie ultima variantă.

Până la urmă, plec de la restaurant și merg ușor spre hotel deși mai e destul până la 18, ora la care ar trebui să vină ea. Oră neutră, i-aș spune, nu va fi nici noapte nici tocmai zi, un fel de crepuscul. Probabil soarele va apune frumos și încet în Marea Mediterană. Ies și plec pe jos pe Halperin, Zlatopolski, Arlozorov, dar când ajung pe bulevardul HaYarkon o pornesc încet spre nord, în loc să mă îndrept spre hotel. Merg încet și cu o droaie de gânduri în minte, în mine, căci aproape somatizez, cel mai mult mă gândesc la Ania și la legătura noastră care este, până la urmă, ciudată. Am aflat de la ea, prin telefon, că fusese plecată în oraș pentru mai multe ore, când n-am găsit-o acasă. Nu le-am înțeles niciodată pe ele, femeile, pentru care cumpărăturile înseamnă ore în șir și nu punct ochit punct lovit. Poate și pentru că, deși n-ar trebui, îmi iau cele mai multe lucruri de pe internet, desigur, sub diverse nume. Nu mă expun aiurea nici acolo. Celălalt gând care nu-mi dă pace este către persoana misterioasă, mai bine zis vocea care m-a făcut să merg tocmai până la Tokyo și practic să jefuiesc o bancă. Doar o voce trecută prin sintetizator. Dar cineva care mi-a plantat în minte visul de la Lyon și care a avut un monolog dur când eram în București. O viitoare generație de agenți? Un dușman? Nu, dacă îmi era dușman m-ar fi eliminat sau ar fi încercat să o facă. Cineva din trecutul meu întunecat? A zis că mă cunoaște. Altfel decât ultima variantă, nu văd. Poate nu e timpul acum să găsesc răspunsul, sigur, la cum s-a comportat, va mai apărea sau... Sau poate mai rău.

Se pare că am mers multicel și destul de repede, am ajuns la intersecția cu Sderot Nordau, dacă mai merg puțin, strada o face la dreapta spre grădina Ha-Banim. Așa mi se întâmplă când sunt prea preocupat de ceva. Decid să mă întorc, dar încet, până la ora întâlnirii mai am destul și până la urmă de ce nu m-aș bucura de priveliște? Măcar din când în când, căci în rest sunt în mod misiune și nu prea văd în jur decât ce trebuie. Nu e mare lucru de văzut, totuși, dar marea așa de aproape îmi place. De data asta. Am toane în legătură cu așa ceva, și cu multe altele. Ajung în cameră la 17:54, abia am timp să-mi dau jos haina că aud o bătaie discretă în ușă. Hm, a ajuns la timp sau puțin mai devreme. Dacă e ea. Aphra. Mă îndrept spre ușă cu pistolul deja scos, niciodată nu există prea multe precauții. Chiar dacă nu ar trebui ca altcineva să știe că sunt aici. Deschid brusc și-i lipesc arma de frunte, moment în care îmi simt și eu stomacul împuns de arma ei. E ok, m-am liniștit.

Pentru că este cine trebuie.

    -Ce întâmpinare drăguță, îmi aruncă bruneta în timp ce își bagă pistolul în holster, sub mâna dreaptă. Așadar, e stângace. Nu contează.
    -Ok, haide, intră și mai lasă dramele. Ai trecut prin chestii mai rele, cu siguranță, îi dau replica și mă întorc cu spatele la ea, mergând spre geanta cu bani. Abia am reușit să-i scot, deși pașaportul meu este, ca de obicei, diplomatic.

    Se așază pe un fotoliu și scoate din căptușeala hainei izoterme un stick de memorie pe care îl învârte între degete, încet, ca și cum ar momi pe cineva, mai exact ceva, cu o bucată de mâncare. Recompensa pentru că s-a comportat bine. Un animal.

    -Cred că ar trebui să vorbim mai multe, îmi spune, ridicând din sprâncene și strângându-și gura în ceva ce seamănă a grimasă-pungă, dar nu avem timp de așa ceva, sigur. Eu aș avea, dar whatever...
    -Nu, Aph, n-am timp. Aș fi vrut să ajung și la Ierusalim, dar ceva mi-a dat programul peste cap. Aici ai ce ai cerut, îi spun arătând spre geantă. Ia să vedem ce frumusețe mi-ai adus...
    -N-ai încredere în mine? mă întreabă, întinzându-mi stick-ul. De fapt, înțeleg, în breasla asta rareori există încredere. Ok, do your stuff, dar să nu-mi spui că nu-ți convine. Oana aproape m-a asigurat că va fi bine.

    Îi iau stick-ul din mâna întinsă, merg spre computerul deja deschis, îl introduc și la o primă accesare îmi arată un mesaj de eroare. Mă uit spre bruneta creață care-mi pare a fi în tensiune.

-L-am verificat și înainte să vin încoace, îmi spune intrigată și ea de rezultatul de adineauri. Mai încearcă o dată, nu știu. Altfel da, știu, pică totul, dar n-ai motiv să-mi bagi un glonț în cap pentru asta.

Încerc a doua oară accesarea, iar de data asta merge, îmi apar mai multe fișiere. Deschid unul la întâmplare, aproape, fără să mă uit la denumirea lui. Imediat îmi apare în față o listă impresionantă de nume, adrese, poziții în serviciile din Europa. Cei care mă interesează sunt aici. Cei care... dar nu, chiar e cazul să mă retrag. Nu o mai fac pe justițiarul. Oricum, e de păstrat. De ținut bine, îmi poate fi pârghie la o adică. Fata deja e în picioare și cu geanta cu bani în mână, o studiez și într-un fel aproape că-mi pare rău că nu se va întâmpla și altceva între noi. Dar, cum bine a spus mai devreme, niciunul nu are timp de așa ceva. Mă îndrept spre ea, o depășesc și-i deschid ușa, aplecându-mă într-un fel de reverență în timp ce o invit să plece.

-Stai așa, stop! îmi spune ajungând lângă mine. Îmi cuprinde bărbia în mâna stângă, mă face să mă ridic și își lipește buzele de ale mele. Ostentativ. Ajungem să ne sărutam cu lăcomie și dorință crescândă, moment în care mă oprește brusc și se retrage.

-Am vrut să văd cum e să săruți o fantomă! îmi spune făcând o piruetă aproape grațioasă și plecând din scurt. Văd că alege scările, nu liftul. Hm, bine antrenată, gândesc și închid ușa în urma ei. Mă sprijin de ușă și mă gândesc că tocmai am ratat o ocazie. Una dintre multele. Ar fi putut să fie frumos, îmi spun privind patul imens, mai mult lat decât lung, din cameră. Dar nici măcar nu voi rămâne aici peste noapte.

La aeroportul Tel Aviv-Yafo Sde Dov ajung în mai puțin de treizeci de minute, ce-i drept este și mai aproape decât Ben Gurion. Plec scurt și fără să mai scanez zona, cu același avion închiriat care, între timp, a venit aici, așa cum am dat instrucțiuni. E bine să nu se știe de tine, să mai schimbi unele lucruri, zone, oameni. Nu doar bine, dar și sigur. Echipajul e altul, dar nu-mi fac probleme pentru asta, firma e mică, atât timp cât îi plătesc, nu pun întrebări și sunt la dispoziție. De data asta, parcă fac mai puțin până la București și, pe lângă asta, aterizează pe celălalt aeroport, Aurel Vlaicu. Până la urmă îmi convine, de aici ar trebui să fac mai puțin până acasă. Acasă... așa ajung să spun oricărui loc unde stau mai mult de câteva zile.

Capitolul 19

Ajung acasă în vreo patruzeci și ceva de minute, iar clădirea îmi pare din nou o fantomă, schelet al ceea ce ar fi putut să fie. Intru și mă trezesc cu o armă lipită de ceafă. Ania și obiceiurile ei...

-Chiar nu poți să te abții? o întreb întorcându-mă încet spre ea.
-Obișnuința, love. Niciodată nu e prea sigur. Doar știi și tu.
-Mda, mi-ai făcut asta aproape de fiecare dată... nu mai pricep...
-Dearest, ți-ai ucis două iubite. Foste, mă rog. De unde știu că...?
-Știu eu. Plecăm. Eu și cu tine. Cât mai curând cu putință. Știi, chiar fă-ți bagajul.
-N-am ce lua cu mine, F. Poate amintiri și fantome, ca și tine, știu. Când? Uf, de ce nu m-ai anunțat...? Mereu faci de-astea.
-Azi. 15:50. Mai avem timp. Eu sunt gata, n-am ce să iau. Ah, ca o chestie. Fără arme. De niciun fel.
Ania face ochii mari și pare că nu pricepe.
-Dar... Unde mă duci, bestie?
-Departe, pasiune. Departe și de tot.
-Adică vrei să spui că...?
-Nu spun nimic, nu vezi? Haide. În cât timp ești gata?
-Să mă îmbrac de gală? îmi aruncă, în timp ce intră în baie.

*

La 17:15 suntem deja în Zürich, așteptând următorul zbor. Ania nu-mi dă drumul la mână și parcă, parcă are ceva de spus, dar ține în ea. Nu este nimeni pe coada noastră, am grijă în fiecare moment de asta. Zürich, Sabrina... Eh, aiureli. Ne plimbăm prin aeroport fără să vorbim și din când în când ne mai oprim la câte o cafenea. Ani, văd, nu prea bea altceva decât sucuri naturale și apă. Pe cât de naturale or fi și astea. Se face ora 20, la și zece avem următorul zbor. Poarta șase. Royal Air Maroc. Până la Casablanca Mohamed V. Nu știu dacă acolo vom închiria ceva sau o să stăm aiurea, tot în aeroport, sunt destule ore până la următorul. Cred că nici eu nu am făcut până acum un drum cu două opriri. Sau parcă da, probabil, nu-mi amintesc, Dublin-Londra-Paris. Nu, a avut o oprire peste noapte pe Heathrow. Ăsta e, după mine ar fi, deși poate suna dramatic, ultimul drum. În două ore și douăzeci de minute suntem în următorul aeroport, iar aici avem de stat nu mai puțin de, well, până mâine dimineață la șapte. Ania nu vrea hotel, așa că eu mă așez la o masă într-un restaurant, iar ea se duce la plimbare și, desigur, cumpărături. Dammit, n-am reușit încă să înțeleg. Compulsiv-obsesiv. Dacă nu ia ceva, nu se simte bine, mai ales că aici e plin de duty free shops.

„Mi-așa de silă de oamenii ca mine și abia acum îmi dau seama de asta, de fapt. Poate și pentru că sunt aproape gata să las totul în spate și să o iau de la capăt cu cineva, într-un loc aproape uitat de lume. Aproape ignorat până și de autoritățile țării în care voi ajunge. Asta-mi convine, desigur. Dar știu că am în spate fantome și regrete, lucruri pe care nu le-aș putea repara niciodată. Mai ales pe cele de pe vremea când eram în DSC. Ani, nu știu ce, dar și ea are, cu siguranță. Doar când îmi aduc aminte de izbucnirea ei din Marrakech mă ia cu frig. A fost la o extremă sau foarte aproape de asta. Da, mi-e silă de oamenii ca mine, ca noi, dar știu că fără cei care fac asemenea lucruri lumea nu ar funcționa. S-ar împotmoli, căci noi influențăm și schimbăm după cum trebuie sau, de cele mai multe ori, după cum ni se spune, dar mereu în bine. Cel puțin asta am făcut după ce am murit, oficial, în ochii foștilor șefi și, din păcate, în ochii foștilor colegi. Cred că nefericirea-ncepe din durerea pe care nu am acceptat-o sau, poate, din faptul că am aflat că nimeni nu mă poate înțelege. Fericirea?!... Tristețea?!... Nimeni nu știe cu adevărat când sunt fericit. Cine gândește că cel ce și-a ales singurătatea lui, universul său, viața din spatele vieții și din fața ei, cel care nu deosebește imaginea sa despre ziua de astăzi și realitatea relativă, este un om fericit? Mi se reproșează mereu că sunt o fire tristă, dar atunci când ei mă numesc trist, eu sunt doar departe, departe de ce-i uman, real și poate chiar de ceea ce iubesc. Sunt în lumea din mine. E o lume puternică, cu frământări, cu bătăi de aripi de porumbel, cu durere și cu fericire. E lumea sufletului meu, o lume-n care e pace pentru o secundă, în care gândurile năvălesc repede, puternic. Totul devine nimic, secunda devine eternă, memoria e uitată. Se adună, se gândește, se simte într-o clipă cât într-o viață. Lumea crede că stau sau visez cu ochi mari deschiși, să îmbrățișez golul din jur, dar se înșală. Nu e frumusețe inutilă. Nu mă-nchid în mine pentru mine, ci pentru alții. Vreau să fac ca ceea ce e în mine să devină palpabil – creație, un cuvânt de alinare, o punte de sprijin sau de motivație pentru un alt început. Nu cred în frumusețea inutilă. Singur în lumea din mine, rupt din scumpa mea natură. Nu mai trăiesc din zâmbetul prietenilor, ci trăiesc în liniște, la absolutul sufletului meu. Unii mă plâng, alții mă cred rece și melancolic. Pentru mine este doar o eternitate caldă a timpului, un spațiu fără limite, fără întrebări și răspunsuri, fără viață, dar și fără moarte. Apoi fericirea, fericirea și veselia ieșite din comun, pe care toți le admiră și apoi le critică... Nu este decât veșnica mea dramă. Mă bucur de întoarcerea la lumea mea, apoi descopăr că am pierdut lumea din mine, că au apărut realul, mizeria și durerea întregii omeniri. Mă bucur, plâng în suflet, mă lupt cu sentimentele, cu mine, mă distrug. Vreau din nou acasă-n suflet. Vorbesc cu oameni ca mine, încercând să găsesc un sprijin, un gând, un suflet asemănător și... Singur! Pentru unii sunt superficial, pentru alții sunt „superior" și, deci, cineva îngâmfat, iar o discuție cu mine le-ar produce răni în personalitatea lor încă neformată, pentru alții sunt imitarea unei cărți de filosofie, cu citate memorate, cu coperți spoite. Eu – copia nereușită a lipsei de egoism și a modestiei, o încercare de a atinge un nu se știe ce. Un visător, un copil ce bate câmpii fără să știe că e desculț. Lumea nu poate să mă înțeleagă, dar nici nu mă poate ignora, nu mă poate uita sau considera o enigmă. Fiecare mă judecă cu asprime. Am ajuns să uit sau să vreau să uit ceea ce sunt. Dar, ca orice ființă care trăiește doar o singură dată-n verbul „a fi", nu pot să fiu altfel, altul. Sunt tot eu și tot neînțeles. Vreau să-i ajut. Îi ajut, nu vreau mulțumiri, o fac doar din dragoste, deși nimeni nu crede că n-am nici un scop. Toți cred că o fac pentru a mă scoate în evidență sau pentru a le atrage recunoștința. Dar ce contează?... Am învățat să suport și singura suferință pe care sufletul meu nu o acceptă. Și toate astea din dorința de a-i face fericiți pe alții. Fericirea mea?!.. Singurul lucru care m-ar face fericit ar fi să fiu înțeles. Dar de cine? Și de unde atâta înțelegere? Mă simt bine acolo, în lumea din mine, chiar dacă sunt singur și nu ajung stelele, iar când mă trezesc încerc să mă apăr de nefericire. Acolo este casa mea, este tot ceea ce a fost frumos în viața mea, acolo e nufărul plutind pe lacul de argint, visele mele, sinceritatea. Aici sunt oamenii pe care îi iubesc, îi înțeleg și nu mă înțeleg. Pentru ei sunt rece și desprins de tot. Nu e adevărat! Mă doare durerea fiecărui fir de iarbă, iubesc iubirea din ochii fiecărei flori, admir ambiția și calmul din ochii tăi. Gândesc la voi mai mult decât vă gândiți voi la voi. Doresc fericirea voastră. Știu!.. Lumea e altfel și eu sunt o persoană care nu poate exista dar... exist. Exist și am momente de fericire, vorbesc despre fericirea dulce și gingașă, dar doar atunci când uit și din uitarea mea se naște speranța și veselia. Nu știu ce fel de fericire iubesc mai mult, fericirea rece, pură și impersonală sau acea clipă de căldură și omenesc. Oricum, sunt un om binecuvântat fiindcă pot să gust din fiecare, chiar dacă-n inima mea știu că fatalitatea a făcut din mine un neînțeles. Îmi joc rolul, încerc să mai schimb câte o replică, dar nu pot să fiu în afara universului din mine decât pentru câteva clipe."

Ani tocmai s-a întors cu vreo trei pungi pline cu

ea știe ce, îmi închid computerul și, după ce se așază la masă, față în față cu mine, îi iau mâinile între ale mele.

-Ania, tu ai ceva să-mi spui. Sigur. Prea ești pe altă lume, parcă prea reținută și mai ales visătoare față de cum te cunosc.
-Felix, nu știu dacă e cazul, dacă nu trebuie, voi rezolva singură, nu vreau să te implici altfel decât, să spun așa, ca un bun prieten și partener. Ultima dintre ele, uneori, doar știi și tu...
-Girl, orice ar fi, pot să suport. Cum mi-ai spus tu cândva, nu știi de ce sunt în stare. Și cred că e un citat aproximativ, din tine. O strâng puțin mai tare de mâini, îndemnând-o să spună. Tot, orice.
-Nu, uite, am făcut o alegere oarecum egoistă, mi-o asum, iar dacă va fi cazul voi face ce trebuie fără să te implic. Dar oricum, voiam să-ți spun altceva... Deși mult aș vrea să știu ce naiba căutăm la dracu în praznic pe Mohamed V. Poate îmi spui. Ok, deci. Pe scurt, pentru că altfel nu știu să spun. Nu mi-ai ucis tatăl.

Fac ochii mari și mă încordez brusc, mă simte și se lasă încet pe spate, trăgându-și mâinile dintre ale mele. Adică eu am crezut toți anii ăștia că...? Care dracu e treaba? Asta îmi iese și pe gură.

-A mai fost un lunetist, love. Unul de-ai noștri. Mi s-a spus la Odessa. Și e sigur. Nu ești vinovat de nimic.
-Aaa... Să zicem că e plauzibil, spun, și mă las și eu pe spate, începând să-mi mângâi bărbia. Ceva,

totuși, nu mi-a spus, încă ține pentru ea. Ani, îmi spui și cealaltă chestie? Începi ceva și o lași în aer...

-O să-ți spun dacă e cazul, când ajungem unde om merge de data asta. Tot nu pricep de ce ai zis fără arme, parcă aș fi goală într-o vitrină, așa mă simt fără ele. Îți spun doar că nu e ceva grav sau nu ceva să nu mă pot descurca. Te rog, mai așteaptă.

O las baltă tocmai la timp, zborul nostru este anunțat. Nici nu știu când a trecut aproape o noapte sau puțin mai mult de atât. La câte m-am gândit în timp ce am scris și cu tot dialogul ăsta aproape epuizant pentru că nu știu despre ce e vorba... Mda, așa cred că trece timpul în lumea oamenilor normali. Mergem spre poarta de îmbarcare și brusc îmi dau seama că vom ajunge la destinație într-o oră și puțin. Îl sun pe Amri și-i spun, îl rog să ne aștepte cu mașina la aeroport. Îmi confirmă și pare chiar că se bucură. Eh, și el e un personaj controversat. Urcăm în avion și așteptăm, Ania mângâindu-mă tot timpul pe mâna dreaptă, să ajungem la destinație. Laayoune. Sau, cum prefer să-i spun, El Aaiún. Ani bănuiește ceva și aproape că-i citesc bucuria pe chip. Dar, oare, ce are să-mi spună nu o face, în aceeași măsură, să se bucure? Oare să fie...? Nu, nu a fost niciodată cazul în viața noastră de până acum, sucită și imprevizibilă, pentru așa ceva. N-ar putea să fie și n-ar fi trebuit să fie. Cealaltă veste, deși nu foarte detaliată, mă bucură și parcă mi-a luat o piatră de pe inimă. Deși am îndoieli. Aia nu s-ar fi putut decât dacă amândoi, eu și un oarecare, am fi tras exact în același timp... care e probabilitatea? Eh, contează ce mi-a zis și atât. Îmi las capul pe umărul ei stâng și aștept aterizarea care întârzie. Puțin. Deși trebuia să fim pe pământ la opt și patruzeci și cinci de minute, avionul a luat-o puțin spre Atlantic și atacă pista vest-est, deși putea să aibă și una directă, dinspre nord. Mda, aproape că mă bucur că și alții au întârzieri, nu doar românii. Hehe.

Coborâm împreună din avion, Ania tot nu-mi dă drumul la mână și nimerim într-o căldură arzătoare pe care cu greu am fi suportat-o acasă ori în alte părți ale lumii. Dar aici, fiind partea sahariană a Marocului, umiditatea este foarte scăzută, spre zero, chiar, așa că nu e greu de suportat. Deși ceasul meu arată 42 de grade. Deja, la nouă dimineața. Când vede unde am ajuns și-și dă seama pentru ce, Ania se întoarce și își pune brațele în jurul gâtului meu, aproape că-mi sare în brațe. De bucurie. Înțelege în sfârșit că am ajuns la capătul vieții noastre secrete. Într-o mare măsură, cel puțin. Amri ne așteaptă într-o mașină GMC modificată, cu toate geamurile coborâte. Ne îndreptăm spre el, Ania doar merge condusă de mine, căci nu știe ce să facă într-un loc nou ca ăsta și fără să aibă o misiune.

-Omule, începe Amri cu un zâmbet șugubăț pe toată fața, am înțeles că te însori... Asta mă lasă mască și pe mine, ce știe și mai ales de unde? Dacă nu ne-am cunoaște de foarte mulți ani, aș intra în alertă, dar așa, doar îi strâng mâna întinsă prin geam și dau să urc în spate, cu doamna mea. Îi pot spune deja așa, nu?, dacă tocmai am fost însurat, încă neoficial, de amicul meu.

-Uite, încep, după ce m-am așezat bine pe

bancheta din spate a vehiculului, nu știu cum o să facem cu tot ce ți-am zis de-a lungul timpului, Amri. Nu am venit pentru câteva zile, asta îți închipui și tu.

-Băi, dar ești prost? Am amenajat juma' de etaj doar pentru voi, porumbeilor, aveți acolo tot ce trebuie ca să stați până la sfârșitul vieții, dacă așa vreți. Ce dracu, așa mă crezi tu pe mine? încheie cu o mică ceartă mascată. Ania e toată un zâmbet, de-a dreptul jubilează, nu mai rezistă mult și mi se aruncă de gât din nou.

-Iubire, îmi spune în același timp fericită, dar și cu capul în jos și un deget pe buzele mele, sunt însărcinată. Știi, când am zis că... Nu, îți spun după ce ajungem. Asta țineam în mine. Pricepi, love? Copilul nostru. L-am dorit de mult, ți-am spus-o doar o dată în treacăt. Își termină tirada și își pune mâinile între genunchi, parcă așteptând să o cert.

-Ani, cum ai putut să spui că e problema ta, doar a ta? Uf, love, e o veste... nici nu știu ce să zic, superbă. Suntem liberi, complet, și vom avea o viață cum ne dorim. Mă aplec spre urechea ei. Te iubesc, blondo! îi spun, șoptit. Nu e treaba lui Amri să afle și vadă chiar tot. Până la urmă și el a fost operativ și chiar dacă stă aici de ani de zile, poate nu s-a obișnuit cu tot ce înseamnă o viață normală. Din câte știu, e singur în continuare.

E singur și are, ca și mine – fără să știe Ania – câteva afaceri cu restaurante și hoteluri în Maroc și în Tunisia. Eu, mai puțin, dar șifonez în continuare conturile DSC. E bine atât timp cât nu sunt prins. Ajungem la hotel, aș putea spune acasă, în vreo douăsprezece minute, până la urmă de la aeroport până aici sunt 3-4 kilometri. Coborâm și-o iau pe Ani de mână, dau să mă îndrept spre intrare, când Amri ne oprește.

-Yo, Pământul către Felix! V-am făcut intrare separată, copii, ne spune, și ne indică o ușă în lateralul clădirii. Mergem acolo și de cum intrăm toți trei, mă izbește mirosul de vopsea relativ proaspătă precum și imensitatea locului. Fostul meu coleg de breaslă a înlăturat aproape toți pereții pe nu mai puțin de jumătate de etaj și ne lasă pe noi să ni-l împărțim cum vrem, după nevoi sau plăcere. Mai puțin două camere deja aranjate, un dormitor cu un pat imens, două noptiere și două lămpi cu picior, și un, să-i spun așa, birou cu un server cât un perete, super performant din câte îmi dau seama doar la o privire, un birou de mahon, nu imitație și un fotoliu cât toate zilele.

-E al vostru, copii, ne spune Amri și ne dă două chei de la intrarea de jos. Copii, mda. Mă rog, el este oricum mai mare decât noi.

Ania îmi sare de gât și mă sărută îndelung și umed, cum o face de obicei doar în timpul sexului, parcă nu se mai desprinde de mine, fapt observat și de prietenul nostru. Meu, căci el o vede pe Ani a doua oară.

-Aveți pentru asta cealaltă cameră, aruncă în treacăt și se retrage încet, dispărând până la urmă pe scara ce duce la parter. Ania se oprește, îmi ia mâna și o pune pe abdomenul ei.

-Uf, ce zici să fac? Serios acum. Te-aș înțelege

orice ai spune, până la urmă am decis de una singură... zice, lăsând capul în jos.

-Când? Atât o întreb și-și ridică ochi spre mine a mirare.

-La naiba, chiar e de rău, nu? Știi când ți-am spus că aș vrea să am un copil cu tine? Atunci nu mă protejam...

-Love, îi spun luându-i chipul între mâini, n-am spus că nu e în regulă. Vreau asta la fel de mult ca tine. Gata, putem avea o viață normală, continui și-o strâng în brațe așa, aici, în picioare. Mă rog, pe cât de normală o putem avea într-un oraș din deșert și încă ascunzându-ne de cei din trecut. Va fi bine, love. Ania tremură de emoție și a dat-o în plâns ușor, lin, de ușurare.

-Uite, Ani, de ce nu faci tu o tură prin oraș, mai cunoști împrejurimile, în timpul ăsta mă ocup și eu cu una, alta, dincolo, spun indicând spre camera computerului. Nici n-aș putea spune că e un simplu computer.

-Da, pasiune, îmi răspunde cu o voce mică, așezându-se pe patul imens. În camera asta nici măcar nu am mai putea aduce altceva. Nu că ar trebui.

O las și mă duc dincolo, mă așez pe fotoliu în fața display-ului, pornesc mașinăria care zbârnâie puternic la început, îmi conectez telefonul la unul dintre porturi și apelez la Dublin. Nu mă interesează să vorbesc cu șeful de personal, o sun direct pe Louise.

-Bună, frumusețe! îi spun cu seninătate când răspunde. Cum mai merg treburile pe acolo? își dă seama din prima cine sunt și-mi răspunde senin, ca și cum s-ar fi așteptat la asta.

-Merg. Parcă din ce în ce mai bine, avem profit, oricum. Și nu a mai fost nimeni otrăvit, îmi aruncă în glumă, deși pentru mine era să nu fie glumă când am fost pe acolo. Fără ea nu aș fi existat acum. Când mai...?

-Nu știu când mai ajung pe acolo, girl! îi spun senin, deși oarecum mi-e dor de ea. O să afli prima și dinainte, cu siguranță. Promit. Închid la fel de brusc cum am început convorbirea, nelăsându-i drept de replică. N-am nevoie să știu mai multe acum. Următorul număr apelat este al Oanei, mă rog, încerc la ultimul număr pe care-l știu. A trecut atât timp încât nu am idee dacă mai e activ. Spre surprinderea mea, îmi răspunde imediat și senină, ca și cum s-ar fi așteptat la asta.

-Heya! Mă gândeam eu că o să încerci să dai de mine. Apropo, ai habar că știu unde ești? Mă întorc spre computer, apăs câteva taste și conexiunea devine sigură. Ce naiba? aud la celălalt capăt. Acum ești în Pakistan? Argentina? Yo, măcar fă și tu să se schimbe la câteva zeci de secunde, nu așa repede. Anyway, mă bucur că mi-ai urmat sfatul din scrisori. Ești pe mâini bune, să știi. Și da, repet, să te pună dracu să nu ai grijă de ea sau să o faci să sufere, ți-am zis că te omor cu mâna mea. Deși nu mai cred la fel de mult că aș reuși. Doar ai grijă.

-Și tu, și-ți mulțumesc! Mi-ai cam băgat-o pe gât, dar măcar ai știut ce să alegi pentru mine. Mulțumesc! Ne auzim. Poate. Clink. Telefonul se închide la celălalt capăt. Așa face ea de când o știu.

Al treilea apel și ultimul îl fac spre Josephine. Doar Josephine. Pe lângă restaurant și fondurile de la DSC pe care între timp le-am mutat în insulele Cayman, am format și o rețea de traficanți de diamante. Aproape imposibil de găsit, oamenii ăștia. Și-mi aduc un profit bunicel. Loiali până dincolo de mormânt dacă e cazul. Franțuzoaica mă asigură că afacerile merg mai mult decât bine, ba chiar e o suprasolicitare de diamante pe piață, fapt care face să urce prețurile. Mai ales că e vorba de pietre neșlefuite, greu derectabile de autorități. Asta nu poate decât să mă bucure și-i dau mână liberă și încă cinci procente față de partea ei obișnuită.

Îmi conectez laptopul la serverul minune și-mi transfer tot ce am scris și nu am trimis către el, mă rog, către ce știam că este aici, apoi fac sincronizarea cu celălalt, din Elveția. Ok, totul în regulă. O sun pe Ania pe telefonul cu număr național pe care i l-am luat din aeroport – amândoi ne-am luat, e mai sigur decât un internațional aflat în roaming – și-mi spune că se plimbă aiurea pe niște străzi ale căror nume nu reușește să le rețină și că e fericită că m-a ales, că e cu mine. De fapt, îmi mărturisește cu o voce mică și vinovată, Amri a atras-o la barul lui care nu este lângă hotel și-o face să guste din aceeași băutură sârbească pe care mi-o oferise mie când am venit, în urmă cu mult timp, după Lea. Doar gustă, îmi spune, nu are de gând să mai facă excese acum, fiind însărcinată. Și fericită. Și ea știe ce mai spune, îi închid brusc și pornesc într-acolo încet, să încep să învăț și eu orașul cât de cât. Ajung după o plimbare ușoară de vreo zece minute și mă așez pe celălalt scaun liber.

Mesele sunt rotunde şi cu numai câteva scaune la fiecare. În continuare nu pricep cine ar sta aici în plină zi, în arşiţă. Dar uite că mai sunt rătăciţi ca noi, de exemplu. Ania nu mai pare aşa dură şi eficientă ca de obicei, de fapt e chiar opusul, plină de emoţii şi asta se vede din orice mişcare şi se aude în fiecare spusă a ei sau aproape în fiecare. Acum îmi pare chiar puţin dezorientată. Şi gânditoare cât cuprinde.

-Ştii, îmi spune luându-mi mâna între ale ei, atunci, când am venit la tine cu un pistol cu două cartuşe, eram chiar convinsă că se va termina totul. Nici nu mai ştiu de ce am făcut asta, o vedeam ca pe singura soluţie la o problemă de când lumea. Unii ca noi nu ar trebui să existe. Asta era.

Văd începutul de lacrimi şi-o opresc brusc.

-Suntem la ora de destăinuiri sau ce? o întreb aproape ironic. Hai acasă, îmi spui altă dată aiureli din astea. Îi fac semn lui Amri, îl chem şi-l întreb.
-Cât a băut asta mică? Nu-mi place şi nu-mi pare prea ok, sincer. Şi pe tine te-aş da de pereţi dacă nu mi-ai fi prieten...
-Ce-i drept, cam mult, sau mult pentru cineva neobişnuit cu şliboviţa. Nu ştiu cât, mna, şi tu acum! Du-o acasă şi ai grijă de ea. E mai fragilă decât pare, îmi şopteşte aplecat lângă urechea mea dreaptă.

Dau să mă ridic de la masă cu mâna Aniei încă în a mea, ajung în picioare, ea la fel, şi aud o voce de copil lângă mine, alarmată şi temătoare.

-Domnu, domnu, aveți un plic, nu plecați! Aproape că mă implora. Mă uit la el, un puști de nu mai mult de zece ani e lângă mine cu un plic albastru în mână, întins spre mine. Îl iau din mâna lui, îl desfac, iar înăuntru găsesc o singură bucată de hârtie care cândva a fost aproape mototolită. Ceva nu e în regulă...

-Stai! strig după copilul care aproape da să fugă. Cine ți-a dat asta?

-Nu o cunosc, domnu... Mi-a dat zece dolari să vă dau plicul și atât. O doamnă era... mai spune și-și continuă fuga.

O doamnă, hm, chiar ciudat, dacă nu periculos, deși aici, la capăt de lume, n-ar trebui să fie așa. Desfac bucata de hârtie și încremenesc când citesc, în ebraică, „te urăsc. O să plătești". Îmi iau iubita din nou de mână și pornesc cu ea către casă, către un acasă final, așa cum l-am dorit de ani. Gândurile mi se învârt aiurea și nu-mi dau pace. O doamnă... Și în ebraică... N-ar putea să fie decât... Dar nu, nu se întoarce nimeni din morți. Niciodată. Așa că n-ar putea să fie ea și acum am lucruri mai importante de făcut. Să am grijă de iubita mea și de copilul nostru. Ce frumos sună chiar și în minte, fără să pronunț. O să fie bine, n-am venit tocmai aici degeaba.

De aici până acasă sunt nu mai puțin de patru kilometri, mergem încet și am în minte trei lucruri. Viitorul nostru, vocea necunoscută care m-a trimis la Tokyo și, mai nou, biletul de mai devreme. Cel mai mult ultima. Am o vagă impresie că voi avea de furcă. Nu curând, sper, abia am ajuns aici și încep să-mi clădesc o viață cu blonda de lângă mine. A văzut și ea atât biletul, cât și reacția mea, și merge alene, aproape abătută, deși îmi strânge mâna stângă într-un fel de „ai grijă de mine, te rog". Până la hotel, încă nu-mi vine să îi spun tot timpul „acasă", facem mai mult decât am făcut eu la venire, Ania admiră cam totul în jurul ei, normal pentru cineva care nu prea a fost în țările arabe din Africa. Pe de altă parte, pare că e visătoare, la fel cum sunt eu când mă gândesc la viitorul nostru împreună. Suntem, în sfârșit, liberi și putem fi oricum și, datorită afacerilor mele din Europa, putem avea aproape orice. Ajungem acasă și primul lucru care mă întreabă este, spre absoluta mea surprindere, unde și cum vom amenaja camera copilului. Fata asta n-are chef de glume sau să o ia cu ușurelul când e vorba de asta. Într-un fel, îmi place.

-O să facem și asta, Ani, îi spun sărutându-i palma dreaptă și închizându-i pumnul într-un gest de „păstrează". Mă lași acum să mai fac oarece dincolo? Hai că mă lași... Odihnește-te, după căldura asta și după băutură, ar fi cazul.

Plec din dormitor și intru în camera computerului, mă așez, nu înainte de a rămâne în tricou și șort, deschid mașinăria și aștept. Până la urmă, oamenii ar avea dreptul să știe ce e în spatele lucrurilor vizibile, îmi spun în gând, așa că îmi deschid un fișier nou și încep să scriu.